Aristoteles

Über die Dichtkunst

Aristoteles

Über die Dichtkunst

ISBN/EAN: 9783743376106

Hergestellt in Europa, USA, Kanada, Australien, Japan

Cover: Foto ©Thomas Meinert / pixelio.de

Manufactured and distributed by brebook publishing software
(www.brebook.com)

Aristoteles

Über die Dichtkunst

AUTHOR:

ARISTOTLE

TITLE:

UBER DIE DICHTKUNST, NACH DER ALTESTEN...

PLACE:

WIESBADEN

DATE:

1882

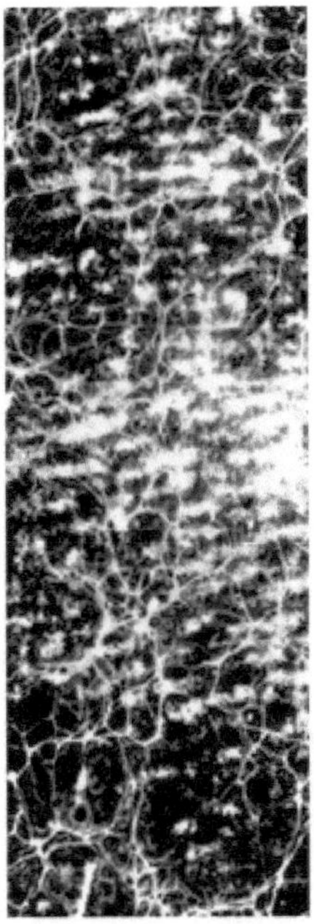

ΑΡΙΣΤΟΤΕΛΟΥΣ

ΠΕΡΙ ΠΟΙΗΤΙΚΗΣ.

Aristoteles

Über die Dichtkunst.

Nach der ältesten Handschrift herausgegeben, ins Deutsche übersetzt,
mit kritischen Anmerkungen
und einem exegetischen Commentare versehen

von

Friedrich Brandscheid
Conrector a. D.

Wiesbaden.
[illegible]
1882.

Vorwort.

Nachdem Vahlen die älteste und beste Handschrift der Poetik des Aristoteles, den von Bekker mit den Buchstaben A^c bezeichneten Cod. Paris. 1741 seinem Wortlaute nach bekannt gemacht hat[1]) und erwiesen zu sein scheint, daß alle übrigen vorhandenen Manuskripte dieses Werkes samt der Aldina aus jenem ersten unmittelbar oder mittelbar abgeleitet sind, so glaubte ich den litterarischen Bedürfnissen der Studierenden und weiterer Kreise der Gebildeten entgegenzukommen, wenn ich diese für die Kenntnis der antiken wie für die neuere dramatische Poesie gleich wichtige Schrift, deren Text sich nunmehr mit größerer Sicherheit als bisher feststellen läßt, in verbesserter Gestalt mit gegenüberstehender möglichst genauer Übersetzung, in griechischer und deutscher Sprache herausgäbe. Zugleich sollte ein erläuternder Commentar teils das grammatische Verständnis des griechischen Originals erleichtern, teils und hauptsächlich den inneren Zusammenhang der Gedanken darlegen, teils durch Erklärung der ästhetischen Ansichten und Grundsätze des Aristoteles im Vergleiche zu denen der Neueren das Interesse, welches Inhalt und Sachen gewähren, möglichst erhöhen.

Denn auch nach den verdienstvollen Leistungen Vahlens und anderer Gelehrten — der älteren Herausgeber nicht zu gedenken — für die Herstellung eines genauen und lesbaren Textes, waren noch manche Verderbnisse und Schwierigkeiten desselben durch Verbesserung und Interpretation zu heben, und ich hoffe, daß meine Bemühungen nach dieser Seite hin den Beifall der Kenner finden werden. Die wenigen in demselben noch vorhandenen offenbaren Lücken habe ich auf einfache und sinngemäße Weise ausgefüllt,[2])

---

[1]) Aristoteles De arte poet. lib. iter. rec. et adn. crit. aux. Joh. Vahlen. Berol. 1874.

[2]) In den Handschriften nicht befindliche Ergänzungen habe ich in üblicher Weise durch die Klammern ⟨ ⟩ kenntlich gemacht; die auszuscheidenden Worte des Cod. A^c dagegen mit den Klammern [ ] bezeichnet.

bloß scheinbare durch Erklärung zu beseitigen gesucht; über die Lesarten, welche ich aus anderen von dem Cod. A^c abgeleiteten Handschriften oder aus gedruckten Ausgaben in den Text aufgenommen habe, giebt die Varietas lectionis unter demselben, abgesehen von wenigen unbedeutenden, auf bloßen Schreibfehlern beruhenden Versehen, vollständigen Aufschluß. Das griechische Original stellt daher mit dieser Einschränkung überall, wo nichts angemerkt ist, den Pariser Cod. A^c dar. Außerdem enthalten die „Kritischen Anmerkungen" ein genaues Verzeichnis und zugleich die Rechtfertigung aller derjenigen Stellen, welche von dem Wortlaute der 2. Bahlenschen Ausgabe abweichen. Nach dem Vorgange dieses Gelehrten habe ich in die Var. lect. auch eine Auswahl der interessanteren und besseren Conjecturen Neuerer aufgenommen, nicht damit man solche an die Stelle des überlieferten setze, sondern weil die Vergleichung, wie der Schriftsteller auch hätte schreiben können, anregen und das Verständnis des wirklichen Textes fördern kann. Meine Übersetzung durfte sich nicht diejenige Freiheit gestatten, welche eine bloße Umschreibung des Sinnes oder eine den Zusammenhang weniger berücksichtigende Inhaltsangabe erlaubt haben würde, sondern mußte sich möglichst eng an das gegenüberstehende Original anschließen. Sie ist daher eine eigene Arbeit, bei welcher jedoch die Verdienste Stahrs und Überwegs um die richtige Wiedergabe einzelner Stellen die gebührende Berücksichtigung gefunden haben.

In meinem Commentar endlich habe ich mich bemüht, die oben angeführten Ziele zu erreichen. Ich wollte ebensowenig bloß kritische oder grammatische Anmerkungen schreiben, denn die Gelehrsamkeit und der Sammelfleiß der früheren Herausgeber einen großen Vorrat zusammengestellt hat, als philosophische Exkurse liefern, welche zur Erklärung des Textes wenig beitragen können, sondern machte mir hauptsächlich die Aufhellung des Zusammenhanges der Gedanken und die Zurückführung der wichtigsten Sätze auf ihre Prinzipien zur Aufgabe, wodurch auch das einzelne an Klarheit gewinnt und die „zerstreuten Glieder" der Poetik sich vielleicht wieder zum Ganzen eines Körpers vereinigen. Freilich durften auch die zum Verständnis notwendigen historischen Notizen nicht fehlen, ob sie gleich mehr oder weniger schon Bekanntes wiederholen, und auch das grammatische Element erforderte hin und wieder seine Berücksichtigung. Bei alledem habe ich mich bestrebt, nur das Zweckmäßige herauszuheben und mich überall der knappesten Ausdrucksweise befleißigt. Daß ich indes in meinen Zwecken durch die verdienstlichen Arbeiten namentlich Ritters und Vahlens sehr gefördert worden bin, erkenne ich gerne und dankbar an.

Aristoteles (384—322) verfaßte seine Poetik um 330 v. Chr., nach seiner Politik und vor seiner Rhetorik, deren Vollendung an das Ende

seines Lebens fällt. Daß sie in ihrer überlieferten Gestalt nicht alles enthält, was ursprünglich in dem Werke gestanden haben muß, ist teils aus ihr selbst, teils aus verschiedenen Stellen anderer Aristotelischer Schriften, in welchen auf sie Bezug genommen wird, teils aus den sie betreffenden Notizen und Citaten Späterer hinlänglich nachgewiesen. Zunächst werden in den Verzeichnissen von Aristoteles' Werken bei dem Philosophen Ptolemäus im 2. Jahrh. n. Chr., bei Diogenes Laertius (5, 24) im Anfange des dritten und bei Hesychios im 3.—4. Jahrh. n. Chr. zwei Bücher der Poetik erwähnt, von dieser Zeit an aber nur eines. Es ist daher schon deshalb wahrscheinlich, daß das eine von beiden, und zwar das zweite verloren gegangen ist, wie wir auch nur eines noch übrig haben. Bestätigt wird diese Annahme durch die Wahrnehmung, daß Aristoteles 6. 1449 b 21 über die Komödie später zu reden verspricht, während dieses Versprechen sich in unserer Poetik nicht erfüllt findet. Daß aber eine besondere Abhandlung über die Komödie nur in das zweite Buch gehörte, ergiebt sich aus dem Inhalte des ersten, welches in seinem speziellen Teile Kap. 6—26 die ernste Gattung der Poesie in ihren Hauptarten, Tragödie und Epos, erörtert, sowie aus der Schlußformel dieses Teiles 26. 1462 b 15—19. Das verlorene zweite Buch muß ferner von den Arten des Lächerlichen gehandelt haben, hinsichtlich deren Arist. Rhet. 3, 18. 1419 b 2 auf die Poetik verweist, welche an der betreffenden Stelle Kap. 5 darüber nichts aufweist. Daß dieser Abschnitt dem 2. Buche angehörte, läßt sich auch aus den Bruchstücken schließen, die der Anonymus de com. im Cod. Paris. Coislin. 120 von demselben zu enthalten scheint. Nach diesen Fragmenten zu urteilen bildete einen Teil des verlorenen 2. Buches auch die Lehre von den Synonymen, welche zufolge Arist. Rhet. 3, 2. 1404 b 37 und Simplicius zu den Kategorien S. 43 a 13 Brandis in der Poetik gestanden haben muß. Endlich fehlt uns in dem überlieferten Texte eine ausführliche Belehrung über die Katharsis, vgl. Poet. 6. 1449 b 28, obgleich Aristoteles Polit. 8, 7. 1341 b 38 in der Poetik eine solche zu geben verspricht. Nun ist aber die Katharsis nach der Definition, welche der Anonymus de com. von der Komödie gegeben hat, ebensowohl eine Wirkung dieser als der Tragödie. Es ist daher wahrscheinlich, daß die ausführliche Besprechung derselben gleichfalls in dem verlorenen 2. Buche der Poetik stand. Daß aber auch das noch erhaltene 1. Buch einen Verlust erlitten haben sollte, der seinen Inhalt betrifft, läßt sich wenigstens durch äußere Zeugnisse nicht beweisen. Größere Umstellungen und Einschiebungen in dem überlieferten Texte vorzunehmen, verbietet die philologische Gewissenhaftigkeit. Anstände dieser Art müssen möglichst durch die Exegese gehoben werden, wie wir dies in dem Commentar zu den betreffenden Stellen versucht haben. Es

ist zwar nicht zu leugnen, daß der Text durch die Nachlässigkeit und den Unverstand der Abschreiber teilweise verderbt und lückenhaft auf uns gekommen ist; allein alle diese Schäden lassen sich durch genaue Erwägung des Zusammenhangs heben und sind durch den Fleiß neuerer Herausgeber zum Teil wirklich schon gehoben, sodaß die ursprünglich mangelhafte Gestalt der Schrift dem Werte und der Bedeutung derselben keinen Abbruch thun kann. Wie groß diese seien, geht schon daraus hervor, daß die von Aristoteles hier aufgestellten ästhetischen Grundsätze, soweit sie nicht ausschließlich antike Einrichtungen betreffen, zum weitaus größten Teil für die Poesie aller Zeiten maßgebend sind, und daß dieselben insbesondere durch Lessing auch auf unsere neuere deutsche Dichtung nicht geringen Einfluß gewonnen haben. Das Studium der Aristotelischen Poetik bewahrt auch vor falscher Auffassung der altgriechischen Tragödie, welche wegen ihrer einfachen Größe, ihrer Naturwahrheit, ihres religiös-sittlichen und nationalen Charakters für alle Trauerspiele als Muster hingestellt werden muß, während die philosophischen Theorien tonangebender neuerer Ästhetiker leicht zu Verirrungen Anlaß bieten können, wie die sogenannten Schicksalstragödien in der romantischen Epoche der deutschen Nationallitteratur gewesen sind, und die Produktion leicht sehr beschränken. Die wichtigsten Teile dieser Schrift stammen jedenfalls von Aristoteles selbst her und nach einer angeblichen Notiz des Philosophen Ptolemäus soll er sie der Philosophie des Pythagoras und dessen Schule gemäß abgefaßt haben. Auch ein Werk über die Dichter hatte Aristoteles in drei Büchern herausgegeben, welches uns aber bis auf wenige Fragmente verloren ist. Der von der Poetik übrige erste Teil enthält die wichtigsten Lehren der Ästhetik über die Poesie im allgemeinen, die Tragödie und das Epos im besonderen.

Indem ich diese Arbeit, die mir selbst eine angenehme Beschäftigung gewährt hat, dem Publikum übergebe, bitte ich um günstige Aufnahme und nachsichtige Beurteilung derselben und wünsche, daß sie das durch sie beabsichtigte Gute auch wirklich zu stande bringen möge.

Wiesbaden, im September 1882.

Der Verfasser.

Inhalts-Verzeichnis.

Berichtigungen.

Bei der Correctur des Druckes ist mit möglichster Sorgfalt verfahren worden. Nur einige unbedeutende Versehen haben sich eingeschlichen, welche nachstehend verzeichnet sind:

S. 1447a 28 (nach Bekkers größerer Ausgabe)	lies	ἤθη	statt	ἦθη.
„ 1448a 16	„	ξένος	„	ξένος.
„ 1448b in der Anmerkung zu 13	„	nach προς		;
„ 1451b 22	„	[illegible]	„	[illegible]
„ 1452a 38	„	[illegible]	„	[illegible]
„ 1454a 29	„	ἀναγκαῖον	„	ἀναγκαῖον.
„ 1456b 6	„	καὶ	„	καί.
„ 53 (des Buches) Kapitel 23 §. 4	„	Tragödie	„	Tragödien.
„ 1461b 12 (nach Vettori)	„	ποιοῦντας	„	ποιοῦντες.

Im Commentar finden sich einigemal leichte Inkonsequenzen in der deutschen Schreibung von Fremdwörtern, welche man zu entschuldigen bitte.

ΑΡΙΣΤΟΤΕΛΟΥΣ

ΠΕΡΙ ΠΟΙΗΤΙΚΗΣ.

ΑΡΙΣΤΟΤΕΛΟΥΣ
ΠΕΡΙ ΠΟΙΗΤΙΚΗΣ

1 a Περὶ ποιητικῆς αὐτῆς τε καὶ τῶν εἰδῶν αὐτῆς, ἥν τινα δύναμιν ἕκαστον ἔχει, καὶ πῶς δεῖ συνίστασθαι τοὺς μύθους εἰ μέλλει καλῶς ἕξειν ἡ ποίησις, ἔτι δὲ ἐκ πόσων καὶ ποίων ἐστὶ μορίων, ὁμοίως δὲ καὶ περὶ τῶν ἄλλων ὅσα τῆς αὐτῆς ἐστι μεθόδου, λέγωμεν ἀρξάμενοι κατὰ φύσιν πρῶτον ἀπὸ τῶν πρώτων. ἐποποιία δὴ καὶ ἡ τῆς τραγῳδίας ποίησις ἔτι δὲ κωμῳδία καὶ ἡ διθυραμβοποιητικὴ καὶ τῆς αὐλητικῆς ἡ πλείστη καὶ κιθαριστικῆς, πᾶσαι τυγχάνουσιν οὖσαι μιμήσεις τὸ σύνολον, διαφέρουσι δὲ ἀλλήλων τρισίν, ἢ γὰρ τῷ ἐν ἑτέροις μιμεῖσθαι ἢ τῷ ἕτερα ἢ τῷ ἑτέρως καὶ μὴ τὸν αὐτὸν τρόπον. ὥσπερ γὰρ καὶ χρώμασι καὶ σχήμασι πολλὰ μιμοῦνταί τινες ἀπεικάζοντες, οἱ μὲν διὰ τέχνης οἱ δὲ διὰ συνηθείας, ἕτεροι δὲ διὰ τῆς φωνῆς, οὕτω κἀν ταῖς εἰρημέναις τέχναις ἅπασαι μὲν ποιοῦνται τὴν μίμησιν ἐν ῥυθμῷ καὶ λόγῳ καὶ ἁρμονίᾳ, τούτοις δ' ἢ χωρὶς ἢ μεμιγμένοις. οἷον ἁρμονίᾳ μὲν καὶ ῥυθμῷ χρώμεναι μόνον ἥ τε αὐλητικὴ καὶ ἡ κιθαριστικὴ κἂν εἴ τινες ἕτεραι τυγχάνωσιν οὖσαι τοιαῦται τὴν δύναμιν, οἷον ἡ τῶν συρίγγων, αὐτῷ δὲ τῷ ῥυθμῷ μιμοῦνται χωρὶς ἁρμονίας αἱ τῶν ὀρχηστῶν, καὶ γὰρ οὗτοι διὰ τῶν σχηματιζομένων ῥυθμῶν μιμοῦνται καὶ ἤθη καὶ πάθη καὶ πράξεις. ἡ δὲ ἐποποιία μόνον τοῖς λόγοις ψιλοῖς ἢ τοῖς μέτροις καὶ τούτοις εἴτε μιγνῦσα μετ' ἀλλήλων εἴθ' ἑνί τινι γένει χρωμένη τῶν μέτρων τυγχάνουσα μέχρι τοῦ νῦν· οὐδὲν γὰρ ἂν 1

Varietas lectionis [illegible] Paris. MDCCXLI

1447 a 17 τῷ ἐν ἑτέροις [illegible]: τῷ γένει ἑτέροις [illegible] 20 φωνῆς [illegible] 21 καὶ] καὶ ἐν [illegible] 24 τυγχάνουσιν [illegible]: τυγχάνωσιν [illegible] τοιαῦται add. [illegible] 27 αἱ (πολλαὶ) τῶν [illegible]

Aristoteles,
über die Dichtkunst.

1 Von der Dichtkunst an sich und ihren Arten, von der Kraft und Wirksamkeit jeder einzelnen, und wie man die dichterischen Fabeln gestalten muß, wenn die Dichtung schön sein soll; ferner von der Zahl und Beschaffenheit der Bestandteile einer jeden Dichtungsform, und ebenso auch von allem übrigen, was in den Kreis derselben wissenschaftlichen Untersuchung fällt, wollen wir jetzt handeln, indem wir der Natur der Sache nach von den Grundbegriffen ausgehen.

Die epische und die tragische Poesie also, ferner die Komödie und die Dithyrambendichtung, sowie auch dem größten Teile nach das Flöten- und Zitherspiel treffen sämtlich darin zusammen, daß sie im ganzen nachahmende Darstellungen sind. Sie unterscheiden sich aber von einander durch dreierlei: entweder nämlich durch die verschiedene Gattung der Darstellungsmittel, oder durch die Verschiedenheit der dargestellten Gegenstände, oder dadurch, daß die Art und Weise der Darstellung verschieden und nicht die gleiche ist. Gleichwie nämlich manche teils vermittelst Farben, teils durch Zeichnungen vielerlei Gegenstände nachahmen, indem sie Abbilder von ihnen liefern, andere dagegen durch den Laut ihrer Stimme — die einen kunstmäßig, die andern aus Liebhaberei, so bewirken auch in den oben genannten Künsten alle zusammengenommen zwar ihre Nachahmung in Rhythmus, Wort und Harmonie, so jedoch, daß diese Darstellungsmittel entweder gesondert, oder vermischt in Anwendung kommen. So z. B. verwenden nur Harmonie und Rhythmus bei ihrer nachahmenden Darstellung das Flöten- und Zitherspiel und wohl auch was es sonst noch von andern gleichartigen Künsten giebt, wie z. B. das Spiel auf der Hirtenpfeife. Mit dem bloßen Rhythmus dagegen, abgesondert von der Harmonie, ahmen die rhythmischen Bewegungen der Tanzkünstler nach; denn auch diese (die Tanzkünstler) bilden durch ihre in geordnetem Zeitmaß erfolgenden Körperstellungen sowohl Charaktere als Gefühle und Handlungen nach. Die Wortdichtung (Epopöie) dagegen bedient sich dazu allein der Rede, der ungebundenen oder der durch Versmaße gebundenen, mag sie diese letzteren nun untereinandermischen, oder wie es bisher der Fall war, nur eine einzelne bestimmte Gattung dieser Versmaße anwenden. Wir müßten nämlich sonst keinen gemeinschaftlichen Namen zu gebrauchen für

ἔχοιμεν ὀνομάσαι κοινὸν τοὺς Σώφρονος καὶ Ξενάρχου μίμους καὶ τοὺς Σωκρατικοὺς λόγους οὐδὲ εἴ τις διὰ τριμέτρων ἢ ἐλεγείων ἢ τῶν ἄλλων τινῶν τῶν τοιούτων ποιοῖτο τὴν μίμησιν· πλὴν οἱ ἄνθρωποί γε συνάπτοντες τῷ μέτρῳ τὸ ποιεῖν ἐλεγειοποιοὺς τοὺς δὲ ἐποποιοὺς ὀνομάζουσιν οὐχ ὡς κατὰ τὴν μίμησιν ποιητὰς ἀλλὰ κοινῇ κατὰ τὸ μέτρον προσαγορεύοντες, καὶ γὰρ ἂν ἰατρικὸν ἢ μουσικόν τι διὰ τῶν μέτρων ἐκφέρωσιν, οὕτω καλεῖν εἰώθασιν, οὐδὲν δὲ κοινόν ἐστιν Ὁμήρῳ καὶ Ἐμπεδοκλεῖ πλὴν τὸ μέτρον, διὸ τὸν μὲν ποιητὴν δίκαιον καλεῖν, τὸν δὲ φυσιολόγον μᾶλλον ἢ ποιητήν. ὁμοίως δὲ κἂν εἴ τις ἅπαντα τὰ μέτρα μιγνύων ποιοῖτο τὴν μίμησιν καθάπερ Χαιρήμων ἐποίησε Κένταυρον μικτὴν ῥαψῳδίαν ἐξ ἁπάντων τῶν μέτρων, καὶ ποιητὴν προσαγορευτέον. περὶ μὲν οὖν τούτων διωρίσθω τοῦτον τὸν τρόπον. εἰσὶ δέ τινες αἳ πᾶσι χρῶνται τοῖς εἰρημένοις, λέγω δὲ οἷον ῥυθμῷ καὶ μέλει καὶ μέτρῳ, ὥσπερ ἥ τε τῶν διθυραμβικῶν ποίησις καὶ ἡ τῶν νόμων καὶ ἥ τε τραγῳδία καὶ ἡ κωμῳδία. διαφέρουσι δὲ ὅτι αἱ μὲν ἅμα πᾶσιν αἱ δὲ κατὰ μέρος. ταύτας μὲν οὖν λέγω τὰς διαφορὰς τῶν τεχνῶν, ἐν αἷς ποιοῦνται τὴν μίμησιν. ἐπεὶ 2
1448a δὲ μιμοῦνται οἱ μιμούμενοι πράττοντας, ἀνάγκη δὲ τούτους ἢ σπουδαίους ἢ φαύλους εἶναι, τὰ γὰρ ἤθη σχεδὸν ἀεὶ τούτοις ἀκολουθεῖ μόνοις, κακίᾳ γὰρ καὶ ἀρετῇ τὰ ἤθη διαφέρουσι πάντες, ἤτοι βελτίονας ἢ καθ' ἡμᾶς ἢ χείρονας ἢ καὶ τοιούτους, ὥσπερ οἱ γραφεῖς, Πολύγνωτος μὲν γὰρ κρείττους, Παύσων δὲ χείρους, Διονύσιος δὲ ὁμοίους εἴκαζεν. δῆλον δὲ ὅτι καὶ τῶν λεχθεισῶν ἑκάστη μιμήσεων ἕξει ταύτας τὰς διαφορὰς καὶ ἔσται ἑτέρα τῷ ἕτερα μιμεῖσθαι τοῦτον τὸν τρόπον. καὶ γὰρ ἐν ὀρχήσει καὶ αὐλήσει καὶ κιθαρίσει ἔστι γενέσθαι ταύτας τὰς ἀνομοιότητας καὶ τὸ περὶ τοὺς λόγους δὲ καὶ τὴν ψιλομετρίαν, οἷον Ὅμηρος μὲν βελτίους, Κλεοφῶν δὲ ὁμοίους, Ἡγήμων δὲ ὁ Θάσιος ὁ τὰς παρῳδίας ποιήσας πρῶτος καὶ Νικοχάρης ὁ τὴν Δειλιάδα χείρους· ὁμοίως δὲ καὶ περὶ τοὺς διθυράμβους καὶ περὶ τοὺς νόμους, ὥσπερ Ἀργᾶς, Κύκλωπας Τιμόθεος καὶ Φιλό-

1447b 15 κατὰ τὴν Guelferbytanus: τὴν κατὰ κοινῇ (sive κοινῇ) apogr: κοινὴ 16 μουσικὸν] φυσικὸν Heinsius 18 δ' ἢ 24 αἳ] αἱ Riccardianus 16: εἰ 26 διθυράμβων apogr 28 τῶν apogr: ὧν 29 τὰς Victorius: αἷς 1448a 8 τῷ apogr: τὸ 10 ταύτας] πάσας apogr τὸ διὰ

die Mimen des Sophron und Xenarchos und die Sokratischen Dialoge und andrerseits für die dichterischen Darstellungen, zu welchen jemand etwa Trimeter oder Distichen oder ein anderes derartiges Versmaß als Darstellungsmittel verwendete. Die Leute freilich setzen das Versmaß mit dem Worte „Dichten“ zusammen und nennen die einen „Elegiendichter“, die andern „epische Dichter“, indem sie dieselben nicht gemäß der Nachahmung, sondern gemeinschaftlich nach dem Versmaße mit dem Namen „Dichter“ bezeichnen; denn auch wenn sie einen Gegenstand der Heilkunde oder der Tonkunst metrisch vortragen, pflegt man sie so zu nennen. Allein Homer und Empedokles haben nichts gemein als das Metrum, weshalb man wohl jenen mit Recht einen Dichter nennt, diesen aber vielmehr einen Naturphilosophen als einen Dichter. Ebenso muß aber auch, wer alle Versmaße insgesamt in bunter Mischung für seine dichterische Darstellung verwendet, gleichwie Chäremon seinen „Kentauren“ dichtete, eine aus allen möglichen Versmaßen bunt gemischte Rhapsodie, ebenfalls Dichter genannt werden. Hierüber also mögen diese Bestimmungen gegeben sein. Nun giebt es ferner einige Künste, welche die sämtlichen genannten Mittel verwenden, ich meine z. B. rhythmische Bewegung, Gesang und metrische Rede, gleichwie sowohl die Dithyramben- und Nomenpoesie, als die Tragödie und Komödie; aber es findet wieder der Unterschied statt, daß die einen sie alle gleichzeitig, die andern nur einen Teil nach dem andern anwenden. Das also sind meiner Ansicht nach die Unterschiede der Künste in Betreff der Mittel ihrer nachahmenden Darstellung.

2 Da nun alle Nachahmenden Handelnde nachahmen und diese notwendig gut oder schlecht sein müssen — denn durch diese Eigenschaften allein werden fast immer die Charaktere bestimmt; durch Schlechtigkeit nämlich und Tugend unterscheiden sich alle hinsichtlich ihrer Charaktere — so müssen sie entweder bessere Menschen nachahmen, als die Menschen unserer Zeit sind, oder schlechtere, oder auch ebensolche, wie die Maler beweisen: Polygnotos nämlich bildete Höherstehende, Pauson Tieferstehende, Dionysios dagegen Menschen nach, wie sie wirklich sind. Es liegt aber am Tage, daß auch jede der genannten nachahmenden Darstellungsweisen diese Unterschiede haben und verschieden sein wird vermöge der Nachahmung von Gegenständen, welche in dieser Hinsicht verschieden sind. Denn sowohl im Tanze, dem Flöten- und Zitherspiel können diese Ungleichheiten hervortreten als in Betreff der prosaischen Reden und der bloß metrischen Wortdichtung. So z. B. hat Homer bessere Menschen dargestellt, Kleophon unseres Gleichen, Hegemon aus Thasos aber, der erste Parodiendichter, und Nikochares, der Verfasser der Deilias, schlechtere. Ebenso kann man auch im Gebiete der Dithyramben und Nomen nachahmend verfahren, gleichwie Argas, die Cyklopen Timotheos und Philoxenos dargestellt haben. Gerade in dieser Verschiedenheit liegt aber auch der Unterschied der Tragödie gegen die Komödie. Denn diese

Vaticanus 1400 12 ἢ alterum add apogr 15 ὥσπερ Ἀργᾶς post Castelvetrum Tyrwhitt et Hermann: ὥσπερ γᾶς κυκλωπας (κύκλωπας apogr) fortasse ὥσπερ ἄνθις Ἀργᾶς Vahlen

ἔστιν, μιμήσαιτο ἄν τις. ἐν αὐτῇ δὲ τῇ διαφορᾷ καὶ ἡ τραγῳδία πρὸς τὴν κωμῳδίαν διέστηκεν· ἡ μὲν γὰρ χείρους ἡ δὲ βελτίους μιμεῖσθαι βούλεται τῶν νῦν. Ἔτι 3 δὲ τούτων τρίτη διαφορὰ τὸ ὡς ἕκαστα τούτων μιμήσαιτο ἄν τις. καὶ γὰρ ἐν τοῖς αὐτοῖς καὶ τὰ αὐτὰ μιμεῖσθαι ἔστιν ὁτὲ μὲν ἀπαγγέλλοντα ἢ ἕτερόν τι γιγνόμενον ὥσπερ Ὅμηρος ποιεῖ, ἢ ὡς τὸν αὐτὸν καὶ μὴ μεταβάλλοντα, ἢ πάντας ὡς πράττοντας καὶ ἐνεργοῦντας τοὺς μιμουμένους. ἐν τρισὶ δὴ ταύταις διαφοραῖς ἡ μίμησίς ἐστιν, ὡς εἴπομεν κατ' ἀρχάς, ἐν οἷς τε καὶ ἃ καὶ ὥς. ὥστε τῇ μὲν ὁ αὐτὸς ἂν εἴη μιμητὴς Ὁμήρῳ Σοφοκλῆς, μιμοῦνται γὰρ ἄμφω σπουδαίους, τῇ δὲ Ἀριστοφάνει, πράττοντας γὰρ μιμοῦνται καὶ δρῶντας ἄμφω. ὅθεν καὶ δράματα καλεῖσθαί τινες αὐτά φασιν, ὅτι μιμοῦνται δρῶντας. διὸ καὶ ἀντιποιοῦνται τῆς τε τραγῳδίας καὶ τῆς κωμῳδίας οἱ Δωριεῖς, τῆς μὲν γὰρ κωμῳδίας Μεγαρεῖς οἵ τε ἐνταῦθα ὡς ἐπὶ τῆς παρ' αὐτοῖς δημοκρατίας γενομένης καὶ οἱ ἐκ Σικελίας, ἐκεῖθεν γὰρ ἦν Ἐπίχαρμος ὁ ποιητὴς πολλῷ πρότερος ὢν Χιωνίδου καὶ Μάγνητος, καὶ τῆς τραγῳδίας ἔνιοι τῶν ἐν Πελοποννήσῳ, ποιούμενοι τὰ ὀνόματα σημεῖον· οὗτοι μὲν γὰρ κώμας τὰς περιοικίδας καλεῖν φασιν, Ἀθηναῖοι δὲ δήμους, ὡς κωμῳδοὺς οὐκ ἀπὸ τοῦ κωμάζειν λεχθέντας ἀλλὰ τῇ κατὰ κώμας πλάνῃ ἀτιμαζομένους ἐκ τοῦ
1448b ἄστεως. καὶ τὸ ποιεῖν αὐτοὶ μὲν δρᾶν, Ἀθηναίους δὲ πράττειν προσαγορεύειν. περὶ μὲν οὖν τῶν διαφορῶν καὶ πόσαι καὶ τίνες τῆς μιμήσεως εἰρήσθω ταῦτα. Ἐοί- 4
κασι δὲ γεννῆσαι μὲν ὅλως τὴν ποιητικὴν αἰτίαι δύο τινὲς καὶ αὗται φυσικαί. τό τε γὰρ μιμεῖσθαι σύμφυτον τοῖς ἀνθρώποις ἐκ παίδων ἐστὶ καὶ τούτῳ διαφέρουσι τῶν ἄλλων ζῴων ὅτι μιμητικώτατόν ἐστι καὶ τὰς μαθήσεις ποιεῖται διὰ μιμήσεως τὰς πρώτας, καὶ τὸ χαίρειν τοῖς μιμήμασι πάντας. σημεῖον δὲ τούτου τὸ συμβαῖνον ἐπὶ τῶν ἔργων· ἃ γὰρ αὐτὰ λυπηρῶς ὁρῶμεν, τούτων τὰς εἰκόνας τὰς μάλιστα ἠκριβωμένας χαίρομεν θεωροῦντες, οἷον θηρίων τε μορφὰς τῶν ἀτιμοτάτων καὶ νεκρῶν. αἴτιον δὲ καὶ τούτου, ὅτι μανθάνειν οὐ μόνον τοῖς φιλοσόφοις ἥδιστον

16 αὐτῇ] ταύτῃ Casaubonus 21 ἔστιν ὅτε 25 καὶ ἃ add. Guelferbytanus [illegible] 34 Χιωνίδου Robortellus: χωνίδου 36 αὐτοὶ et Ἀθηναίους Spengel 1448b 5 αὗται apogr: αὐταὶ 13 τούτου apogr: τοῦτο

will schlechtere, jene aber bessere Menschen darstellen als die jetzt lebenden.

3 Der dritte Unterschied dieser Kunstgattungen ferner besteht in der Art und Weise, wie man einen jeden der Gegenstände dieser Künste nachahmend darstellen kann. Denn es ist möglich mit denselben Darstellungsmitteln und dieselben Gegenstände nachahmend darzustellen, indem man bald in eigener bald in anderer Person erzählt, wie Homer dichtet, oder indem man derselbe bleibt und seine Person nicht vertauscht, oder so, daß alle Darstellenden als Handelnde und Thätige auftreten.

In diesen drei Verschiedenheiten also findet, wie wir im Anfange gesagt haben, die nachahmende Darstellung statt, in verschiedenen Darstellungsmitteln, verschiedenen Gegenständen und verschiedener Art und Weise der Darstellung; so daß nach der einen Rücksicht Sophokles in dieselbe Darstellerklasse gehört wie Homer, beide stellen nämlich edle Charaktere dar; nach der anderen Rücksicht aber wie Aristophanes, denn beide stellen Handelnde und Wirkende nachahmend dar.

Davon leiten auch einige die Benennung ihrer Stücke als „Dramen“ ab, weil sie Handelnde (δρῶντας) darstellen; weshalb auch die Dorier sowohl die Tragödie als die Komödie für sich in Anspruch nehmen, und zwar die Komödie die Megarer, sowohl die hier wohnhaften, indem sie nämlich vorgeben, daß dieselbe zur Zeit der Herrschaft der Demokratie bei ihnen entstanden sei, als auch die von Sicilien, denn daher stammte der Dichter Epicharmus, der weit früher lebte als Chionides und Magnes — und die Tragödie einige der Peloponnesier, indem sie die Namen als Beweis für sich anführen. Denn sie selbst, sagen sie, nennten die Ortschaften in der Umgegend „Komen“ (Dörfer), die Athener dagegen „Demen“; in der Meinung, daß die Komöden nicht von den fröhlichen Umzügen (τὸ κωμάζειν) ihren Namen trügen, sondern wegen ihres Umherziehens auf den „Komen“ (Dörfern), weil sie von der Stadt aus verächtlich behandelt wurden; ferner nennten sie selbst das Handeln δρᾶν, die Athener aber πράττειν. Das möge genügen von den Unterschieden der nachahmenden Darstellung, wie viele und welche es gibt.

4 Wie es scheint, haben im allgemeinen zwei Ursachen die Poesie geschaffen, und zwar solche, die in der Natur des Menschen liegen. Denn einmal ist der Nachahmungstrieb den Menschen von Jugend auf eingepflanzt; und dadurch unterscheiden sie sich von den übrigen lebenden Geschöpfen, daß der Mensch zum Nachahmen am geschicktesten ist und sein erstes Lernen durch Nachahmung zu Stande bringt; und zweitens ist die Freude, welche alle an den Erzeugnissen der Nachahmung empfinden, ebenfalls eine natürliche Eigenschaft des Menschen. Dies läßt sich daraus schließen, was bei Werken der Nachahmung sich ereignet. Von denjenigen Gegenständen nämlich, welche wir in ihrer Wirklichkeit mit Widerwillen sehen, betrachten wir die genauesten Abbildungen mit Vergnügen, z. B. nicht nur die Gestalten der verachtetsten Tiere, sondern sogar die von Leichnamen. Auch hiervon ist der Grund, daß das Lernen nicht bloß den Philosophen das Angenehmste ist, sondern ebenso auch allen anderen Menschen, nur daß diese nicht so

ἀλλὰ καὶ τοῖς ἄλλοις ὁμοίως ἀλλ' ἐπὶ βραχὺ κοινωνοῦσιν αὐτοῦ. διὰ γὰρ τοῦτο χαίρουσι τὰς εἰκόνας ὁρῶντες, ὅτι συμβαίνει θεωροῦντας μανθάνειν καὶ συλλογίζεσθαι τί ἕκαστον, οἷον ὅτι οὗτος ἐκεῖνος, ἐπεὶ ἐὰν μὴ τύχῃ προεωρακώς, οὐχὶ μίμημα ποιήσει τὴν ἡδονὴν ἀλλὰ διὰ τὴν ἀπεργασίαν ἢ τὴν χροιὰν ἢ διὰ τοιαύτην τινὰ ἄλλην αἰτίαν. κατὰ φύσιν δὲ ὄντος ἡμῖν τοῦ μιμεῖσθαι καὶ τῆς ἁρμονίας καὶ τοῦ ῥυθμοῦ, τὰ γὰρ μέτρα ὅτι μόρια τῶν ῥυθμῶν ἐστι φανερόν, ἐξ ἀρχῆς πεφυκότες καὶ αὐτὰ μάλιστα κατὰ μικρὸν προάγοντες ἐγέννησαν τὴν ποίησιν ἐκ τῶν αὐτοσχεδιασμάτων. διεσπάσθη δὲ κατὰ τὰ οἰκεῖα ἤθη ἡ ποίησις· οἱ μὲν γὰρ σεμνότεροι τὰς καλὰς ἐμιμοῦντο πράξεις καὶ τὰς τῶν τοιούτων, οἱ δὲ εὐτελέστεροι τὰς τῶν φαύλων πρῶτον ψόγους ποιοῦντες, ὥσπερ ἕτεροι ὕμνους καὶ ἐγκώμια. τῶν μὲν οὖν πρὸ Ὁμήρου οὐδενὸς ἔχομεν εἰπεῖν τοιοῦτον ποίημα, εἰκὸς δὲ εἶναι πολλούς, ἀπὸ δὲ Ὁμήρου ἀρξαμένοις ἔστιν, οἷον ἐκείνου ὁ Μαργίτης καὶ τὰ τοιαῦτα. ἐν οἷς κατὰ τὸ ἁρμόττον ἰαμβεῖον ἦλθε μέτρον, διὸ καὶ ἰαμβεῖον καλεῖται νῦν, ὅτι ἐν τῷ μέτρῳ τούτῳ ἰάμβιζον ἀλλήλους· καὶ ἐγένοντο τῶν παλαιῶν οἱ μὲν ἡρωικῶν οἱ δὲ ἰάμβων ποιηταί. ὥσπερ δὲ καὶ τὰ σπουδαῖα μάλιστα ποιητὴς Ὅμηρος ἦν, μόνος γὰρ οὐχ ὅτι εὖ ἀλλ' ὅτι καὶ μιμήσεις δραματικὰς ἐποίησεν, οὕτως καὶ τὰ τῆς κωμῳδίας σχήματα πρῶτος ὑπέδειξεν οὐ ψόγον ἀλλὰ τὸ γελοῖον δραματοποιήσας· ὁ γὰρ Μαργίτης ἀνάλογον ἔχει, ὥσπερ Ἰλιὰς καὶ ἡ Ὀδύσσεια πρὸς τὰς τραγῳδίας, οὕτω καὶ οὗτος πρὸς τὰς κωμῳδίας. παραφανείσης δὲ τῆς τραγῳδίας καὶ κωμῳδίας οἱ ἐφ' ἑκατέραν τὴν ποίησιν ὁρμῶντες κατὰ τὴν οἰκείαν φύσιν οἱ μὲν ἀντὶ τῶν ἰάμβων κωμῳδοποιοὶ ἐγένοντο, οἱ δὲ ἀντὶ τῶν ἐπῶν τραγῳδοδιδάσκαλοι, διὰ τὸ μείζονα καὶ ἐντιμότερα τὰ σχήματα εἶναι ταῦτα ἐκείνων. τὸ μὲν οὖν ἐπισκοπεῖν εἰ ἄρ' ἔχει ἤδη ἡ τραγῳδία τοῖς εἴδεσιν ἱκανῶς ἢ οὔ, αὐτό τε καθ' αὑτὸ κρίνεται εἶναι

16 συλλογίζεσθαί τι 18 οὐχ ᾗ Hermann 27 ἕτεροι Spengel 30 μαργείτης and 38 μαργίτης 31 ἰαμβεῖον (bis) apogr: ἰαμβεῖον δ' ἢ 35 ἀλλὰ καὶ Bonitz δραματικὰς apogr 36 οὕτως apogr 37 ὑπέδειξεν apogr 38 ὁ apogr: τὸ 1449a 6 μείζονα apogr: μείζω 7 εἰ ἄρα ἔχει apogr ἢ ἄρ' ἔχει Vahlen: παρέχει 8 εἶναι apogr: ἢ Nd.; καὶ fortasse κρῖναι Forchhammer

lange sich damit beschäftigen. Aus dem Grunde nämlich freuen sie sich, wenn sie die Abbildungen sehen, weil bei dem Betrachten derselben die Erkenntnis und das Schließen hinzutritt, was ein jedes darstellt, z. B. daß dies der und der ist; denn wenn es sich trifft, daß der Betrachtende den Gegenstand selbst zuvor noch nicht gesehen hat, so wird die Abbildung nicht als solche sein Vergnügen hervorbringen, sondern durch die vollendete Ausführung oder durch ihre Farbe oder aus einem andern derartigen Grunde. Da nun das Nachahmen unserer Natur entspricht sowie auch Harmonie und Rhythmus — die Versmaße nämlich sind offenbar besondere Arten der Rhythmen — so schufen die Dichter durch ihre ursprüngliche Naturgabe und durch allmähliche Entwickelung dieser Keime die Poesie aus den anfänglichen Improvisationen.

Es spaltete sich aber die Poesie nach den eigenen Charakteren der Dichter. Die ernsteren Charaktere nämlich ahmten die edlen Handlungen und die Handlungen ebensolcher Menschen nach, die leichtfertigeren dagegen die der Schlechten, indem sie zuerst Spottgedichte machten, gleichwie andere Hymnen und Lobgedichte. Unter den Dichtern vor Homer wissen wir nun freilich von keinem ein solches Spottgedicht zu nennen, wiewohl es wahrscheinlich ist, daß es viele solche Dichter gab. Wenn wir aber mit Homer den Anfang machen, so können wir es. Da ist z. B. der Margites und die Gedichte dieser Art, in welchen nach der Angemessenheit ein jambisches Metrum sich einfand, welches deshalb jetzt auch das jambische (spottende) heißt, weil man in diesem Versmaße einander zu verspotten pflegte. So wurden denn von den alten die einen Dichter heroischer Poesien, die andern Jambendichter. Gleichwie aber in der ernsten Dichtungsgattung vorzugsweise Homer Dichter war — denn er allein hat nicht nur schön gedichtet, sondern auch dramatische Darstellungen — so hat er auch zuerst der Komödie ihre Grundformen vorgezeichnet, indem er nicht den Spott, sondern das Lächerliche in dramatischer Darstellung vorführte. Denn sein Margites steht in demselben Verhältnisse, gerade wie die Ilias und Odyssee zu den Tragödien, so dieser zu den Komödien. Nachdem nun aber die Tragödie und Komödie ans Licht getreten waren, so wurden diejenigen, welche je nach ihrem eigenen Naturell sich zu der einen oder der anderen von beiden Dichtungsgattungen hinneigten, hier anstatt der Jamben-Komödiendichter, dort anstatt der Epen-Tragödiendichter, weil diese neuen Dichtungsformen bedeutender und geschätzter waren als jene früheren.

Die Betrachtung nun, ob die Tragödie etwa in ihren einzelnen Arten bereits einen hinlänglichen Grad von Vollkommenheit erreicht hat, was teils in Bezug auf ihr eigenes Wesen entschieden wird, teils mit Rücksicht auf die theatralische Aufführung, würde Gegenstand einer anderen Abhandlung sein müssen. Da sie nun aus anfänglichen Stegreifversuchen hervorgegangen war, sowohl sie selbst wie auch die Komödie, und zwar jene von den Vorsängern der Dithyramben, diese von denen der Phalloslieder, welche noch heutzutage in vielen Staaten fortdauernd üblich sind, so wurde sie allmählich vollkommener, indem man weiter entwickelte, was jedesmal als Bestandteil ihres

καὶ πρὸς τὰ θέατρα, ἄλλος λόγος. γενομένης οὖν ἀπ' ἀρχῆς αὐτοσχεδιαστικῆς, καὶ αὐτὴ καὶ ἡ κωμῳδία καὶ ἡ μὲν ἀπὸ τῶν ἐξαρχόντων τὸν διθύραμβον, ἡ δὲ ἀπὸ τῶν τὰ φαλλικὰ ἃ ἔτι καὶ νῦν ἐν πολλαῖς τῶν πόλεων διαμένει νομιζόμενα, κατὰ μικρὸν ηὐξήθη, προαγόντων ὅσον ἐγίγνετο φανερὸν αὐτῆς, καὶ πολλὰς μεταβολὰς μεταβαλοῦσα ἡ τραγῳδία ἐπαύσατο, ἐπεὶ ἔσχε τὴν αὑτῆς φύσιν. καὶ τό τε τῶν ὑποκριτῶν πλῆθος ἐξ ἑνὸς εἰς δύο πρῶτος Αἰσχύλος ἤγαγε καὶ τὰ τοῦ χοροῦ ἠλάττωσε καὶ τὸν λόγον πρωταγωνιστὴν παρεσκεύασεν, τρεῖς δὲ καὶ σκηνογραφίαν Σοφοκλῆς. ἔτι δὲ τὸ μέγεθος ἐκ μικρῶν μύθων καὶ λέξεως γελοίας διὰ τὸ ἐκ σατυρικοῦ μεταβαλεῖν ὀψὲ ἀπεσεμνύνθη, τό τε μέτρον ἐκ τετραμέτρου ἰαμβεῖον ἐγένετο· τὸ μὲν γὰρ πρῶτον τετραμέτρῳ ἐχρῶντο διὰ τὸ σατυρικὴν καὶ ὀρχηστικωτέραν εἶναι τὴν ποίησιν, λέξεως δὲ γενομένης αὐτὴ ἡ φύσις τὸ οἰκεῖον μέτρον εὗρε, μάλιστα γὰρ λεκτικὸν τῶν μέτρων τὸ ἰαμβεῖόν ἐστιν· σημεῖον δὲ τούτου· πλεῖστα γὰρ ἰαμβεῖα λέγομεν ἐν τῇ διαλέκτῳ τῇ πρὸς ἀλλήλους, ἑξάμετρα δὲ ὀλιγάκις καὶ ἐκβαίνοντες τῆς λεκτικῆς ἁρμονίας. ἔτι δὲ ἐπεισοδίων πλήθη. καὶ τὰ ἄλλ' ὡς ἕκαστα κοσμηθῆναι λέγεται ἔστω ἡμῖν εἰρημένα· πολὺ γὰρ ἂν ἴσως ἔργον εἴη διεξιέναι καθ' ἕκαστον.

Ἡ δὲ κωμῳδία ἐστὶν ὥσπερ εἴπομεν μίμησις φαυλοτέρων μέν, οὐ μέντοι κατὰ πᾶσαν κακίαν, ἀλλὰ τοῦ αἰσχροῦ ἐστι τὸ γελοῖον μόριον· τὸ γὰρ γελοῖόν ἐστιν ἁμάρτημά τι καὶ αἶσχος ἀνώδυνον καὶ οὐ φθαρτικόν, οἷον εὐθὺς τὸ γελοῖον πρόσωπον αἰσχρόν τι καὶ διεστραμμένον ἄνευ ὀδύνης. αἱ μὲν οὖν τῆς τραγῳδίας μεταβάσεις καὶ δι' ὧν ἐγένοντο οὐ λελήθασιν, ἡ δὲ κωμῳδία διὰ τὸ μὴ σπουδάζεσθαι ἐξ ἀρχῆς ἔλαθεν· καὶ γὰρ χορὸν κωμῳδῶν ὀψέ ποτε ὁ ἄρχων ἔδωκεν, ἀλλ' ἐθελονταὶ ἦσαν. ἤδη δὲ σχήματά τινα αὐτῆς ἐχούσης οἱ λεγόμενοι αὐτῆς ποιηταὶ μνημονεύονται. τίς δὲ πρόσωπα ἀπέδωκεν ἢ προλόγους ἢ πλήθη ὑποκριτῶν καὶ ὅσα τοιαῦτα, ἠγνόηται. τὸ δὲ μύθους ποιεῖν Ἐπίχαρμος καὶ Φόρμις· τὸ μὲν ἐξ ἀρχῆς ἐκ Σικελίας ἦλθε, τῶν δὲ Ἀθήνησιν Κράτης πρῶτος ἦρξεν ἀφέμενος τῆς ἰαμβικῆς ἰδέας καθόλου ποιεῖν λόγους καὶ

9 γενομένης apogr 11 φαλλικὰ apogr: φαυλλικά
12 διαμένει apogr: διαμένειν 15 αὑτῆς apogr: αὐτῆς

Wesens erkannt wurde; und nachdem sie viele Wandlungen durchgemacht hatte, blieb die Tragödie stehen, weil sie die ihrem eigentümlichen Wesen entsprechende Form erlangt hatte. Was zunächst die Anzahl der Schauspieler betrifft, so brachte sie zuerst Aischylos von einem auf zwei, und die Chorpartien kürzte er ab, und machte den Dialog zum Hauptbestandteil der Tragödie; drei Schauspieler und die Bühnenmalerei führte Sophokles ein. Ferner in Ansehung ihres Umfangs gelangte die Tragödie aus kleinen Fabeln und lächerlicher Ausdrucksweise, weil sie aus dem Satyrspiel heraus eine andere Gestalt angenommen hatte, erst spät zu würdevoller Erhabenheit, und das Versmaß ging aus dem (trochäischen) Tetrameter in das jambische über. Ursprünglich nämlich bediente man sich des Tetrameters, weil die Dichtung für das Satyrspiel und mehr für den Tanz eingerichtet war. Sobald man aber die Gesprächsform eingeführt hatte, ließ ihre Natur von selbst das ihr eigentümliche Metrum finden. Denn von den Versmaßen eignet sich am meisten für die gewöhnliche Rede das jambische. Dies geht daraus hervor, daß wir in der Unterhaltung mit einander meistenteils in Jamben sprechen, in Hexametern selten und nur dann, wenn wir den gewöhnlichen Gesprächston verlassen. Endlich kam dazu eine Mehrzahl von Auftritten. Auch das übrige wollen wir erwähnt haben, wie ein jedes schmuckvoll ausgebildet worden sein soll; es würde ja wohl eine weitläufige Arbeit sein, alles im einzelnen durchzunehmen.

5 Die Komödie aber ist, gemäß unserer obigen Aufstellung, eine Nachahmung von schlechteren Charakteren zwar, nicht jedoch in jeder Art von Schlechtigkeit, sondern im Lächerlichen, welches von dem Häßlichen nur ein Teil ist. Das Lächerliche ist nämlich eine Art von Fehler und keinen Schmerz verursachender noch verderblicher Häßlichkeit, wie gleich die lächerliche Maske etwas Häßliches und Verzerrtes ist, ohne Schmerz auszudrücken. Die Umwandlungen der Tragödie nun und wer sie herbeigeführt hat, sind nicht verborgen geblieben; die Komödie dagegen blieb, weil man von Anfang an kein ernsthaftes Interesse an ihr nahm, unberücksichtigt; wie ja auch einen Komödienchor erst spät der Archon gewährte, vielmehr Freiwillige ihn bildeten. Erst seitdem sie schon einige feste Formen erlangt hatte, werden diejenigen erwähnt, welche man als ihre Dichter bezeichnet. Wer ihr aber Masken verliehen hat oder Prologe oder eine Mehrzahl von Schauspielern und alles derartige, hat man nicht erfahren. Fabeln zu bilden haben Epicharmos und Phormis begonnen. Ursprünglich zwar kam sie (die Komödie) aus Sicilien; von den Komödiendichtern zu Athen aber hat zuerst Krates angefangen, die jambische Dichtungsform aufzugeben und Reden und Fabeln von allgemeiner Art zu dichten.

Das Epos nun ist, bis auf das große Versmaß allein, mit der Tragödie als nachahmende Darstellung edler Charaktere in Überein-

20 σατυρικοῦ apogr: σατυρικῶν 28 ἄλλ' ὡς apogr: ἄλλως ἄλλ' οἷς Hermann 1449b 4 λόγους Hermann 6 μὲν οὖν apogr

μύθους. ἡ μὲν οὖν ἐποποιία τῇ τραγῳδίᾳ μέχρι μόνου μέτρου μεγάλου, μίμησις εἶναι σπουδαίων, ἠκολούθησεν· τῷ δὲ τὸ μέτρον ἁπλοῦν ἔχειν καὶ ἀπαγγελίαν εἶναι, ταύτῃ διαφέρουσιν· ἔτι δὲ τῷ μήκει ἡ μὲν ὅτι μάλιστα πειρᾶται ὑπὸ μίαν περίοδον ἡλίου εἶναι ἢ μικρὸν ἐξαλλάττειν, ἡ δὲ ἐποποιία ἀόριστος τῷ χρόνῳ, καὶ τούτῳ διαφέρει, καίτοι τὸ πρῶτον ὁμοίως ἐν ταῖς τραγῳδίαις τοῦτο ἐποίουν καὶ ἐν τοῖς ἔπεσιν. μέρη δ' ἐστὶ τὰ μὲν ταὐτά, τὰ δὲ ἴδια τῆς τραγῳδίας. διόπερ ὅστις περὶ τραγῳδίας οἶδε σπουδαίας καὶ φαύλης, οἶδε καὶ περὶ ἐπῶν· ἃ μὲν γὰρ ἐποποιία ἔχει, ὑπάρχει τῇ τραγῳδίᾳ, ἃ δὲ αὐτῇ, οὐ πάντα ἐν τῇ ἐποποιίᾳ.

περὶ μὲν οὖν τῆς ἐν ἑξαμέτροις μιμητικῆς καὶ περὶ κωμῳδίας ὕστερον ἐροῦμεν, περὶ δὲ τραγῳδίας λέγωμεν ἀπολαβόντες αὐτῆς ἐκ τῶν εἰρημένων τὸν γινόμενον ὅρον τῆς οὐσίας. ἔστιν οὖν τραγῳδία μίμησις πράξεως σπουδαίας καὶ τελείας μέγεθος ἐχούσης, ἡδυσμένῳ λόγῳ χωρὶς ἑκάστου τῶν εἰδῶν ἐν τοῖς μορίοις δρώντων καὶ οὐ δι' ἀπαγγελίας, δι' ἐλέου καὶ φόβου περαίνουσα τὴν τῶν τοιούτων παθημάτων κάθαρσιν. λέγω δὲ ἡδυσμένον μὲν λόγον τὸν ἔχοντα ῥυθμὸν καὶ ἁρμονίαν καὶ μέλος, τὸ δὲ χωρὶς τοῖς εἴδεσι τὸ διὰ μέτρων ἔνια μόνον περαίνεσθαι καὶ πάλιν ἕτερα διὰ μέλους. ἐπεὶ δὲ πράττοντες ποιοῦνται τὴν μίμησιν, πρῶτον μὲν ἐξ ἀνάγκης ἂν εἴη τι μόριον τραγῳδίας ὁ τῆς ὄψεως κόσμος, εἶτα μελοποιία καὶ λέξις, ἐν τούτοις γὰρ ποιοῦνται τὴν μίμησιν. λέγω δὲ λέξιν μὲν αὐτὴν τὴν τῶν μέτρων σύνθεσιν, μελοποιίαν δὲ ἣ τὴν δύναμιν φανερὰν ἔχει πᾶσαν. ἐπεὶ δὲ πράξεώς ἐστι μίμησις, πράττεται δὲ ὑπὸ τινῶν πραττόντων, οὓς ἀνάγκη ποιούς τινας εἶναι κατά τε τὸ ἦθος καὶ τὴν διάνοιαν, διὰ γὰρ τούτων καὶ τὰς πράξεις εἶναί φαμεν ποιάς τινας, πέφυκεν αἴτια δύο τῶν πράξεων εἶναι, διάνοιαν καὶ ἦθος, καὶ κατὰ ταύτας καὶ τυγχάνουσι καὶ ἀποτυγχάνουσι πάντες. ἔστιν δὲ τῆς μὲν πράξεως ὁ μῦθος ἡ μίμησις· λέγω γὰρ μῦθον τοῦτον τὴν

10 τῷ apogr: τὸ ‖ 12 ἡ μὲν γὰρ apogr ‖ 16 ταὐτά apogr: ταῦτα ‖ 17 δ' ὅπερ ‖ 21 μὲν οὖν apogr ‖ 23 ἀναλαβόντες Bernays ‖ 28 παθημάτων corr apogr: μαθημάτων ‖ 29 μέλος] μέτρον Victorius ‖ 35 μέτρων] ὀνομάτων Hermann ‖ 36 πᾶσιν Maehly

stimmung geblieben; daß es aber ein einfaches Metrum hat und Erzählung ist, darin unterscheiden sie sich. Während ferner in der Länge die eine bestrebt ist, soviel als möglich unter einen Sonnenumlauf zu fallen oder wenig darüber hinauszugehen, ist das Epos in der Zeit unbeschränkt, auch dadurch unterscheidet es sich von ihr. Freilich machte man dies anfangs ebenso in der Tragödie wie in den Epen. Bestandteile aber haben sie teils dieselben, teils hat die Tragödie ihr eigentümliche. Wer deshalb weiß, ob eine Tragödie gut oder schlecht ist, weiß es auch in Betreff der Epen. Denn die Bestandteile, welche das Epos hat, besitzt die Tragödie; ihre eigenen Bestandteile aber finden sich nicht alle in dem Epos.

6 Über die in Hexametern darstellende Dichtungsform nun und über die Komödie werden wir später reden; jetzt aber wollen wir von der Tragödie handeln, nachdem wir zuvor aus dem Vorgetragenen die sich ergebende Begriffsbestimmung ihres Wesens abgeleitet haben.

Es ist aber die Tragödie nachahmende Darstellung einer ernsten und vollständigen Handlung, welche Größe besitzt, in geschmückter Rede, so daß jede Art von Schmuck je nach den einzelnen Teilen gesondert bleibt; welche von handelnden Personen ausgeführt und nicht bloß erzählt wird und durch (Erweckung von) Mitleid und Furcht die Befreiung von diesen und derartigen Gemütsbewegungen zu stande bringt. Unter geschmückter Rede verstehe ich eine solche, welche mit Rhythmus, Harmonie und Gesang verbunden ist; unter Trennung des Schmucks nach seinen Arten dies, daß einiges nur metrisch vollendet wird und wieder anderes durch Gesang.

Weil aber handelnde Personen die Nachahmung bewirken, so wird zuerst notwendigerweise ein wichtiger Bestandteil der Tragödie der Schmuck der Bühne sein, dann die Gesangcomposition und der sprachliche Ausdruck. Denn darin bewerkstelligen sie die Nachahmung. Ich nenne aber sprachlichen Ausdruck eben die Bildung der metrischen Rede; Gesangcomposition, was der Name vollständig besagt. Da aber die Tragödie nachahmende Darstellung einer Handlung ist und eine solche von gewissen handelnden Personen ausgeführt wird, die notwendigerweise nach Charakter und Gedanken irgendwie beschaffen sein müssen — denn vermöge dieser schreiben wir auch den Handlungen eine gewisse Beschaffenheit zu — so gehen naturgemäß die Handlungen aus zwei Bestimmungsgründen hervor, aus Gedanken und Charakter, und diesen entsprechend haben auch alle Erfolg und Mißerfolg. Von der Handlung nun ist die Fabel die Nachahmung. Ich verstehe nämlich unter Fabel in diesem Sinne die Verknüpfung der Begebenheiten, unter den Charakteren dasjenige, wonach wir behaupten, daß die Handelnden irgendwie geartet sind, und unter Gedankenentwicklung alles, worin Redende etwas beweisen oder auch eine Meinung darlegen. Demnach muß jede Tragödie sechs Bestandteile haben, denen gemäß sie irgendwie beschaffen ist. Diese sind: Fabel, Charakterzeichnung, sprachlicher Ausdruck, Gedankenentwicklung, Darstellung fürs Auge und Gesangcomposition. Die Mittel nämlich, wodurch die Dichter nachahmend darstellen, bilden zwei Bestandteile; die Art und Weise, wie sie darstellen,

σύνθεσιν τῶν πραγμάτων, τὰ δὲ ἤθη, καθ' ὃ ποιούς τινας εἶναί φαμεν τοὺς πράττοντας, διάνοιαν δέ, ἐν ὅσοις λέγοντες ἀποδεικνύασίν τι ἢ καὶ ἀποφαίνονται γνώμην. ἀνάγκη οὖν πάσης τραγῳδίας μέρη εἶναι ἕξ, καθ' ὃ ποιά τις ἐστὶν ἡ τραγῳδία· ταῦτα δ' ἐστὶ μῦθος καὶ ἤθη καὶ λέξις καὶ διάνοια καὶ ὄψις καὶ μελοποιία. οἷς μὲν γὰρ μιμοῦνται, δύο μέρη ἐστίν, ὡς δὲ μιμοῦνται, ἕν, ἃ δὲ μιμοῦνται, τρία, καὶ παρὰ ταῦτα οὐδέν. τούτοις μὲν οὖν οὐκ ὀλίγοι αὐτῶν ὡς εἰπεῖν κέχρηνται τοῖς εἴδεσιν· καὶ γὰρ ὄψεις ἔχει πᾶν καὶ ἦθος καὶ μῦθον καὶ λέξιν καὶ μέλος καὶ διάνοιαν ὡσαύτως. μέγιστον δὲ τούτων ἐστὶν ἡ τῶν πραγμάτων σύστασις· ἡ γὰρ τραγῳδία μίμησίς ἐστιν οὐκ ἀνθρώπων ἀλλὰ πράξεως καὶ βίου καὶ εὐδαιμονίας· καὶ ἡ κακοδαιμονία ἐν πράξει ἐστίν, καὶ τὸ τέλος πρᾶξίς τις ἐστίν, οὐ ποιότης· εἰσὶν δὲ κατὰ μὲν τὰ ἤθη ποιοί τινες, κατὰ δὲ τὰς πράξεις εὐδαίμονες ἢ τοὐναντίον. οὔκουν ὅπως τὰ ἤθη μιμήσωνται πράττουσιν, ἀλλὰ τὰ ἤθη συμπαραλαμβάνουσιν διὰ τὰς πράξεις· ὥστε τὰ πράγματα καὶ ὁ μῦθος τέλος **τῆς** τραγῳδίας, τὸ δὲ τέλος μέγιστον ἁπάντων. ἔτι ἄνευ **μὲν** πράξεως οὐκ ἂν γένοιτο τραγῳδία, ἄνευ δὲ ἠθῶν γένοιτ' ἄν. αἱ γὰρ τῶν νέων τῶν πλείστων ἀήθεις τραγῳδίαι εἰσίν καὶ ὅλως ποιηταὶ πολλοὶ τοιοῦτοι, οἷον καὶ τῶν γραφέων Ζεῦξις πρὸς Πολύγνωτον πέπονθεν, ὁ μὲν γὰρ Πολύγνωτος ἀγαθὸς ἠθογράφος, ἡ δὲ Ζεύξιδος γραφὴ οὐδὲν ἔχει ἦθος. ἔτι ἐάν τις ἐφεξῆς θῇ ῥήσεις ἠθικὰς καὶ λέξεις καὶ διανοίας εὖ πεποιημένας, οὐ ποιήσει ὃ ἦν τῆς τραγῳδίας ἔργον, ἀλλὰ πολὺ μᾶλλον ἡ καταδεεστέροις τούτοις κεχρημένη τραγῳδία, ἔχουσα δὲ μῦθον καὶ σύστασιν πραγμάτων. πρὸς δὲ τούτοις τὰ μέγιστα οἷς ψυχαγωγεῖ ἡ τραγῳδία, τοῦ μύθου μέρη ἐστίν, αἵ τε περιπέτειαι καὶ ἀναγνωρίσεις. ἔτι σημεῖον ὅτι καὶ οἱ ἐγχειροῦντες ποιεῖν πρότερον δύνανται τῇ **λέξει καὶ τοῖς** ἤθεσιν ἀκριβοῦν ἢ τὰ πράγματα συνίστασθαι, **οἷον καὶ** οἱ πρῶτοι ποιηταὶ σχεδὸν ἅπαντες. ἀρχὴ μὲν οὖν **καὶ οἷον** ψυχὴ ὁ μῦθος τῆς τραγῳδίας, δεύτερον δὲ τὰ **ἤθη**. παραπλήσιον γάρ ἐστιν καὶ ἐπὶ τῆς γραφικῆς· εἰ **γὰρ** τις ἐναλείψειε τοῖς καλλίστοις φαρμάκοις χύδην, **οὐκ ἂν** ὁμοίως εὐφράνειεν **καὶ** λευκ-

1450a 5 καθὸ (καθ' ὃ apogr) 7 ἀποδεικνύασιν (ἀποδεικνύουσί apogr) cf 1450b 11 8 καθὸ ποιά (καθ' ὃ

einen; die Gegenstände, welche sie darstellen, drei; und außerdem giebt es keinen. Diese Formen nun bringen, so zu sagen, nicht wenige von ihnen zur Anwendung; denn sowohl Schaustellungen enthält jede Art von Tragödie, als Charakterzeichnung, Fabel, sprachlichen Ausdruck, Gesang und Gedankenentwicklung auf gleiche Weise.

Der wichtigste aber von diesen Bestandteilen ist die Verknüpfung der Begebenheiten; denn die Tragödie ist nachahmende Darstellung nicht von Menschen, sondern von Handlung und Leben und Glück, und auch das Unglück beruht auf Handlung; und ihr Endzweck ist eine bestimmte Handlung, nicht eine Beschaffenheit; nun sind aber die Menschen nach ihren Charakteren so oder so beschaffen, nach ihren Handlungen dagegen glücklich oder das Gegenteil. Also handeln die Personen in der Tragödie nicht um Charaktere darzustellen, sondern die Charaktere nehmen sie zu Hülfe um der Handlungen willen. Daher sind die Begebenheiten und die Fabel der Endzweck der Tragödie; der Endzweck aber ist die Hauptsache von allem. Ferner ist ohne Handlung keine Tragödie möglich, ohne Charakterzeichnung aber sehr wohl. Sind ja doch die Tragödien der meisten neueren Dichter ohne individuelle Charaktere und überhaupt giebt es viele Dichter, von denen dasselbe gilt, wie denn auch unter den Malern Zeuxis im Vergleich mit Polygnotus sich ebenso verhält. Während nämlich Polygnotus ein vortrefflicher Charaktermaler ist, hat die Malerei des Zeuxis nichts individuell Charakteristisches. Weiter könnte die Aneinanderreihung charaktervoller Reden und wohlgedichteter Ausdrücke und Gedanken nicht hervorbringen, was die Aufgabe der Tragödie ist, weit eher dagegen eine Tragödie, welche eine Fabel und geordnete Zusammenstellung von Handlungen enthält, wenn sie auch in den vorgenannten Dingen mangelhafter ist. Dazu kommt, daß die bedeutendsten Stücke, durch welche die Tragödie die Gemüter fesselt, Teile der Fabel sind, nämlich die Glücksumschläge und die Erkennungen. Es läßt sich auch daraus schließen, daß diejenigen, welche die ersten Versuche in der Poesie anstellen, wie auch fast alle frühesten Dichter, eher richtigen Ausdruck und scharf bestimmte Charaktere schaffen, als die Handlungen verknüpfen können. Also Grundbestandteil und gleichsam Seele der Tragödie ist die Fabel, erst an zweiter Stelle kommt die Charakterzeichnung. Ähnlich ist es ja auch in der Malerei: Wenn nämlich jemand hier die schönsten Farben planlos auftrüge, würde er nicht ebensosehr erfreuen, als wenn er ein wirkliches Bild im bloßen Kreideumriß gezeichnet hätte — und die Tragödie ist Nachahmung einer Handlung und stellt

ποιά apogr) 9 ἐστι 13 ὄψεις (ὄψιν) apogr: ὄψις 14 ὡσ αὔτως 17 εὐδαιμονίας] add Aldus καὶ κακοδαιμονίας, ἡ δὲ εὐδαιμονία 21 συμπαραλαμβάνουσι Spengel (συμπεριλαμβάνουσι Guelferbytanus): συμπεριλαμβάνουσιν 27 πολύγνωτον et πολύγνωτος apogr: πολύγνωστον, πολύγνωστος (cf 2. 1448a 5) 29 λέξεις καὶ διανοίας] λέξει καὶ διανοίᾳ Vahlen 30 οὐ ποιήσει apogr: ποιήσει 31 ἡ apogr: ἢ 1450b 1 ἐναλείψειε apogr: ἕνα λείψειε 2 ἂν ὁμοίως apogr: ἀ | νομοίως

γράψας εἰκόνα. ἔστιν τε μίμησις πράξεως καὶ διὰ ταύτην μάλιστα τῶν πραττόντων. τρίτον δὲ ἡ διάνοια. τοῦτο δέ ἐστιν τὸ λέγειν δύνασθαι τὰ ἐνόντα καὶ τὰ ἁρμόττοντα, ὅπερ ἐπὶ τῶν λόγων τῆς πολιτικῆς καὶ ῥητορικῆς ἔργον ἐστίν· οἱ μὲν γὰρ ἀρχαῖοι πολιτικῶς ἐποίουν λέγοντας, οἱ δὲ νῦν ῥητορικῶς. ἔστιν δὲ ἦθος μὲν τὸ τοιοῦτον ὃ δηλοῖ τὴν προαίρεσιν, ὁποῖά τις ἐν οἷς οὐκ ἔστι δῆλον ἢ προαιρεῖται ἢ φεύγει· διόπερ οὐκ ἔχουσιν ἦθος τῶν λόγων ἐν οἷς μηδ' ὅλως ἔστιν ὅ τι προαιρεῖται ἢ φεύγει ὁ λέγων. διάνοια δέ, ἐν οἷς ἀποδεικνύουσί τι ὡς ἔστιν ἢ ὡς οὐκ ἔστιν ἢ καθόλου τι ἀποφαίνονται. τέταρτον δὲ τῶν μὲν λόγων ἡ λέξις· λέγω δέ, ὥσπερ πρότερον εἴρηται, λέξιν εἶναι τὴν διὰ τῆς ὀνομασίας ἑρμηνείαν, ὃ καὶ ἐπὶ τῶν ἐμμέτρων καὶ ἐπὶ τῶν λόγων ἔχει τὴν αὐτὴν δύναμιν. τῶν δὲ λοιπῶν πέμπτον ἡ μελοποιία μέγιστον τῶν ἡδυσμάτων, ἡ δὲ ὄψις ψυχαγωγικὸν μέν, ἀτεχνότατον δὲ καὶ ἥκιστα οἰκεῖον τῆς ποιητικῆς. ὡς γὰρ τῆς τραγῳδίας δύναμις καὶ ἄνευ ἀγῶνος καὶ ὑποκριτῶν ἔστιν, ἔτι δὲ κυριωτέρα περὶ τὴν ἀπεργασίαν τῶν ὄψεων ἡ τοῦ σκευοποιοῦ τέχνη τῆς τῶν ποιητῶν ἐστιν.

Διωρισμένων δὲ τούτων, λέγωμεν μετὰ ταῦτα ποίαν 7 τινὰ δεῖ τὴν σύστασιν εἶναι τῶν πραγμάτων, ἐπειδὴ τοῦτο καὶ πρῶτον καὶ μέγιστον τῆς τραγῳδίας ἐστίν. κεῖται δ' ἡμῖν τὴν τραγῳδίαν τελείας καὶ ὅλης πράξεως εἶναι μίμησιν ἐχούσης τι μέγεθος· ἔστιν γὰρ ὅλον καὶ μηδὲν ἔχον μέγεθος. ὅλον δέ ἐστιν τὸ ἔχον ἀρχὴν καὶ μέσον καὶ τελευτήν. ἀρχὴ δέ ἐστιν ὃ αὐτὸ μὲν μὴ ἐξ ἀνάγκης μετ' ἄλλο ἐστίν, μετ' ἐκεῖνο δ' ἕτερον πέφυκεν εἶναι ἢ γίνεσθαι, τελευτὴ δὲ τοὐναντίον ὃ αὐτὸ μετ' ἄλλο πέφυκεν εἶναι ἢ ἐξ ἀνάγκης ἢ ὡς ἐπὶ τὸ πολύ, μετὰ δὲ τοῦτο ἄλλο οὐδέν, μέσον δὲ ὃ καὶ αὐτὸ μετ' ἄλλο καὶ μετ' ἐκεῖνο ἕτερον. δεῖ ἄρα τοὺς συνεστῶτας εὖ μύθους μήθ' ὁπόθεν ἔτυχεν ἄρχεσθαι μήθ' ὅπου ἔτυχε τελευτᾶν, ἀλλὰ κεχρῆσθαι ταῖς εἰρημέναις ἰδέαις. ἔτι δ' ἐπεὶ τὸ καλὸν καὶ ζῷον καὶ ἅπαν πρᾶγμα ὃ συνέστηκεν ἐκ τινῶν οὐ μόνον ταῦτα τεταγμένα δεῖ ἔχειν ἀλλὰ καὶ μέγεθος ὑπάρχειν μὴ τὸ τυχόν· τὸ

9 δι' ὅπερ 10 μηδ' ὅλως ἐστὶν ὅ τι apogr: ὅ τις 11 ἀποδεικνύουσι τί (ἀποδεικνύουσί Bekker, cf 1450a 7) 12 τί 16 πέμπτον apogr: πάντα 17 ἀτεχνότατον (ἀτεχνώτατον) apogr: ἀτεχνότατον 18 ὡς h. e. ὡς (ἡ apogr) ἀγῶνος apogr

hauptsächlich um dieser willen die Handelnden dar. Das dritte ist die Gedankenentwicklung. Dies ist die Fähigkeit, das in der Sache Liegende und Angemessene zu sagen, was eben bei den Reden die Aufgabe der Staatswissenschaft und Redekunst ist. Die alten Dichter nämlich ließen ihre Personen staatsmännisch reden, die jetzigen aber wie Redekünstler. Charakteristik ist alles derartige, was den Willen offenbart: was für Dinge einer in denjenigen Fällen entweder begehrt oder verabscheut, wo Begehrung oder Verabscheuung nicht von selbst klar ist. Deshalb eben sind diejenigen Reden ohne Charakteristik, welche überhaupt nicht erkennen lassen, was der Redende erstrebt oder flieht; Gedankenentwicklung dagegen enthalten diejenigen Stellen, worin die Personen nachweisen, daß etwas ist oder nicht ist, oder überhaupt eine Ansicht darlegen. An vierter Stelle steht der sprachliche Ausdruck in den Reden. Ich nenne nämlich, wie eben früher gesagt ist, sprachlichen Ausdruck die Kundgebung der Gedanken durch Worte, was sowohl bei gebundener als bei ungebundener Rede dieselbe Bedeutung hat. Unter den übrigen Stücken nimmt die Gesangcomposition als das wichtigste der Verschönerungsmittel die fünfte Stelle ein. Die Darstellung für die Augen vermag zwar die Gemüter zu fesseln, hat aber am wenigsten Anteil an der Kunst, und ist am wenigsten ein eigentümlicher Bestandteil der Poesie, da ja die Wirkung der Tragödie auch ohne theatralische Aufführung und Schauspieler möglich, und außerdem in Bezug auf die Vollendung der Schaustellungen die Kunst des Maschinisten mehr an ihrer Stelle ist als die der Dichter.

7 Nach diesen Feststellungen wollen wir demnächst sagen, welcher Art die Verknüpfung der Begebenheiten sein müsse, da ja dieses sowohl das erste als das Wichtigste in der Tragödie ist. Es steht uns aber fest, daß die Tragödie Nachahmung einer in sich geschlossenen und ganzen Handlung ist, welche eine bestimmte Größe hat; denn es kann etwas ein Ganzes sein, auch ohne eine bestimmte Größe zu besitzen. Ein Ganzes ist vielmehr, was Anfang, Mitte und Ende hat. Anfang aber ist, was selbst zwar nicht mit Notwendigkeit etwas anderes zur Voraussetzung hat, aber von Natur so beschaffen ist, daß nach ihm etwas anderes dasein oder eintreten muß; Ende dagegen umgekehrt, was selbst von Natur so beschaffen ist, daß es nach etwas anderem entweder in notwendiger Folge, oder doch nach dem gewöhnlichen Lauf der Dinge sein muß, während auf es nichts anderes folgt. Mitte endlich ist, was ebensowohl selbst Folge eines Vorhergehenden ist, als auch wieder ein anderes als Folge nach sich hat. Mithin dürfen die gut componierten Fabeln weder von einem zufälligen Punkte anfangen, noch an einem zufälligen Punkte endigen, sondern es müssen die obigen Begriffsbestimmungen zur Anwendung kommen.

Da ferner jedes Schöne, sei es ein lebendes Geschöpf oder irgend ein Ding, das aus gewissen Teilen besteht, diese nicht nur geordnet enthalten muß, sondern auch nicht jede beliebige Größe haben darf — denn das Schöne beruht auf Größe und Ordnung, weshalb weder ein ganz kleines Geschöpf schön sein kann, denn die Anschauung fließt zur Undeutlichkeit zusammen, weil sie in einem nahezu unmerklichen

γὰρ καλὸν ἐν μεγέθει καὶ τάξει ἐστίν, διὸ οὔτε πάμμικρον ἄν τι γένοιτο καλὸν ζῷον, συγχεῖται γὰρ ἡ θεωρία ἐγγὺς τοῦ ἀναισθήτου χρόνου γινομένη, οὔτε παμμέγεθες, οὐ γὰρ
1451a ἅμα ἡ θεωρία γίνεται ἀλλ' οἴχεται τοῖς θεωροῦσι τὸ ἓν καὶ τὸ ὅλον ἐκ τῆς θεωρίας, οἷον εἰ μυρίων σταδίων εἴη ζῷον· ὥστε δεῖ καθάπερ ἐπὶ τῶν σωμάτων καὶ ἐπὶ τῶν ζῴων ἔχειν μὲν μέγεθος, τοῦτο δὲ εὐσύνοπτον εἶναι, οὕτω καὶ ἐπὶ τῶν μύθων ἔχειν μὲν μῆκος, τοῦτο δὲ εὐμνημόνευτον εἶναι. τοῦ μήκους ὅρος μὲν πρὸς τοὺς ἀγῶνας καὶ τὴν αἴσθησιν οὐ τῆς τέχνης ἐστίν· εἰ γὰρ ἔδει ἑκατὸν τραγῳδίας ἀγωνίζεσθαι, πρὸς κλεψύδρας ἂν ἠγωνίζοντο, ὥσπερ ποτὲ καὶ ἄλλοτέ φασιν. ὁ δὲ κατ' αὐτὴν τὴν φύσιν τοῦ πράγματος ὅρος, ἀεὶ μὲν ὁ μείζων μέχρι τοῦ σύνδηλος εἶναι καλλίων ἐστὶ κατὰ τὸ μέγεθος, ὡς δὲ ἁπλῶς διορίσαντας εἰπεῖν, ἐν ὅσῳ μεγέθει κατὰ τὸ εἰκὸς ἢ τὸ ἀναγκαῖον ἐφεξῆς γιγνομένων συμβαίνει εἰς εὐτυχίαν ἐκ δυστυχίας ἢ ἐξ εὐτυχίας εἰς δυστυχίαν μεταβάλλειν, ἱκανὸς ὅρος ἐστὶν τοῦ μεγέθους. μῦθος δ' ἐστὶν εἷς 8
οὐχ ὥσπερ τινὲς οἴονται ἐὰν περὶ ἕνα ᾖ· πολλὰ γὰρ καὶ ἄπειρα τῷ ἑνὶ συμβαίνει, ἐξ ὧν ἐνίων οὐδέν ἐστιν ἕν· οὕτως δὲ καὶ πράξεις ἑνὸς πολλαί εἰσιν, ἐξ ὧν μία οὐδεμία γίνεται πρᾶξις. διὸ πάντες ἐοίκασιν ἁμαρτάνειν ὅσοι τῶν ποιητῶν Ἡρακληΐδα Θησηΐδα καὶ τὰ τοιαῦτα ποιήματα πεποιήκασιν. οἴονται γὰρ ἐπεὶ εἷς ἦν ὁ Ἡρακλῆς ἕνα καὶ τὸν μῦθον εἶναι προσήκειν. ὁ δ' Ὅμηρος ὥσπερ καὶ τὰ ἄλλα διαφέρει καὶ τοῦτ' ἔοικεν καλῶς ἰδεῖν ἤτοι διὰ τέχνην ἢ διὰ φύσιν· Ὀδύσσειαν γὰρ ποιῶν οὐκ ἐποίησεν ἅπαντα ὅσα αὐτῷ συνέβη, οἷον πληγῆναι μὲν ἐν τῷ Παρνασσῷ, μανῆναι δὲ προσποιήσασθαι ἐν τῷ ἀγερμῷ, ὧν οὐδὲν θατέρου γενομένου ἀναγκαῖον ἦν ἢ εἰκὸς θάτερον γενέσθαι, ἀλλὰ περὶ μίαν πρᾶξιν οἵαν λέγομεν τὴν Ὀδύσσειαν συνέστησεν, ὁμοίως δὲ καὶ τὴν Ἰλιάδα. χρὴ οὖν καθάπερ καὶ ἐν ταῖς ἄλλαις μιμητικαῖς ἡ μία μίμησις ἑνός ἐστιν οὕτω καὶ τὸν μῦθον ἐπεὶ πράξεως μίμησίς ἐστι μιᾶς τε εἶναι καὶ ταύτης ὅλης καὶ τὰ μέρη συνεστά-

37 δι' ὃ πάμμικρον Riccardianus 16, πάνυ μικρὸν Laurentianus LX 16: πᾶν μικρὸν 39 παμμέγεθες Riccardianus 16, πάνυ μέγα Laurentianus LX 16: πᾶν μέγεθος 1451a 6 ὁ μὲν Bursian 9 κλεψύδραν apogr φασίν Laurentianus LX 16 17 τῷ ἑνὶ Guelferbytanus: τῷ γένει

Zeitmomente stattfindet; noch ein ganz großes, denn da vollzieht sich die Anschauung nicht auf einmal, sondern es entschwindet den Betrachtenden die Einheit und Ganzheit aus der Anschauung, wie z. B. wenn ein Tier zehntausend Stadien groß wäre — daher muß es, gerade wie es bei den Körpern und bei den lebendigen Geschöpfen gilt, daß sie eine gewisse Größe haben müssen, die aber leicht überschaulich ist, so auch bei den Fabeln sein: sie müssen eine gewisse Länge haben, die aber leicht behaltbar ist. Die Bestimmung dieser Länge mit Rücksicht auf die theatralische Aufführung bei den Kunstwettstreiten und auf die sinnliche Anschauung ist nicht Sache der Ästhetik. Denn gesetzt es müßten hundert Tragödien bei einem solchen Kunstwettstreite aufgeführt werden, so würde man allenfalls „nach den Wasseruhren streiten", wie man dann und wann zu sagen pflegt. Was dagegen die Bestimmung der Größe nach der Natur der Sache selbst betrifft, so ist jedesmal der größere Umfang, sofern er überschaulich bleibt, der schönere in Hinsicht der Länge; um aber eine allgemeine Bestimmung zu geben: Derjenige Umfang, innerhalb dessen, während eines nach den Gesetzen der Wahrscheinlichkeit oder der Notwendigkeit stetig fortschreitenden Verlaufs der Dinge, ein Umschlag aus Unglück in Glück oder aus Glück in Unglück erfolgen kann, ist als Grenzbestimmung des Umfangs genügend.

8 Die Fabel aber ist *eine*, nicht wie einige meinen, wenn sie von *einem* (Helden) handelt; denn vieles, ja unzähliges begegnet dem einzelnen, wovon manches keine Einheit bildet. So giebt es auch viele Handlungen *einer* Person, aus denen keine einheitliche Handlung entsteht. Darum gilt das Verfahren aller derjenigen Dichter für fehlerhaft, welche eine Herakleis, eine Theseis und die Dichtungen solcher Art verfaßt haben. Sie meinen nämlich: weil Herakles eine einheitliche Person war, darum müsse auch die Heraklesfabel Einheit haben. Homer dagegen, wie er in allem andern groß dasteht, hat, meine ich, auch darin einen trefflichen Scharfblick bewährt, sei es daß ihn künstlerische Einsicht oder Naturanlage leitete. Denn indem er eine Odyssee dichtete, nahm er in sein Gedicht keineswegs alles zusammen auf, was dem Helden begegnet war, wie z. B. seine Verwundung auf dem Parnassos und seinen verstellten Wahnsinn bei der Anwerbung zum trojanischen Kriegszuge, von welchen beiden Ereignissen keines der Art war, daß wenn das eine geschah, notwendiger- oder doch wahrscheinlicherweise auch das andere hätte eintreten müssen, sondern um den Mittelpunkt einer einheitlichen Handlung, wie wir sie verlangen, hat er seine Odyssee und ebenso auch seine Ilias zusammengeordnet. Also, gleichwie in allen übrigen nachahmenden Künsten die Einheit des Kunstwerks in der Darstellung *eines* Gegenstandes ihren Grund hat, so muß auch die Fabel, da sie Nachahmung einer Handlung ist, diese als eine einheitliche und ganze darstellen, und die Teile der Thatsachen müssen so verbunden sein, daß durch die Versetzung

18 οὕτω apogr καὶ αἱ apogr 19 δι' ὃ 27 ἦν ἢ apogr: ἢν 29 λέγομεν apogr: λέγομεν 32 καὶ ταύτης] ταύτης καὶ Susemihl

ναι τῶν πραγμάτων οὕτως ὥστε μετατιθεμένου τινὸς μέρους ἢ ἀφαιρουμένου διαφέρεσθαι καὶ κινεῖσθαι τὸ ὅλον· ὃ γὰρ προσὸν ἢ μὴ προσὸν μηδὲν ποιεῖ ἐπίδηλον, οὐδὲν μόριον τοῦ ὅλου ἐστίν. φανερὸν δὲ ἐκ τῶν εἰρημένων καὶ ὅτι οὐ τὸ τὰ 9
γενόμενα λέγειν, τοῦτο ποιητοῦ ἔργον ἐστίν, ἀλλ' οἷα ἂν γένοιτο καὶ τὰ δυνατὰ κατὰ τὸ εἰκὸς ἢ τὸ ἀναγκαῖον. ὁ γὰρ ἱστορικὸς καὶ ὁ ποιητὴς οὐ τῷ ἢ ἔμμετρα λέγειν ἢ ἄμετρα διαφέρουσιν, εἴη γὰρ ἂν τὰ Ἡροδότου εἰς μέτρα τεθῆναι καὶ οὐδὲν ἧττον ἂν εἴη ἱστορία τις μετὰ μέτρου ἢ ἄνευ μέτρων, ἀλλὰ τούτῳ διαφέρει, τῷ τὸν μὲν τὰ γενόμενα λέγειν, τὸν δὲ οἷα ἂν γένοιτο. διὸ καὶ φιλοσοφώτερον καὶ σπουδαιότερον ποίησις ἱστορίας ἐστίν· ἡ μὲν γὰρ ποίησις μᾶλλον τὰ καθόλου, ἡ δ' ἱστορία τὰ καθ' ἕκαστον λέγει. ἔστιν δὲ καθόλου μέν, τῷ ποίῳ τὰ ποῖα ἄττα συμβαίνει λέγειν ἢ πράττειν κατὰ τὸ εἰκὸς ἢ τὸ ἀναγκαῖον, οὗ στοχάζεται ἡ ποίησις ὀνόματα ἐπιτιθεμένη, τὸ δὲ καθ' ἕκαστον, τί Ἀλκιβιάδης ἔπραξεν ἢ τί ἔπαθεν. ἐπὶ μὲν οὖν τῆς κωμῳδίας ἤδη τοῦτο δῆλον γέγονεν· συστήσαντες γὰρ τὸν μῦθον διὰ τῶν εἰκότων οὕτω τὰ τυχόντα ὀνόματα ὑποτιθέασιν καὶ οὐχ ὥσπερ οἱ ἰαμβοποιοὶ περὶ τῶν καθ' ἕκαστον ποιοῦσιν. ἐπὶ δὲ τῆς τραγῳδίας τῶν γενομένων ὀνομάτων ἀντέχονται. αἴτιον δ' ὅτι πιθανόν ἐστι τὸ δυνατόν· τὰ μὲν οὖν μὴ γενόμενα οὔπω πιστεύομεν εἶναι δυνατά, τὰ δὲ γενόμενα φανερὸν ὅτι δυνατά, οὐ γὰρ ἂν ἐγένετο, εἰ ἦν ἀδύνατα. οὐ μὴν ἀλλὰ καὶ ἐν ταῖς τραγῳδίαις ἐνίαις μὲν ἓν ἢ δύο τῶν γνωρίμων ἐστὶν ὀνομάτων, τὰ δὲ ἄλλα πεποιημένα, ἐν ἐνίαις δὲ οὐδ' ἕν, οἷον ἐν τῷ Ἀγάθωνος Ἄνθει· ὁμοίως γὰρ ἐν τούτῳ τά τε πράγματα καὶ τὰ ὀνόματα πεποίηται, καὶ οὐδὲν ἧττον εὐφραίνει· ὥστ' οὐ πάντως εἶναι ζητητέον τῶν παραδεδομένων μύθων περὶ οὓς αἱ τραγῳδίαι εἰσίν, ἀντέχεσθαι. καὶ γὰρ γελοῖον τοῦτο ζητεῖν, ἐπεὶ καὶ τὰ γνώριμα ὀλίγοις γνώριμά ἐστιν ἀλλ' ὅμως εὐφραίνει πάντας. δῆλον οὖν ἐκ τούτων ὅτι τὸν ποιητὴν μᾶλλον τῶν μύθων

35 προσὸν ἢ μὴ προσὸν apogr: πρ̊ | ὂν ἢ μὴ πρὸς ὂν ἐπίδηλον ὡς apogr 36 οὐ τὸ apogr: οὕτω 37 γενόμενα Riccardianus 16, Victorius (cf 1451 b 4): γινόμενα 1451 b 1 τούτῳ apogr: τοῦτο γενόμενα apogr 5 δ' ἢ 10 τί apogr: τὸν 13 ἐπιτιθέασι Riccardianus 16 14 περὶ τῶν apogr 21 οὐδ' ἓν (οὐδὲν apogr) 24 περὶ οὓς αἱ] ⟨αἱ εὐδοκιμοῦσαι⟩ Vahlen suspicatur

oder die Auslassung irgend eines Teiles das Ganze zerrissen oder in Unordnung gebracht wird. Denn dasjenige, dessen Vorhandensein oder Fehlen durch nichts bemerkbar wird, ist kein (organischer) Bestandteil des Ganzen.

9 Es erhellt aber aus dem Gesagten auch, daß nicht das die Aufgabe des Dichters ist, vorzutragen, was wirklich geschehen ist, sondern solche Dinge, welche sehr wohl geschehen könnten, und die möglich sind nach den Gesetzen der Wahrscheinlichkeit oder der Notwendigkeit. Der Geschichtsschreiber und der Dichter unterscheiden sich nämlich nicht dadurch, daß der eine in gebundener, der andere in ungebundener Rede spricht; denn man könnte gar wohl Herodots Bücher in Verse bringen, und es würde nichtsdestoweniger, mit Metrum oder ohne metrische Formen, eine Art Geschichtserzählung sein. Sondern darin besteht der Unterschied, daß der eine Dinge berichtet, die geschehen sind, der andere solche, wie sie geschehen könnten. Darum ist auch die Poesie philosophischer und bedeutungsvoller als die Geschichtsschreibung. Denn die Poesie sagt mehr das Allgemeingültige, die Geschichtsschreibung dagegen das einzelne. Allgemeingültig aber ist, was immer von der Art ist, daß es einem Menschen von diesem oder jenem Charakter zu sagen oder zu thun der Wahrscheinlichkeit oder Notwendigkeit gemäß zukommt — und darauf zielt die Poesie bei der Namengebung ab — das einzelne dagegen ist, was z. B. Alkibiades wirklich gethan oder gelitten hat. Bei der Komödie nun hat sich dies schon deutlich gezeigt: Erst nachdem man die Fabel aus Wahrscheinlichem gebildet hat, legt man die zutreffenden Namen unter und macht nicht wie die Jambendichter einzelne wirkliche Personen zum Gegenstand seiner Dichtung. Bei der Tragödie aber hält man sich an die historischen Namen. Der Grund liegt darin, daß alles was Glauben finden soll, möglich sein muß; wenn nun etwas nicht wirklich geschehen ist, so sind wir noch nicht überzeugt, daß es möglich sei, während dagegen von dem wirklich Geschehenen einleuchtet, daß es möglich sein muß, weil es nicht geschehen sein würde, wenn es unmöglich wäre. Und doch sind auch in einigen der Tragödien nur ein oder zwei bekannte Namen, und die übrigen sind erdichtet; in andern auch gar keiner, wie in der „Blume" des Agathon. In diesem Stücke sind nämlich die Thatsachen und die Namen gleichmäßig erdichtet, und doch gefällt es darum nicht weniger wohl. Daher muß man nicht durchaus verlangen, daß (die Dichter) sich an die überlieferten Mythen halten sollen, in deren Kreis die Tragödien sich bewegen. Ja es wäre sogar lächerlich das zu verlangen, da selbst das Bekannte nur wenigen bekannt ist, aber dennoch alle ergötzt. Aus diesen Bemerkungen geht also deutlich hervor, daß der Dichter vielmehr dadurch Dichter sein müsse, daß er die Fabeln erfindet, als dadurch, daß er sich der metrischen Formen bedient; sofern er Dichter ist vermöge der nachahmenden Darstellung, und das was er darstellt, die Handlungen sind. Wenn es sich also auch trifft, daß er wirklich Geschehenes dichtet, so ist er deshalb um nichts weniger Dichter; denn es hindert ja nichts, daß von dem was wirklich geschehen ist, einiges so beschaffen sei, wie es wahrscheinlicher- oder möglicherweise geschehen kann, und insofern ist jener der Dichter desselben.

εἶναι δεῖ ποιητὴν ἢ τῶν μέτρων, ὅσῳ ποιητὴς κατὰ τὴν μίμησίν ἐστιν, μιμεῖται δὲ τὰς πράξεις. κἂν ἄρα συμβῇ γενόμενα ποιεῖν, οὐθὲν ἧττον ποιητής ἐστι· τῶν γὰρ γενομένων ἔνια οὐδὲν κωλύει τοιαῦτα εἶναι οἷα ἂν εἰκὸς γενέσθαι καὶ δυνατὰ γενέσθαι, καθ' ὃ ἐκεῖνος αὐτῶν ποιητής ἐστιν.

τῶν δὲ ἁπλῶν μύθων καὶ πράξεων αἱ ἐπεισοδιώδεις εἰσὶν χείρισται. λέγω δ' ἐπεισοδιώδη μῦθον ἐν ᾧ τὰ ἐπεισόδια μετ' ἄλληλα οὔτ' εἰκὸς οὔτ' ἀνάγκη εἶναι. τοιαῦται δὲ ποιοῦνται ὑπὸ μὲν τῶν φαύλων ποιητῶν δι' αὐτούς, ὑπὸ δὲ τῶν ἀγαθῶν διὰ τοὺς ὑποκριτάς· ἀγωνίσματα γὰρ ποιοῦντες καὶ παρὰ τὴν δύναμιν παρατείνοντες μῦθον πολ-
1452a λάκις διαστρέφειν ἀναγκάζονται τὸ ἐφεξῆς. ἐπεὶ δὲ οὐ μόνον τελείας ἐστὶ πράξεως ἡ μίμησις ἀλλὰ καὶ φοβερῶν καὶ ἐλεεινῶν, ταῦτα δὲ γίνεται καὶ μάλιστα, καὶ μᾶλλον ὅταν γένηται παρὰ τὴν δόξαν, δι' ἄλληλα· τὸ γὰρ θαυμαστὸν οὕτως ἕξει μᾶλλον ἢ εἰ ἀπὸ τοῦ αὐτομάτου καὶ τῆς τύχης, ἐπεὶ καὶ τῶν ἀπὸ τύχης ταῦτα θαυμασιώτατα δοκεῖ ὅσα ὥσπερ ἐπίτηδες φαίνεται γεγονέναι, οἷον ὡς ὁ ἀνδριὰς ὁ τοῦ Μίτυος ἐν Ἄργει ἀπέκτεινεν τὸν αἴτιον τοῦ θανάτου τῷ Μίτυι, θεωροῦντι ἐμπεσών· ἔοικε γὰρ τὰ τοιαῦτα οὐκ εἰκῇ γενέσθαι· ὥστε ἀνάγκη τοὺς τοιούτους εἶναι καλλίους μύθους. 10 εἰσὶ δὲ τῶν μύθων οἱ μὲν ἁπλοῖ οἱ δὲ πεπλεγμένοι· καὶ γὰρ αἱ πράξεις ὧν μιμήσεις οἱ μῦθοί εἰσιν ὑπάρχουσιν εὐθὺς οὖσαι τοιαῦται. λέγω δὲ ἁπλῆν μὲν πρᾶξιν ἧς γινομένης ὥσπερ ὥρισται συνεχοῦς καὶ μιᾶς ἄνευ περιπετείας ἢ ἀναγνωρισμοῦ ἡ μετάβασις γίνεται, πεπλεγμένη δὲ ἐστιν ἐξ ἧς μετὰ ἀναγνωρισμοῦ ἢ περιπετείας ἢ ἀμφοῖν ἡ μετάβασίς ἐστιν. ταῦτα δὲ δεῖ γίνεσθαι ἐξ αὐτῆς τῆς συστάσεως τοῦ μύθου, ὥστε ἐκ τῶν προγεγενημένων συμβαίνειν ἢ ἐξ ἀνάγκης ἢ κατὰ τὸ εἰκὸς γίγνεσθαι ταῦτα· διαφέρει γὰρ πολὺ τὸ γίγνεσθαι τάδε διὰ τάδε ἢ μετὰ τάδε. 11 ἔστι δὲ περιπέτεια μὲν ἡ εἰς τὸ ἐναντίον τῶν πραττομένων μεταβολή, καθάπερ εἴρηται, καὶ τοῦτο δὲ ὥσπερ λέγομεν κατὰ τὸ εἰκὸς ἢ ἀναγκαῖον, ὥσπερ ἐν τῷ Οἰδίποδι ἐλ-

32 καθὸ   37 ὑποκριτάς (κριτάς apogr)   38 παρατείνοντας Laurentianus XXXI 14: παρατείναντες   1452a 9 μίτυϊ sed υ pictura   10 εἰκῇ   13 ὑπάρχουσαι   17 δὲ ἐστιν ἐξ ἧς (h. e. δὲ ‹ ›ἐξ ἧς): δὲ λέξις (δὲ ἐξ ἧς Riccardianus 16 et corr Parisinus 2038, δὲ πρᾶξις alia apogr)   22 τἀναντία Bonitz

Von den einfachen Fabeln und Handlungen aber sind die episodischen die schlechtesten. Ich nenne aber episodisch eine Fabel, in welcher die Akte weder wahrscheinlicher- noch notwendigerweise auf einander folgen müssen. Solche Tragödien werden von den schlechten Dichtern aus Schuld ihrer eigenen Unfähigkeit gedichtet, von den guten dagegen aus Rücksicht auf die Schauspieler. Denn da sie für die Aufführung bei den Kunstwettstreiten dichten und deshalb eine Fabel wider die innere Möglichkeit ausdehnen, so sehen sie sich oftmals gezwungen, die Reihenfolge der Begebenheiten zu verkehren.

Nun ist aber der Gegenstand der Nachahmung in der Tragödie nicht bloß eine in sich vollständige Handlung, sondern auch furchtbare und mitleidswerte Ereignisse. Solche aber erhalten diesen Charakter hauptsächlich dadurch, daß sie durch ursächlichen Zusammenhang untereinander entstehen, und in noch höherem Maße, wenn sie wider Erwarten so geschehen sind. Denn die Eigenschaft des Wunderbaren werden sie auf diese Weise in höherem Grade an sich tragen, als wenn sie von selbst oder durch Zufall eingetreten wären. Da ja selbst unter den zufälligen Ereignissen alle diejenigen den größten Eindruck des Staunens hervorzubringen pflegen, welche gleichsam wie absichtlich geschehen erscheinen, wie z. B. daß die Bildsäule des Mitys in Argos den Urheber des an dem Mitys begangenen Mordes tötete, indem sie, als er sie betrachtete, auf ihn fiel. Alles derartige nämlich scheint nicht von ungefähr geschehen zu sein. Daraus folgt, daß die Fabeln, welche von solcher Beschaffenheit sind, notwendig die schöneren sein müssen.

10 Die Fabeln sind teils einfache, teils verwickelte, da ja auch die Handlungen, deren Nachahmungen die Fabeln sind, von vorn herein ebenso beschaffen sind. Ich nenne aber einfach eine Handlung, in deren nach obiger Definition ununterbrochen fortschreitendem und einheitlichem Verlaufe ohne plötzlichen Schicksalswechsel (Peripetie) oder Erkennung die Umwandlung sich vollzieht; verwickelt dagegen eine solche, in Folge deren die Umwandlung in Verbindung mit Erkennung oder mit plötzlichem Schicksalswechsel oder mit beiden zusammen stattfindet. Diese aber müssen aus der Composition der Fabel selbst als Folge sich ergeben, so daß aus den vorhergegangenen Begebenheiten ihr Eintreten mit Notwendigkeit oder nach der Wahrscheinlichkeit folgt. Denn es macht einen großen Unterschied, ob das eine durch das andere oder nur nach demselben geschieht.

11 Es ist aber plötzlicher Schicksalswechsel (Peripetie) gemäß dem Vorgetragenen der Umschlag dessen, was gerade geschieht, in sein Gegenteil, und zwar, wie gesagt, ein solcher, der nach den Gesetzen der Wahrscheinlichkeit oder der Notwendigkeit erfolgt. So kommt im „Ödipus" einer zum Ödipus in der Absicht, ihm eine Freudenkunde zu bringen und ihn von der Furcht in Bezug auf seine Mutter zu befreien, und bewirkte durch seine Offenbarung, wer er sei, das Gegenteil; und im „Lynkeus", wo der eine abgeführt wird in der Meinung, daß er den Tod erleiden werde, der andere, Danaos, aber ihn begleitet in der Absicht, ihn töten zu lassen, ergab es sich in Folge ihrer Handlungen, daß der letztere getötet, der erstere aber gerettet wurde. Erkennung

ἐλθὼν ὡς εὐφρανῶν τὸν Οἰδίπουν καὶ ἀπαλλάξων τοῦ πρὸς τὴν μητέρα φόβου, δηλώσας ὃς ἦν, τοὐναντίον ἐποίησεν· καὶ ἐν τῷ Λυγκεῖ ὁ μὲν ἀγόμενος ὡς ἀποθανούμενος, ὁ δὲ Δαναὸς ἀκολουθῶν ὡς ἀποκτενῶν, τὸν μὲν συνέβη ἐκ τῶν πεπραγμένων ἀποθανεῖν, τὸν δὲ σωθῆναι. ἀναγνώρισις δὲ ὥσπερ καὶ τοὔνομα σημαίνει ἐξ ἀγνοίας εἰς γνῶσιν μεταβολή, ἢ εἰς φιλίαν ἢ εἰς ἔχθραν τῶν πρὸς εὐτυχίαν ἢ δυστυχίαν ὡρισμένων, καλλίστη δὲ ἀναγνώρισις, ὅταν ἅμα περιπέτειαι γίνωνται, οἷον ἔχει ἡ ἐν τῷ Οἰδίποδι. εἰσὶν μὲν οὖν καὶ ἄλλαι ἀναγνωρίσεις· καὶ γὰρ πρὸς ἄψυχα καὶ τὰ τυχόντα ἐστὶν ὅτε ὥσπερ εἴρηται συμβαίνει, καὶ εἰ πέπραγέ τις ἢ μὴ πέπραγεν ἔστιν ἀναγνωρίσαι· ἀλλ' ἡ μάλιστα τοῦ μύθου καὶ ἡ μάλιστα τῆς πράξεως ἡ εἰρημένη ἐστίν· ἡ γὰρ τοιαύτη ἀναγνώρισις καὶ περιπέτεια ἢ ἔλεον 1452b ἕξει ἢ φόβον, οἵων πράξεων ἡ τραγῳδία μίμησις ὑπόκειται, ἔτι δὲ καὶ τὸ ἀτυχεῖν καὶ τὸ εὐτυχεῖν ἐπὶ τῶν τοιούτων συμβήσεται. ἐπεὶ δὴ ἡ ἀναγνώρισις τινῶν ἐστιν ἀναγνώρισις, αἱ μὲν θατέρου πρὸς τὸν ἕτερον μόνον, ὅταν ᾖ δῆλος ἕτερος τίς ἐστιν, ὁτὲ δὲ ἀμφοτέρους δεῖ ἀναγνωρίσαι, οἷον ἡ μὲν Ἰφιγένεια τῷ Ὀρέστῃ ἀνεγνωρίσθη ἐκ τῆς πέμψεως τῆς ἐπιστολῆς, ἐκείνῳ δὲ πρὸς τὴν Ἰφιγένειαν ἄλλης ἔδει ἀναγνωρίσεως.

Δύο μὲν οὖν τοῦ μύθου μέρη περὶ ταῦτ' ἐστί, περιπέτεια καὶ ἀναγνώρισις, τρίτον δὲ πάθος. τούτων δὲ περιπέτεια μὲν καὶ ἀναγνώρισις εἴρηται, πάθος δέ ἐστι πρᾶξις φθαρτικὴ ἢ ὀδυνηρά, οἷον οἵ τε ἐν τῷ φανερῷ θάνατοι καὶ αἱ περιωδυνίαι καὶ τρώσεις καὶ ὅσα τοιαῦτα.

12 μέρη δὲ τραγῳδίας οἷς μὲν ὡς εἴδεσι δεῖ χρῆσθαι πρότερον εἴπομεν, κατὰ δὲ τὸ ποσὸν καὶ εἰς ἃ διαιρεῖται κεχωρισμένα τάδε ἐστίν, πρόλογος ἐπεισόδιον ἔξοδος χορικόν, καὶ τούτου τὸ μὲν πάροδος τὸ δὲ στάσιμον, κοινὰ μὲν ἁπάντων ταῦτα, ἴδια δὲ τὰ ἀπὸ τῆς σκηνῆς καὶ κόμμοι. ἔστιν δὲ πρόλογος μὲν μέρος ὅλον τραγῳδίας τὸ πρὸ χοροῦ παρόδου, ἐπεισόδιον δὲ μέρος ὅλον τραγῳδίας τὸ μεταξὺ ὅλων χορικῶν μελῶν, ἔξοδος δὲ μέρος ὅλον τραγῳδίας μεθ' ὃ οὐκ ἔστι χοροῦ μέλος, χορικοῦ δὲ πάροδος μὲν ἡ πρώτη λέξις ὅλου χοροῦ, στάσιμον δὲ μέλος χοροῦ τὸ ἄνευ

28 ἀκολουθῶν (om apogr) 32 γίνωνται apogr: γίνονται 35 ἐστὶν ὥσπερ] ὅτε ὥσπερ Riccardianus 16

ferner ist, wie schon der Name bezeichnet, der Umschlag aus Unkenntnis in Kenntnis, so daß entweder ein Freundschafts- oder ein Feindschaftsverhältnis zwischen denjenigen Personen erkannt wird, welche dazu bestimmt sind, in Glück oder Unglück zu geraten. Am schönsten aber ist die Erkennung, wenn mit ihr zugleich plötzliche Schicksalswechsel eintreten, wie es z. B. bei derjenigen im Oidipus der Fall ist. Es giebt nun zwar noch andere Arten der Erkennung; denn auch in Bezug auf leblose und zufällige Dinge trägt es sich manchmal so, wie gesagt worden ist, zu, und ob einer etwas gethan oder nicht gethan hat, kann Gegenstand der Erkennung sein; aber die am meisten zum Wesen der Fabel und am meisten zu der Handlung gehörige ist die bezeichnete. Jede derartige Erkennung und Peripetie nämlich wird entweder Mitleid bewirken oder Furcht, und Handlungen solcher Art sind es, welche, wie grundsätzlich feststeht, die Tragödie nachzubilden hat. Dazu kommt, daß auch das Unglück und das Glück alle Ereignisse solcher Art begleiten wird. Da nun die Erkennung Personen zum Gegenstande hat, so finden einige nur von der einen Person gegen die andere statt, so oft bekannt ist, wer die eine sei; manchmal aber ist es nötig, daß beide einander erkennen, wie z. B. die Iphigenie von Orest in Folge der Sendung des Briefes erkannt wurde, während jener für Iphigenie einer anderen Erkennung bedurfte.

Zwei Bestandteile der Fabel nun also haben hier ihr Gebiet, plötzlicher Glücksumschlag und Erkennung; aber es giebt noch einen dritten, das Leidvolle (Pathos). Von diesen drei Bestandteilen sind plötzlicher Glücksumschlag und Erkennung bereits besprochen; das Leidvolle aber ist eine Verderben oder Schmerz bewirkende Handlung, wie z. B. die Tötungen auf offener Bühne, die übermäßigen Schmerzen, Verwundungen und was dergl. mehr ist.

12 Von den Bestandteilen der Tragödie, welche man als Formen anzuwenden hat, haben wir früher gesprochen. Was aber ihren Umfang und die getrennten Teile betrifft, in die sie zerlegt wird, so sind es folgende: Prolog, Epeisodion, Ausgang, Chorgesang; und zwar ist der letztgenannte teils Eingangslied, teils Standlied. Diese sind allen Arten von Tragödien insgesamt gemeinsam, einzelnen (Arten von Tragödien) dagegen die Gesänge von der Bühne und die Wechselgesänge (Kommoi). Es ist aber Prolog (Vorakt) der ganze Teil der Tragödie, welcher dem Eingange des Chores vorausgeht; Epeisodion (Mittelakt) der ganze Teil der Tragödie, welcher zwischen ganzen Chorliedern mitten inne liegt; Ausgang (Exodos) der ganze Teil der Tragödie, hinter welchem ein Chorlied nicht mehr folgt. Von der Chorpartie heißt Parodos (Eingangslied) der erste Vortrag des ganzen Chores; Stasimon (Standlied) dasjenige Lied des Chores, welches keine Anapäste und Trochäen enthält; Kommos (Wechselgesang) endlich der Klagegesang, an welchem die

36 ἢ μὴ apogr: εἰ μὴ ἔστιν 1452b 1 οἵων apogr: ὅσων 3 ἐπειδὴ apogr ἀναγνώρισις, ἀναγνωρίσεις αἱ μὲν εἰσὶ θατέρου Riccardianus 16 4 ἕτερος Bernays 5 ὅτε 12 οἵ τε apogr: ὅτι 19 πρὸ χοροῦ apogr: προχοροῦ 22 μεθ'

ἀναπαίστου καὶ τροχαίου, κομμὸς δὲ θρῆνος κοινὸς χοροῦ καὶ ἀπὸ σκηνῆς. μέρη δὲ τραγῳδίας οἷς μὲν δεῖ χρῆσθαι πρότερον εἴπομεν, κατὰ δὲ τὸ ποσὸν καὶ εἰς ἃ διαιρεῖται κεχωρισμένα ταῦτ᾽ ἐστίν.

13 ὧν δὲ δεῖ στοχάζεσθαι καὶ ἃ δεῖ εὐλαβεῖσθαι συνιστάντας τοὺς μύθους καὶ πόθεν ἔσται τὸ τῆς τραγῳδίας ἔργον, ἐφεξῆς ἂν εἴη λεκτέον τοῖς νῦν εἰρημένοις. ἐπειδὴ οὖν δεῖ τὴν σύνθεσιν εἶναι τῆς καλλίστης τραγῳδίας μὴ ἁπλῆν ἀλλὰ πεπλεγμένην καὶ ταύτην φοβερῶν καὶ ἐλεεινῶν εἶναι μιμητικήν, τοῦτο γὰρ ἴδιον τῆς τοιαύτης μιμήσεώς ἐστιν, πρῶτον μὲν δῆλον ὅτι οὔτε τοὺς ἐπιεικεῖς ἄνδρας δεῖ μεταβάλλοντας φαίνεσθαι ἐξ εὐτυχίας εἰς δυστυχίαν, οὐ γὰρ φοβερὸν οὐδὲ ἐλεεινὸν τοῦτο ἀλλὰ μιαρόν ἐστιν, οὔτε τοὺς μοχθηροὺς ἐξ ἀτυχίας εἰς εὐτυχίαν, ἀτραγῳδότατον γὰρ τοῦτ᾽ ἐστὶ πάντων, οὐδὲν γὰρ ἔχει ὧν δεῖ, οὔτε γὰρ φιλάνθρωπον οὔτε ἐλεεινὸν οὔτε φοβερόν ἐστιν, οὐδ᾽ αὖ τὸν σφόδρα πονηρὸν ἐξ εὐτυχίας εἰς δυστυχίαν μεταπίπτειν, τὸ μὲν γὰρ φιλάνθρωπον ἔχοι ἂν ἡ τοιαύτη σύστασις ἀλλ᾽ οὔτε ἔλεον οὔτε φόβον, ὁ μὲν γὰρ περὶ τὸν ἀνάξιόν ἐστιν δυστυχοῦντα, ὁ δὲ περὶ τὸν ὅμοιον, ἔλεος μὲν περὶ τὸν ἀνάξιον, φόβος δὲ περὶ τὸν ὅμοιον, ὥστε οὔτε ἐλεεινὸν οὔτε φοβερὸν ἔσται τὸ συμβαῖνον. ὁ μεταξὺ ἄρα τούτων λοιπός. ἔστι δὲ τοιοῦτος ὁ μήτε ἀρετῇ διαφέρων καὶ δικαιοσύνῃ μήτε διὰ κακίαν καὶ μοχθηρίαν μεταβάλλων εἰς τὴν δυστυχίαν ἀλλὰ δι᾽ ἁμαρτίαν τινά, τῶν ἐν μεγάλῃ δόξῃ ὄντων καὶ εὐτυχίᾳ, οἷον Οἰδίπους καὶ Θυέστης καὶ οἱ ἐκ τῶν τοιούτων γενῶν ἐπιφανεῖς ἄνδρες. ἀνάγκη ἄρα τὸν καλῶς ἔχοντα μῦθον ἁπλοῦν εἶναι μᾶλλον ἢ διπλοῦν ὥσπερ τινές φασι καὶ μεταβάλλειν οὐκ εἰς εὐτυχίαν ἐκ δυστυχίας ἀλλὰ τοὐναντίον ἐξ εὐτυχίας εἰς δυστυχίαν μὴ διὰ μοχθηρίαν ἀλλὰ δι᾽ ἁμαρτίαν μεγάλην ἢ οἵου εἴρηται ἢ βελτίονος μᾶλλον ἢ χείρονος. σημεῖον δὲ καὶ τὸ γιγνόμενον· πρῶτον μὲν γὰρ οἱ ποιηταὶ τοὺς τυχόντας μύθους ἀπηρίθμουν, νῦν δὲ περὶ ὀλίγας οἰκίας αἱ κάλλισται τραγῳδίαι συντίθενται, οἷον περὶ Ἀλκμαίωνα καὶ Οἰδίπουν καὶ Ὀρέστην καὶ Μελέαγρον καὶ Θυέστην καὶ Τήλεφον καὶ ὅσοις ἄλλοις συμβέβηκεν ἢ παθεῖν δεινὰ ἢ ποιῆσαι. ἡ μὲν οὖν κατὰ τὴν τέχνην

25 ὡς εἴπομεν δεῖ apogr 28 ὧν apogr: ὡς 1453a 1 αὖ τὸν apogr: αὖ τὸ 11 Οἰδίπους apogr: δίπους 16 ἢ βελτίονος apogr: ἢ βελτίονο

Chorpersonen und die Personen der Bühne gemeinsam teil nehmen. Die Bestandteile der Tragödie nun, welche für die dichterische Form ihre Verwendung finden müssen, haben wir früher besprochen; was aber ihren Umfang und die gesonderten Teile betrifft, in die sie zerlegt wird, so sind es die eben genannten.

13 Worauf aber die Dichter bei der Composition der Fabeln ihr Absehen richten und was sie zu vermeiden suchen müssen, und auf welchem Wege und mit welchen Mitteln die Aufgabe der Tragödie erreicht werden kann, dürfte nach dem jetzt Gesagten zunächst vorgetragen werden müssen. Da also die Composition der vollkommensten Tragödie nicht eine einfache, sondern eine verwickelte sein und zugleich furchtbare und mitleidswerte Ereignisse nachzuahmen streben muß, — denn dies ist das Eigentümliche dieser Art von Kunstdarstellung — so ist zuvörderst klar, daß man weder die tugendhaften Männer aus Glück in Unglück stürzen sehen darf — denn das ist weder furcht- noch mitleiderregend, sondern empörend — noch die lasterhaften aus Unglück in Glück — denn dies ist das Untragischste von allem, weil es keines der Momente enthält, die erforderlich sind; es erregt nämlich weder unsere menschliche Teilnahme, noch unser Mitleid oder unsere Furcht. Ebensowenig darf ferner umgekehrt der durchaus schlechte Mann aus Glück in Unglück geraten. Denn eine solche Composition hätte zwar das Moment unserer allgemein menschlichen Teilnahme, aber weder Mitleid noch Furcht. Jenes nämlich hat zum Gegenstande den, der unverdient unglücklich ist, diese unseres Gleichen (Mitleid den, der es nicht verdient, Furcht dagegen unseres Gleichen). Ein solcher Ausgang kann daher weder unser Mitleid noch unsere Furcht erregen. Es bleibt also nur der zwischen diesen beiden in der Mitte stehende übrig. Ein solcher aber ist der, welcher weder durch Tugend und Gerechtigkeit hervorragt, noch aus Ursache seiner Schlechtigkeit und Bosheit den Umschlag ins Unglück erleidet, sondern wegen irgend eines Fehlers, und zwar einer aus der Zahl derjenigen, welche sich in hohem Ansehen und Glück befinden, wie z. B. ein Ödipus, ein Thyestes und überhaupt die berühmten Männer aus solchen Geschlechtern. Es ist demnach notwendig, daß die wohlcomponierte tragische Fabel vielmehr einen einfachen als einen doppelten Ausgang haben muß, wie einige behaupten, und daß der Schicksalswechsel in ihr nicht aus Unglück in Glück, sondern umgekehrt aus Glück in Unglück, nicht wegen Bosheit, sondern wegen eines bedeutenden Fehlers einer Person wie die beschriebene, oder eher einer besseren als schlechteren eintreten muß. Einen Beweis dafür liefert auch die Geschichte der Tragödie der Gegenwart. Zuerst nämlich pflegten die Dichter die ersten besten Fabeln, die sich ihnen darboten, der Reihe nach eine nach der anderen zu behandeln; jetzt aber hält sich die Composition der schönsten Tragödien an wenige einzelne Häuser, wie z. B. an einen Ödipus, Orestes, Meleager, Thyestes, Telephus und so viele andere Personen das Geschick traf, Furchtbares zu leiden oder zu vollbringen. Die Tragödie nun also, welche nach den Regeln der Kunst die vollkommenste ist, entsteht als Wirkung dieser Composition. Darum sind auch diejenigen im

καλλίστη τραγῳδία ἐκ ταύτης τῆς συστάσεώς ἐστι. διὸ καὶ οἱ Εὐριπίδῃ ἐγκαλοῦντες τὸ αὐτὸ ἁμαρτάνουσιν ὅτι τοῦτο δρᾷ ἐν ταῖς τραγῳδίαις καὶ πολλαὶ αὐτοῦ εἰς δυστυχίαν τελευτῶσιν. τοῦτο γάρ ἐστιν ὥσπερ εἴρηται ὀρθόν. σημεῖον δὲ μέγιστον· ἐπὶ γὰρ τῶν σκηνῶν καὶ τῶν ἀγώνων τραγικώταται αἱ τοιαῦται φαίνονται ἂν κατορθωθῶσιν, καὶ ὁ Εὐριπίδης εἰ καὶ τὰ ἄλλα μὴ εὖ οἰκονομεῖ ἀλλὰ τραγικώτατός γε τῶν ποιητῶν φαίνεται. δευτέρα δ' ἡ πρώτη λεγομένη ὑπό τινων ἐστὶν σύστασις ἡ διπλῆν τε τὴν σύστασιν ἔχουσα καθάπερ ἡ Ὀδύσσεια καὶ τελευτῶσα ἐξ ἐναντίας τοῖς βελτίοσι καὶ χείροσιν. δοκεῖ δὲ εἶναι πρώτη διὰ τὴν τῶν θεάτρων ἀσθένειαν· ἀκολουθοῦσι γὰρ οἱ ποιηταὶ κατ' εὐχὴν ποιοῦντες τοῖς θεαταῖς. ἔστιν δὲ οὐχ αὕτη ἀπὸ τραγῳδίας ἡδονή, ἀλλὰ μᾶλλον τῆς κωμῳδίας οἰκεία· ἐκεῖ γὰρ ἂν οἱ ἔχθιστοι ὦσιν ἐν τῷ μύθῳ οἷον Ὀρέστης καὶ Αἴγισθος φίλοι γενόμενοι ἐπὶ τελευτῆς ἐξέρχονται καὶ ἀποθνῄσκει οὐδεὶς ὑπ' οὐδενός.

ἔστιν μὲν οὖν τὸ φοβερὸν καὶ ἐλεεινὸν ἐκ τῆς ὄψεως γίγνεσθαι, ἔστιν δὲ καὶ ἐξ αὐτῆς τῆς συστάσεως τῶν πραγμάτων, ὅπερ ἐστὶ πρότερον καὶ ποιητοῦ ἀμείνονος. δεῖ γὰρ καὶ ἄνευ τοῦ ὁρᾶν οὕτω συνεστάναι τὸν μῦθον ὥστε τὸν ἀκούοντα τὰ πράγματα γινόμενα καὶ φρίττειν καὶ ἐλεεῖν ἐκ τῶν συμβαινόντων· ἅπερ ἂν πάθοι τις ἀκούων τὸν τοῦ Οἰδίπου μῦθον. τὸ δὲ διὰ τῆς ὄψεως τοῦτο παρασκευάζειν ἀτεχνότερον καὶ χορηγίας δεόμενόν ἐστιν. οἱ δὲ μὴ τὸ φοβερὸν διὰ τῆς ὄψεως ἀλλὰ τὸ τερατῶδες μόνον παρασκευάζοντες οὐδὲν τραγῳδίᾳ κοινωνοῦσιν· οὐ γὰρ πᾶσαν δεῖ ζητεῖν ἡδονὴν ἀπὸ τραγῳδίας ἀλλὰ τὴν οἰκείαν. ἐπεὶ δὲ τὴν ἀπὸ ἐλέου καὶ φόβου διὰ μιμήσεως δεῖ ἡδονὴν παρασκευάζειν τὸν ποιητήν, φανερὸν ὡς τοῦτο ἐν τοῖς πράγμασιν ἐμποιητέον. ποῖα οὖν δεινὰ ἢ ποῖα οἰκτρὰ φαίνεται τῶν συμπιπτόντων, λάβωμεν. ἀνάγκη δὲ ἢ φίλων εἶναι πρὸς ἀλλήλους τὰς τοιαύτας πράξεις ἢ ἐχθρῶν ἢ μηδετέρων. ἂν μὲν οὖν ἐχθρὸς ἐχθρόν, οὐδὲν ἐλεεινὸν οὔτε ποιῶν οὔτε μέλλων, πλὴν κατ' αὐτὸ τὸ πάθος, οὐδ' ἂν μηδετέρως ἔχοντες· ὅταν δ' ἐν ταῖς φιλίαις ἐγγένηται τὰ πάθη, οἷον εἰ ἀδελφὸς ἀδελφὸν ἢ υἱὸς πατέρα ἢ μήτηρ

23 δι' ὃ 31 ἡ πρώτη: ἡ 34 θεατῶν Riccardianus 16 18 μὴ δ' ἑτέρως [?] 20 εἰ Sylburg: ἢ [?]

Irrtum, welche eben das dem Euripides zum Vorwurfe machen, daß er dieses in seinen Tragödien thut und viele von ihm einen unglücklichen Ausgang nehmen; denn dieses ist wie gesagt richtig. Der stärkste Beweis dafür ist, daß auf den Bühnen und bei den Kunstwettstreiten die Tragödien dieser Art, wenn sie gut gespielt werden, als die tragischsten erscheinen, und wenn auch Euripides das übrige nicht gut einrichtet, so erscheint er doch jedenfalls als der im Tragischen ausgezeichnetste Dichter. Den zweiten Rang dagegen nimmt diejenige Composition ein, die von einigen für die erste erklärt wird, welche eine zweifache Verknüpfung der Begebenheiten hat gleichwie die Odyssee, und für die Besseren den entgegengesetzten Ausgang nimmt wie für die Schlechteren. Sie scheint aber den ersten Rang einzunehmen wegen der Schwäche des Theaterpublikums. Die Dichter lassen sich nämlich von ihm leiten und suchen es den Zuschauern nach Wunsch zu machen. Dies ist aber nicht die Lust, die man von einer Tragödie zu verlangen hat, sondern eine mehr der Komödie angehörige. Denn wenn dort auch Personen auftreten, welche in der Fabel die ärgsten Feinde sind, wie z. B. Orestes und Ägisthos, so verlassen sie doch zuletzt als gute Freunde die Bühne, und niemand wird von irgend einem getötet.

14 Das Furcht- und Mitleiderregende kann nun zwar durch die Darstellung fürs Auge hervorgebracht werden, aber auch aus der Verknüpfung der Begebenheiten selbst hervorgehen, was eben das Vorzüglichere und die Weise des besseren Dichters ist. Denn auch ohne daß der Gesichtssinn in Anspruch genommen wird, muß die Fabel so gestaltet sein, daß der, welcher den Verlauf der Begebenheiten hört, in Folge dessen, was da geschieht, Schauer und Mitleid empfindet, wie das eben einem begegnen wird, wenn er die Ödipusfabel hört. Diese Wirkung aber durch die Darstellung fürs Auge hervorzurufen ist weniger künstlerisch und abhängig von äußerem theatralischem Aufwande. Diejenigen Dichter dagegen, welche durch die Darstellung fürs Auge nicht das Furchterregende, sondern nur das Wunderbare hervorzubringen suchen, haben gar nichts mit der Tragödie gemein. Denn nicht jede Lust soll man von der Tragödie verlangen, sondern die ihrem Wesen entsprechende. Da es nun die aus Mitleid oder Furcht durch nachahmende Darstellung hervorgehende Lust ist, welche der Dichter bereiten soll, so liegt am Tage, daß er dies in die dargestellten Thatsachen hineinzudichten hat. Stellen wir also fest, welcherlei Begebenheiten schrecklich oder welcherlei bejammernswert erscheinen! Notwendig müssen die Handlungen solcher Art entweder von Freunden gegen Freunde, oder von Feinden gegen Feinde, oder von Personen, die keines von beiden sind, gegen einander ausgeübt werden. Wenn nun ein Feind so etwas gegen den Feind begeht, so ist das, weder wenn er die That vollbringt, noch während er damit umgeht, mitleiderweckend, außer hinsichtlich des Unglückes selbst, welches durch die That herbeigeführt wird; ebensowenig, wenn beide weder Freunde noch Feinde sind. Wird aber in freundschaftlichen Verhältnissen das Unheilvolle vollbracht, wenn z. B. ein Bruder den Bruder, oder ein Sohn den Vater, oder eine Mutter den Sohn, oder ein Sohn seine Mutter tötet,

υἱὸν ἢ υἱὸς μητέρα ἀποκτείνῃ ἢ μέλλῃ ἢ τι ἄλλο τοιοῦτον δρᾷ, ταῦτα ζητητέον. τοὺς μὲν οὖν παρειλημμένους μύθους λύειν οὐκ ἔστιν, λέγω δὲ οἷον τὴν Κλυταιμνήστραν ἀποθανοῦσαν ὑπὸ τοῦ Ὀρέστου καὶ τὴν Ἐριφύλην ὑπὸ τοῦ Ἀλκμαίωνος, αὐτὸν δὲ εὑρίσκειν δεῖ καὶ τοῖς παραδεδομένοις χρῆσθαι καλῶς. τὸ δὲ καλῶς τί λέγομεν, εἴπωμεν σαφέστερον. ἔστι μὲν γὰρ οὕτω γίνεσθαι τὴν πρᾶξιν, ὥσπερ οἱ παλαιοὶ ἐποίουν, εἰδότας καὶ γιγνώσκοντας, καθάπερ καὶ Εὐριπίδης ἐποίησεν ἀποκτείνουσαν τοὺς παῖδας τὴν Μήδειαν. ἔστιν δὲ πρᾶξαι μέν, ἀγνοοῦντας δὲ πρᾶξαι τὸ δεινόν, εἶθ' ὕστερον ἀναγνωρίσαι τὴν φιλίαν, ὥσπερ ὁ Σοφοκλέους Οἰδίπους. τοῦτο μὲν οὖν ἔξω τοῦ δράματος, ἐν δ' αὐτῇ τῇ τραγῳδίᾳ οἷον ὁ Ἀλκμαίων ὁ Ἀστυδάμαντος ἢ ὁ Τηλέγονος ὁ ἐν τῷ τραυματίᾳ Ὀδυσσεῖ. ἔτι δὲ τρίτον παρὰ ταῦτα τὸν μέλλοντα ποιεῖν τι τῶν ἀνηκέστων δι' ἄγνοιαν ἀναγνωρίσαι πρὶν ποιῆσαι. καὶ παρὰ ταῦτα οὐκ ἔστιν ἄλλως. ἢ γὰρ πρᾶξαι ἀνάγκη ἢ μὴ καὶ εἰδότας ἢ μὴ εἰδότας. τούτων δὲ τὸ μὲν γινώσκοντα μελλῆσαι καὶ μὴ πρᾶξαι χείριστον· τό τε γὰρ μιαρὸν ἔχει, καὶ οὐ τραγικόν· ἀπαθὲς γάρ. διόπερ οὐδεὶς ποιεῖ ὁμοίως, εἰ μὴ ὀλιγάκις, οἷον ἐν Ἀντιγόνῃ τὸν Κρέοντα ὁ Αἵμων. τὸ δὲ πρᾶξαι δεύτερον. βέλτιον δὲ τὸ ἀγνοοῦντα μὲν πρᾶξαι, πράξαντα δὲ ἀναγνωρίσαι· τό τε γὰρ μιαρὸν οὐ πρόσεστιν καὶ ἡ ἀναγνώρισις ἐκπληκτικόν. κράτιστον δὲ τὸ τελευταῖον, λέγω δὲ οἷον ἐν τῷ Κρεσφόντῃ ἡ Μερόπη μέλλει τὸν υἱὸν ἀποκτείνειν, ἀποκτείνει δὲ οὔ, ἀλλ' ἀνεγνώρισεν, καὶ ἐν τῇ Ἰφιγενείᾳ ἡ ἀδελφὴ τὸν ἀδελφόν, καὶ ἐν τῇ Ἕλλῃ ὁ υἱὸς τὴν μητέρα ἐκδιδόναι μέλλων ἀνεγνώρισεν. διὰ γὰρ τοῦτο, ὅπερ πάλαι εἴρηται, οὐ περὶ πολλὰ γένη αἱ τραγῳδίαι εἰσίν. ζητοῦντες γὰρ οὐκ ἀπὸ τέχνης ἀλλ' ἀπὸ τύχης εὗρον τὸ τοιοῦτον παρασκευάζειν ἐν τοῖς μύθοις· ἀναγκάζονται οὖν ἐπὶ ταύτας τὰς οἰκίας ἀπαντᾶν ὅσαις τὰ τοιαῦτα συμβέβηκε πάθη.

περὶ μὲν οὖν τῆς τῶν πραγμάτων συστάσεως καὶ ποίους τινὰς εἶναι δεῖ τοὺς μύθους, εἴρηται ἱκανῶς. περὶ δὲ 15
τὰ ἤθη τέτταρά ἐστιν ὧν δεῖ στοχάζεσθαι, ἓν μὲν καὶ πρῶτον ὅπως χρηστὰ ᾖ. ἕξει δὲ ἦθος μὲν ἐὰν ὥσπερ

21 ἀποκτείνῃ ἢ μέλλῃ apogr 26 εἴπωμεν apogr: εἴπομεν 30 δεινόν εἶθ' 33 ὁ Ἀλκμαίων ὁ Victorius: ὁ ἀλκμαίωνος 34 τὸν] τὸ Bonitz 1454a 6 ἀνεγνώρισεν

oder zu töten willens ist, oder sonst etwas derartiges zu thun, so ist darin gelegen, was der Dichter suchen muß. Die überkommenen Sagen nun freilich darf der Dichter nicht aufheben, ich meine z. B. daß Klytämnestra von Orestes und Eriphyle von Alkmäon getötet worden ist; aber er muß selbst Fabeln erfinden und von den überlieferten einen schönen Gebrauch machen. Was wir unter dem schönen Gebrauch verstehen, wollen wir deutlicher erklären. Die Handlung kann nämlich so geschehen, wie die alten Dichter sie geschehen ließen, daß die Handelnden wissen was, und die Personen kennen, an denen sie es thun, gleichwie auch Euripides seine Medea als Mörderin ihrer Kinder dargestellt hat; sie kann aber auch so geschehen, daß die Handelnden zwar die That vollbringen, aber ohne dabei von dem Furchtbaren derselben etwas zu wissen, und dann hinterher das freundschaftliche Verhältnis erkennen, wie Sophokles' Ödipus. Dort liegt nun zwar die That außerhalb des Dramas, Beispiele aber, wo sie in der Tragödie selbst geschieht, sind der Alkmäon des Astydamas oder der Telegonus in der Tragödie „der verwundete Odysseus." Außerdem ist noch ein dritter Fall möglich, daß nämlich derjenige, welcher im Begriffe ist, irgend eine heillose That aus Unwissenheit zu begehen, zur Erkenntnis kommt, ehe er sie ausführt. Eine andere Möglichkeit nun außer diesen giebt es nicht; denn notwendig vollbringen entweder die Handelnden ihre That, oder sie vollbringen sie nicht, und zwar mit Wissen oder ohne Wissen. Unter diesen Fällen ist aber der unbefriedigendste die Person zu kennen und im Begriffe zu sein und die That doch nicht zu thun; denn es ist abscheulich und dabei nicht tragisch, weil ohne die leidvolle That; und darum dichtet niemand in dieser Weise, wenige Fälle ausgenommen, z. B. in der „Antigone" das Verhalten des Hämon gegen Kreon. Die Ausführung der That ist das Nächstbessere; den Vorzug aber verdient das unwissentliche Handeln und das Erkennen nach vollbrachter That; denn das Abscheuliche fehlt dabei und die Erkennung hat etwas Ergreifendes. Am vorzüglichsten ist aber der an letzter Stelle genannte Fall, ich meine einen solchen, wie in dem „Kresphontes" die Merope im Begriff ist ihren Sohn zu töten, ihn aber nicht tötet, sondern vorher erkannte, und in der „Iphigenie" die Schwester den Bruder, und in der „Helle" der Sohn seine Mutter erkannte, als er im Begriff stand sie auszuliefern. Deswegen nämlich, wie früher gesagt worden ist, behandeln die Tragödien nicht viele Geschlechter. Denn indem die Dichter Stoffe suchten, wurden sie nicht durch die Regeln der Kunst, sondern durch Zufall darauf geführt, solche Wirkung in ihren Fabeln hervorzubringen; sie sind darum genötigt, sich in allen denjenigen Häusern einander zu treffen, in welchen Leidensschicksale der genannten Art sich zugetragen haben. So ist denn über die Composition der Begebenheiten und über die Beschaffenheit, welche die tragischen Fabeln haben müssen, hinreichend gesprochen.

15 Hinsichtlich der Charaktere aber ist es ein vierfaches, worauf man hinarbeiten muß. Eines und das Wichtigste ist, daß sie sittlich gut seien. Charakter wird jemand haben, wenn wie gesagt wurde, seine Rede oder seine Handlung irgend einen Willen ans Licht treten läßt,

ἐλέχθη ποιῇ φανερὸν ὁ λόγος ἢ ἡ πρᾶξις προαίρεσίν τινα, φαῦλον μὲν ἐὰν φαύλη ᾖ, χρηστὸν δὲ ἐὰν χρηστήν. ἔστιν δὲ ἐν ἑκάστῳ γένει· καὶ γὰρ γυνή ἐστιν χρηστὴ καὶ δοῦλος, καίτοι γε ἴσως τούτων τὸ μὲν χεῖρον, τὸ δὲ ὅλως φαῦλόν ἐστιν. δεύτερον δὲ τὸ ἁρμόττοντα· ἔστιν γὰρ ἀνδρείαν μὲν τὸ ἦθος, ἀλλ' οὐχ ἁρμόττον γυναικὶ οὕτως ἀνδρείαν ἢ δεινὴν εἶναι. τρίτον δὲ τὸ ὅμοιον. τοῦτο γὰρ ἕτερον τοῦ χρηστὸν τὸ ἦθος καὶ ἁρμόττον ποιῆσαι ὥσπερ εἴρηται. τέταρτον δὲ τὸ ὁμαλόν. κἂν γὰρ ἀνώμαλός τις ᾖ ὁ τὴν μίμησιν παρέχων καὶ τοιοῦτον ἦθος ὑποτεθῇ, ὅμως ὁμαλῶς ἀνώμαλον δεῖ εἶναι. ἔστιν δὲ παράδειγμα πονηρίας μὲν ἤθους μὴ ἀναγκαῖον οἷον ὁ Μενέλαος ὁ ἐν τῷ Ὀρέστῃ, τοῦ δὲ ἀπρεποῦς καὶ μὴ ἁρμόττοντος ὅ τε θρῆνος Ὀδυσσέως ἐν τῇ Σκύλλῃ καὶ ἡ τῆς Μελανίππης ῥῆσις, τοῦ δὲ ἀνωμάλου ἡ ἐν Αὐλίδι Ἰφιγένεια, οὐδὲν γὰρ ἔοικεν ἡ ἱκετεύουσα τῇ ὑστέρᾳ. χρὴ δὲ καὶ ἐν τοῖς ἤθεσιν ὥσπερ καὶ ἐν τῇ τῶν πραγμάτων συστάσει ἀεὶ ζητεῖν ἢ τὸ ἀναγκαῖον ἢ τὸ εἰκός, ὥστε τὸν τοιοῦτον τὰ τοιαῦτα λέγειν ἢ πράττειν ἢ ἀναγκαῖον ἢ εἰκός καὶ τοῦτο μετὰ τοῦτο γίνεσθαι ἢ ἀναγκαῖον ἢ εἰκός. φανερὸν οὖν ὅτι καὶ τὰς λύσεις τῶν μύθων ἐξ αὐτοῦ δεῖ τοῦ 1454 b μύθου συμβαίνειν καὶ μὴ ὥσπερ ἐν τῇ Μηδείᾳ ἀπὸ μηχανῆς καὶ ἐν τῇ Ἰλιάδι τὰ περὶ τὸν ἀπόπλουν, ἀλλὰ μηχανῇ χρηστέον ἐπὶ τὰ ἔξω τοῦ δράματος, ἢ ὅσα πρὸ τοῦ γέγονεν ἃ οὐχ οἷόν τε ἄνθρωπον εἰδέναι, ἢ ὅσα ὕστερον ἃ δεῖται προαγορεύσεως καὶ ἀγγελίας· ἅπαντα γὰρ ἀποδίδομεν τοῖς θεοῖς ὁρᾶν. ἄλογον δὲ μηδὲν εἶναι ἐν τοῖς πράγμασιν, εἰ δὲ μή, ἔξω τῆς τραγῳδίας, οἷον τὸ ἐν τῷ Οἰδίποδι τῷ Σοφοκλέους. ἐπεὶ δὲ μίμησίς ἐστιν ἡ τραγῳδία βελτιόνων, ἡμᾶς δεῖ μιμεῖσθαι τοὺς ἀγαθοὺς εἰκονογράφους· καὶ γὰρ ἐκεῖνοι ἀποδιδόντες τὴν ἰδίαν μορφὴν ὁμοίους ποιοῦντες καλλίους γράφουσιν· οὕτω καὶ τὸν ποιητὴν μιμούμενον καὶ ὀργίλους καὶ ῥᾳθύμους καὶ τἆλλα τὰ τοιαῦτα ἔχοντας ἐπὶ τῶν ἠθῶν τοιούτους ὄντας ἐπιεικεῖς ποιεῖν παράδειγμα σκληρότητος οἷον τὸν Ἀχιλλέα Ἀγάθων καὶ Ὅμηρος. ταῦτα δὴ διατηρεῖν καὶ πρὸς τούτοις τὰς παρὰ τὰς ἐξ ἀνάγκης ἀκολουθούσας αἰσθήσεις τῇ ποιητικῇ

19 φαῦλον μὲν ἐὰν φαύλη apogr 20 γυναικὶ] γυναικὶ ἀντίκ, γυναικὶ τὸ apogr, γυναικὶ οὕτως Vahlen cf polit. 3, 4. 1277 b 20 1454 b 2 ἀπόπλουν Riccardianus 16: ἀπόπλοον μηχανῇ 3 ἐπὶ τὰ apogr: ἔπειτα 4 οἷόν τε (οἷον τε) apogr: οἴονται 14 ἀγάθων apogr duo, ἀγαθὸν plerique: ἀγαθῶν

einen schlechten, wenn der Wille schlecht, und einen guten Charakter, wenn der Wille gut ist. Ein guter Charakter ist bei jeder Menschenklasse möglich; denn auch ein Weib ist gut und ein Sklave; und doch ist von diesen das eine vielleicht ein schwächeres Wesen, das andere überhaupt ein schlechtes. Das zweite ist die Angemessenheit der Charaktere. Denn der Charakter des Tapferen ist zwar zu loben, aber für ein Weib ist es nicht angemessen, auf solche Art tapfer und furchtbar zu sein. Das dritte ist die Ähnlichkeit, denn dies ist etwas anderes als die Forderung an den Dichter, den Charakter gut und angemessen zu bilden, wie gesagt worden ist. Das vierte ist die Konsequenz; denn wenn auch der, welcher den Dichter zur Nachahmung veranlaßt, etwa inkonsequent ist, und ihm einen solchen Charakter zur Darstellung liefert, so muß er gleichwohl in der Inkonsequenz konsequent sein. Ein Beispiel von Schlechtigkeit des Charakters, ohne daß es durch den Zusammenhang gefordert wird, ist z. B. der Menelaos im „Orestes“, von dem Ungeziemenden und nicht Angemessenen sowohl das Klagelied des Odysseus in der „Skylla“ als die Rede der Melanippe, von dem Inkonsequenten die „Iphigenie in Aulis“; denn ihr demütiges Flehen gleicht in keiner Hinsicht ihrem späteren Verhalten.

Auch in den Charakteren muß der Dichter, gerade wie in der Verknüpfung der Begebenheiten, immer entweder das Notwendige oder das Wahrscheinliche erstreben, so daß der so oder so geartete Mann entweder notwendiger- oder wahrscheinlicherweise so oder so spricht oder handelt, und daß entweder notwendiger- oder wahrscheinlicherweise dieses nach diesem eintritt. Somit ist offenbar, daß auch die Lösungen der Fabeln aus der Fabel selbst sich ergeben müssen und nicht durch Maschinerie herbeigeführt werden dürfen wie in der „Medea“ und wie in der Ilias die Begebenheiten bei der Abfahrt erfolgen. Vielmehr muß man die Götter-Maschinerie anwenden zu allem was außerhalb des Dramas liegt, sei es daß es vorher geschehen ist, was zu wissen nicht Menschen möglich ist, oder daß es später geschehen wird, was der Vorherverkündigung und Meldung bedarf; denn den Göttern schreiben wir die Fähigkeit zu, alles zu sehen. Vernunftwidriges aber darf nichts in den Begebenheiten enthalten sein; wenn aber doch, so muß es außerhalb der Tragödie liegen, wie der bekannte Fall in dem „Ödipus“ des Sophokles.

Da aber die Tragödie Nachbildung Besserer ist als unsere Zeitgenossen sind, so müssen wir es den Meistern in der Porträtmalerei nachtun; denn indem auch jene die individuelle Gestalt wiedergeben, malen sie ähnliche und verschönern doch dabei; so muß auch der Dichter, indem er Zornmütige und Leichtsinnige und Menschen mit den übrigen derartigen Charakterfehlern nachbildet, sie als solche darstellen und doch dabei veredeln, wie Agathon und Homer ein Beispiel von unbeugsamem Starrsinn in Achill dargestellt haben. Diese Regeln also muß man genau beachten und außerdem noch diejenigen Begriffe, welche,

καὶ γὰρ κατ' αὐτὰς ἔστιν ἁμαρτάνειν πολλάκις· εἴρηται δὲ περὶ αὐτῶν ἐν τοῖς ἐκδεδομένοις λόγοις ἱκανῶς.

Ἀναγνώρισις δὲ τί μὲν ἐστιν, εἴρηται πρότερον· εἴδη 16 δὲ ἀναγνωρίσεως, πρώτη μὲν ἡ ἀτεχνοτάτη καὶ ᾗ πλείστῃ χρῶνται δι' ἀπορίαν, ἡ διὰ τῶν σημείων. τούτων δὲ τὰ μὲν σύμφυτα, οἷον «λόγχην ἣν φοροῦσι Γηγενεῖς» ἢ ἀστέρας οἵους ἐν τῷ Θυέστῃ Καρκίνος, τὰ δὲ ἐπίκτητα καὶ τούτων τὰ μὲν ἐν τῷ σώματι, οἷον οὐλαί, τὰ δὲ ἐκτός, τὰ περιδέραια καὶ οἷον ἐν τῇ Τυροῖ διὰ τῆς σκάφης. ἔστιν δὲ καὶ τούτοις χρῆσθαι ἢ βέλτιον ἢ χεῖρον, οἷον Ὀδυσσεὺς διὰ τῆς οὐλῆς ἄλλως ἀνεγνωρίσθη ὑπὸ τῆς τροφοῦ καὶ ἄλλως ὑπὸ τῶν συβοτῶν· εἰσὶ γὰρ αἱ μὲν πίστεως ἕνεκα ἀτεχνότεραι, καὶ αἱ τοιαῦται πᾶσαι, αἱ δὲ ἐκ περιπετείας, ὥσπερ ἡ ἐν **τοῖς** Νίπτροις, βελτίους. δεύτεραι δὲ αἱ πεποιημέναι ὑπὸ τοῦ ποιητοῦ, διὸ ἄτεχνοι. οἷον Ὀρέστης ἐν τῇ Ἰφιγενείᾳ ἀνεγνώρισεν ὅτι Ὀρέστης· ἐκείνη μὲν γὰρ διὰ τῆς ἐπιστολῆς, ἐκεῖνος δὲ αὐτὸς λέγει ἃ βούλεται ὁ ποιητὴς ἀλλ' οὐχ ὁ μῦθος· διό τι ἐγγὺς τῆς εἰρημένης ἁμαρτίας ἐστίν, ἐξῆν γὰρ ἂν ἔνια καὶ ἐνεγκεῖν. καὶ ἐν τῷ Σοφοκλέους Τηρεῖ ἡ τῆς κερκίδος φωνή, ἡ τρίτη διὰ μνήμης τῷ αἰσθέσθαι
1455a τι ἰδόντα, ὥσπερ ἡ ἐν Κυπρίοις τοῖς Δικαιογένους· ἰδὼν γὰρ τὴν γραφὴν ἔκλαυσεν, καὶ ἡ ἐν Ἀλκίνου ἀπολόγῳ, ἀκούων γὰρ τοῦ κιθαριστοῦ καὶ μνησθεὶς ἐδάκρυσεν, ὅθεν ἀνεγνωρίσθησαν. τετάρτη δὲ ἡ ἐκ συλλογισμοῦ, οἷον ἐν Χοηφόροις, ὅτι ὅμοιός τις ἐλήλυθεν, ὅμοιος δὲ οὐθεὶς ἀλλ' ἢ ὁ Ὀρέστης, οὗτος ἄρα ἐλήλυθεν. καὶ ἡ Πολυΐδου τοῦ σοφιστοῦ περὶ τῆς Ἰφιγενείας· εἰκὸς γὰρ τὸν Ὀρέστην συλλογίσασθαι ὅτι ἥ τ' ἀδελφὴ ἐτύθη καὶ αὐτῷ συμβαίνει θύεσθαι. καὶ ἐν τῷ Θεοδέκτου Τυδεῖ, ὅτι ἐλθὼν ὡς εὑρήσων υἱὸν αὐτὸς ἀπόλλυται. καὶ ἡ ἐν τοῖς Φινεΐδαις· ἰδοῦσαι γὰρ τὸν τόπον συνελογίσαντο τὴν εἱμαρμένην ὅτι ἐν τούτῳ εἵμαρτο ἀποθανεῖν αὐταῖς, καὶ γὰρ ἐξετέθησαν ἐνταῦθα. ἔστιν δέ τις καὶ συνθετὴ ἐκ παραλογισμοῦ τοῦ θεάτρου, οἷον ἐν τῷ Ὀδυσσεῖ τῷ

20 ᾗ πλείστῃ apogr: ἡ πλείστη 21 ἡ apogr: ᾗ 22 φοροῦσιν 25 οἷον apogr: οἱ 31 δι' ἣ 35 δι' ὅτι 33 ἡ τρίτη] τρίτη ἡ apogr: ἤτοι τῇ 1455a 1 τοῖς apogr: τῆς 2 ἀπολόγῳ apogr: ἀπὸ λόγων 4 Χοηφόροις Victorius: χλοηφόροις 6 πολυΐδου apogr: πολυειδοῦς 10 Φινεΐδαις Hein: φινείδαις 13 θεάτρου] θατέρου Hermann

neben den aus dem inneren Wesen der Poesie mit Notwendigkeit gefolgerten, noch aus derselben sich ergeben; denn auch in Bezug auf sie kann man vielfach fehlen; es ist aber über sie in den herausgegebenen Vorträgen hinlänglich gehandelt.

16 Was Erkennung sei, ist oben gesagt worden. Von den Arten der Erkennung ist die erste die am wenigsten künstlerische, und deren sich doch die Dichter aus Mangel des Besseren am meisten bedienen, die durch die Kennzeichen bewirkte. Diese sind teils angeborene, wie z. B. „die Lanze die die Erdgeborenen tragen", oder Sterne, wie sie in seinem „Thyestes" der Dichter Karkinos anwendet; teils später erworbene, und diese wieder teils körperliche, wie z. B. Narben, teils äußerliche: die Halsbänder und wie z. B. in der „Tyro" die Erkennung durch die Wanne. Aber auch in der Anwendung dieser Erkennungszeichen kann man besser oder schlechter verfahren, wie z. B. Odysseus an der Narbe auf andere Weise von der Amme erkannt wird und auf andere Weise von den Schweinehirten. Es sind nämlich die Erkennungen, welche zum Zwecke der Beglaubigung dienen sollen, unkünstlerischer, und zwar die derartigen alle; besser dagegen die an eine Schicksalswendung geknüpften, wie die in den „Niptra". Eine zweite Art von Erkennungen sind die von dem Dichter erfundenen, die deshalb unkünstlerisch sind, wie z. B. Orestes in der „Iphigenie" zu erkennen giebt, daß er Orestes ist. Sie nämlich wird durch den Brief erkannt, er aber sagt es selbst, was der Wille des Dichters, aber nicht der Zusammenhang der Begebenheiten ihn sagen läßt. Darum ist dieser Fehler dem vorhin erwähnten nahe verwandt; Orestes hätte ja eben so gut einige Wahrzeichen auch an sich tragen können. Dieselbe Bewandtnis hat es in Sophokles' „Tereus" mit „des Weberschiffleins Stimme." Die dritte Art der Erkennung erfolgt durch Erinnerung, indem einer bei dem Anblicke eines Gegenstandes eine gewisse Rührung empfindet, wie die Erkennung in den „Kypriern" des Dikaiogenes, wo der Held beim Anblicke des Gemäldes weint, und die Erkennung in der „Erzählung bei dem Alkinoos", wo der Held, als er den Zitherspieler hört und des Vergangenen sich erinnert, in Thränen ausbricht, wodurch beide erkannt werden. Eine vierte Art findet durch eine Schlußfolgerung statt, wie in den „Choephoren": Es ist einer gekommen, der mir ähnlich ist. Ähnlich ist mir aber niemand außer Orestes, dieser also ist gekommen. Ferner die bei Polyeidos dem Sophisten in Bezug auf Iphigenie vorkommende; denn es ist wahrscheinlich, daß Orestes schließt: sowie die Schwester geopfert worden sei, begegne es nun auch ihm, geopfert zu werden. Weiter in dem „Tydeus" des Theodektes durch die Folgerung, daß wie er gekommen sei, einen Sohn zu finden, er jetzt selbst umkomme; und die in den „Phiniden", wo diese bei dem Anblicke des Ortes auf ihr Schicksal schließen, daß ihnen vom Schicksal bestimmt war, an diesem Orte zu sterben, denn hier seien sie auch ausgesetzt worden. Es giebt aber auch eine falsche Erkennung, die auf einem Trugschlusse des Zuschauerpublikums beruht, wie z. B. in dem „Odysseus der Trugbote", wo jener einerseits vorgiebt, er werde den Bogen erkennen, den er doch

ψευδαγγέλῳ, ὁ μὲν γὰρ τὸ τόξον ἔφη γνώσεσθαι ὃ οὐχ ἑωράκει, τὸ δὲ ὡς δι' ἐκείνου ἀναγνωριοῦντος διὰ τούτου ποιῆσαι παραλογισμόν. πασῶν δὲ βελτίστη ἀναγνώρισις ἡ ἐξ αὐτῶν τῶν πραγμάτων τῆς ἐκπλήξεως γιγνομένης δι' εἰκότων, οἷον ἐν τῷ Σοφοκλέους Οἰδίποδι καὶ τῇ Ἰφιγενείᾳ· εἰκὸς γὰρ βούλεσθαι ἐπιθεῖναι γράμματα. αἱ γὰρ τοιαῦται μόναι ἄνευ τῶν πεποιημένων σημείων καὶ δεραίων. δεύτεραι δὲ αἱ ἐκ συλλογισμοῦ.

Δεῖ δὲ τοὺς μύθους συνιστάναι καὶ τῇ λέξει συναπεργάζεσθαι ὅτι μάλιστα πρὸ ὀμμάτων τιθέμενον· οὕτω γὰρ ἂν ἐναργέστατα ὁ ὁρῶν ὥσπερ παρ' αὐτοῖς γιγνόμενος τοῖς πραττομένοις εὑρίσκοι τὸ πρέπον καὶ ἥκιστα ἂν λανθάνοι τὰ ὑπεναντία. σημεῖον δὲ τούτου ὃ ἐπετιμᾶτο Καρκίνῳ· ὁ γὰρ Ἀμφιάραος ἐξ ἱεροῦ ἀνῄει, ὃ μὴ ὁρῶντα τὸν θεατὴν ἐλάνθανεν, ἐπὶ δὲ τῆς σκηνῆς ἐξέπεσεν δυσχερανάντων τοῦτο τῶν θεατῶν. ὅσα δὲ δυνατὸν καὶ τοῖς σχήμασιν συναπεργαζόμενον. πιθανώτατοι γὰρ ἀπὸ τῆς αὐτῆς φύσεως οἱ ἐν τοῖς πάθεσίν εἰσι καὶ χειμαίνει ὁ χειμαζόμενος καὶ χαλεπαίνει ὁ ὀργιζόμενος ἀληθινώτατα. διὸ εὐφυοῦς ἡ ποιητική ἐστιν ἢ μανικοῦ· τούτων γὰρ οἱ μὲν εὔπλαστοι οἱ δὲ ἐκστατικοί εἰσιν. τούτους τε λόγους καὶ τοὺς πεποιημένους
1455b δεῖ καὶ αὐτὸν ποιοῦντα ἐκτίθεσθαι καθόλου, εἶθ' οὕτως ἐπεισοδιοῦν καὶ παρατείνειν. λέγω δὲ οὕτως ἂν θεωρεῖσθαι τὸ καθόλου, οἷον τῆς Ἰφιγενείας· τυθείσης τινὸς κόρης καὶ ἀφανισθείσης ἀδήλως τοῖς θύσασιν, ἱδρυνθείσης δὲ εἰς ἄλλην χώραν, ἐν ᾗ νόμος ἦν τοὺς ξένους θύειν τῇ θεῷ, ταύτην ἔσχε τὴν ἱερωσύνην· χρόνῳ δὲ ὕστερον τῷ ἀδελφῷ συνέβη ἐλθεῖν τῆς ἱερείας, τὸ δὲ ὅτι ἀνεῖλεν ὁ θεὸς διά τινα αἰτίαν ἔξω τοῦ καθόλου ἐλθεῖν ἐκεῖ καὶ ἐφ' ὅ τι δὲ ἔξω τοῦ μύθου, ἐλθὼν δὲ καὶ ληφθεὶς θύεσθαι μέλλων ἀνεγνώρισεν, εἴθ' ὡς Εὐριπίδης εἴθ' ὡς Πολύιδος ἐποίησεν, κατὰ τὸ εἰκὸς εἰπὼν ὅτι οὐκ ἄρα μόνον τὴν ἀδελφὴν ἀλλὰ καὶ αὐτὸν ἔδει τυθῆναι,

14 ὁ μὲν apogr: τὸ μὲν   17 ἐκπλήξεως Riccardianus 16: πλήξεως   εἰκότων apogr: εἰκόντων   18 οἷον ἐν, Aldus ἡ   20 δεραίων] δέρων   21 ἐναργέστατα apogr: ἐνεργέστατα   26 τὰ apogr: τὸ τὰ   ἐπετιμᾶτο marg Riccardiani 16: ἐπετιμᾶ τὸν (cf. 26. 1462a 10)   27 ἀνῄει Guelferbytanus (idem marg Laurentiani LX 14): ἂν εἴη   1455a 28 θεατὴν] ποιητὴν Dacier   32 ἢ: ἢ   34 τούτους τε τοὺς apogr nonnulla, alia τοὺς τε   1455b 1 εἶθ' apogr: εἴθ'   ἐπεισοδιοῦν corr apogr: ἐπεισοδίου   2 παρατείνειν Victorius   7 τὸ δὲ apogr: τόδε   9 et 10 εἴθ'

nicht gesehen hatte, andererseits das Publikum veranlaßt, durch den Glauben, daß jener ihn wiedererkennen werde, einen Fehlschluß zu begehen (jener sei Odysseus). Von allen die beste Erkennung ist aber die, welche aus den Begebenheiten selbst hervorgeht, so daß die erschütternde Überraschung mittelst eines wahrscheinlichen Verlaufs erfolgt, wie z. B. was in Sophokles' „Ödipus" und in der „Iphigenie" sich zuträgt; denn es ist der Wahrscheinlichkeit gemäß, daß sie den Wunsch hat, ihm einen schriftlichen Auftrag mitzugeben. Die Erkennungen dieser Art nämlich bedürfen allein nicht willkürlich erdichteter äußerer Zeichen und Erkennungskleinode. Die zweitbesten aber sind die, welche aus einer Schlußfolgerung entspringen.

17 Bei der Composition der Fabeln und der mitwirkenden sprachlichen Ausführung muß der Dichter sich alles möglichst klar vor Augen stellen. Denn wer es so lebhaftig sieht, wie wenn er selbst bei allem was geschieht gegenwärtig wäre, kann das Angemessene finden, und ihm wird am wenigsten entgehen was widersprechend ist. Dies läßt sich aus dem Vorwurfe abnehmen, den man dem Karkinos zu machen pflegte. Er ließ nämlich seinen Amphiaraos aus dem Tempel zurückkehren, ohne daß der Zuschauer dies sah, dem es deshalb unbemerkt blieb; auf der Bühne nun fiel er mit dem Stücke durch, weil die Zuschauer darüber ungehalten wurden.

Ja, der Dichter muß in allem so mitarbeiten, daß er sich soviel als möglich auch in die Stimmungen seiner Personen hineinversetzt. Denn am überzeugendsten stellen diejenigen Gefühle dar, welche selbst von ihnen ergriffen sind, und am wahrhaftesten stürmt, wer in Aufregung versetzt, und zürnt, wer von Zorn erfüllt ist. Darum ist die Poesie Sache des von der Natur Begabten oder des Enthusiastischen; denn von diesen sind die letzteren fähig, sich leicht in jede Gemütsstimmung zu versetzen, die ersteren sind mit Forschungsgeist begabt.

Diese Fabeln endlich muß der Dichter, sowohl die schon gebildeten, als wenn er sie selbst erst bildet, sich ihrem Hauptinhalte nach vor Augen stellen, und dann erst darf er die Akte hineinbringen und die Fabeln weiter ausdehnen. Ich meine aber, daß man auf folgende Weise den allgemeinen Inhalt einer Fabel sich zur Anschauung bringen könne, z. B. den der Iphigenienfabel: Eine Jungfrau, die zum Opfer bestimmt, aber den Augen der Opferer unbemerkt entrückt und in ein anderes Land versetzt worden war, in welchem das Gesetz bestand, die Fremdlinge der Göttin zu opfern, erlangte dieses Priesteramt. Lange hernach begegnete es dem Bruder der Priesterin dorthin zu kommen. — Der Umstand, daß der Gott ihm das Orakel gegeben hatte, aus einem bestimmten Grunde, liegt außerhalb des allgemeinen Inhalts; daß er dorthin kam und zu welchem Zweck, auch das liegt außerhalb der Fabel. — Gekommen und ergriffen, soll er eben geopfert werden, da giebt er sich zu erkennen, indem er, sei es nach der Darstellung des Euripides oder nach der des Polyidos, der Wahr-

καὶ ἐντεῦθεν ἡ σωτηρία. μετὰ ταῦτα δὲ ἤδη ὑποθέντα τὰ ὀνόματα ἐπεισοδιοῦν, ὅπως δὲ ἔσται οἰκεῖα τὰ ἐπεισόδια, οἷον ἐν τῷ Ὀρέστῃ ἡ μανία δι' ἧς ἐλήφθη καὶ ἡ σωτηρία διὰ τῆς καθάρσεως. ἐν μὲν οὖν τοῖς δράμασιν τὰ ἐπεισόδια σύντομα, ἡ δ' ἐποποιία τούτοις μηκύνεται. τῆς γὰρ Ὀδυσσείας μικρὸς ὁ λόγος ἐστίν· ἀποδημοῦντός τινος ἔτη πολλὰ καὶ παραφυλαττομένου ὑπὸ τοῦ Ποσειδῶνος καὶ μόνου ὄντος, ἔτι δὲ τῶν οἴκοι οὕτως ἐχόντων ὥστε τὰ χρήματα ὑπὸ μνηστήρων ἀναλίσκεσθαι καὶ τὸν υἱὸν ἐπιβουλεύεσθαι, αὐτὸς δὲ ἀφικνεῖται χειμασθεὶς καὶ ἀναγνωρίσας τινὰς αὐτοῖς ἐπιθέμενος αὐτὸς μὲν ἐσώθη τοὺς δ' ἐχθροὺς διέφθειρε. τὸ μὲν οὖν ἴδιον τοῦτο, τὰ δ' ἄλλα ἐπεισόδια.

18 Ἔστι δὲ πάσης τραγῳδίας τὸ μὲν δέσις τὸ δὲ λύσις, τὰ μὲν ἔξωθεν καὶ ἔνια τῶν ἔσωθεν πολλάκις ἡ δέσις, τὸ δὲ λοιπὸν ἡ λύσις. λέγω δὲ δέσιν μὲν εἶναι τὴν ἀπ' ἀρχῆς μέχρι τούτου τοῦ μέρους ὃ ἔσχατόν ἐστιν ἐξ οὗ μεταβαίνειν εἰς εὐτυχίαν (ἢ δυστυχίαν), λύσιν δὲ τὴν ἀπὸ τῆς ἀρχῆς τῆς μεταβάσεως μέχρι τέλους· ὥσπερ ἐν τῷ Λυγκεῖ τῷ Θεοδέκτου δέσις μὲν τά τε προπεπραγμένα καὶ ἡ τοῦ παιδίου λῆψις καὶ πάλιν ἡ αὐτῶν δή, (λύσις δὲ ἡ) ἀπὸ τῆς αἰτιάσεως τοῦ θανάτου μέχρι τοῦ τέλους. τραγῳδίας δὲ εἴδη εἰσὶ τέσσαρα, τοσαῦτα γὰρ καὶ τὰ μέρη ἐλέχθη, ἡ μὲν πεπλεγμένη, ἧς τὸ ὅλον ἐστὶν περιπέτεια καὶ ἀναγνώρισις, ἡ δὲ παθητική, οἷον οἵ τε Αἴαντες καὶ οἱ Ἰξίονες, ἡ δὲ ἠθική, οἷον αἱ Φθιώτιδες καὶ ὁ Πηλεύς. τὸ δὲ τέταρτον, οἷον αἵ τε Φορκίδες καὶ Προμηθεὺς καὶ ὅσα ἐν ᾅδου. μάλιστα μὲν οὖν ἅπαντα δεῖ πειρᾶσθαι ἔχειν, εἰ δὲ μή, τὰ μέγιστα καὶ πλεῖστα, ἄλλως τε καὶ ὡς νῦν συκοφαντοῦσιν τοὺς ποιητάς· γεγονότων γὰρ καθ' ἕκαστον μέρος ἀγαθῶν ποιητῶν, ἑκάστου τοῦ ἰδίου ἀγαθοῦ ἀξιοῦσι τὸν ἕνα ὑπερβάλλειν. δίκαιον δὲ καὶ τραγῳδίαν ἄλλην καὶ τὴν αὐτὴν λέγειν οὐδὲν ἴσως τῷ μύθῳ· τοῦτο δέ, ὧν ἡ αὐτὴ πλοκὴ καὶ λύσις. πολλοὶ δὲ πλέξαντες εὖ λύουσι κακῶς· δεῖ δὲ ἄμφω ἀεὶ κροτεῖσθαι. χρὴ δὲ ὅπερ

15 δράμασι (vel δράμασιν) apogr: δράματα   17 μικρὸς apogr: μακρὸς   19 ἔτι Ricoardianus 16, Victorius: ἐπεὶ   26 ἢ δυστυχίαν Tyrwhitt, δυστυχίαν ἢ εἰς εὐτυχίαν Reiz   29 Λυγκεῖ apogr: λυκεῖ   31 λύσις δὲ ἡ Aldus   ἀναγωγή, λύσις δ' ἡ Vahlen suspicatur   θανάτου] Δαναοῦ Spengel   33 ἐλ' ἔστιν   1456a 2 τὸ δὲ τέταρτον ὄψις   τὸ δὲ τερατῶδες Schrader   4 ἄλλως τε apogr: ἀλλ' ὥσπερ   6 ἑκάστου τοῦ Aldus   10 κρατεῖσθαι Vahlen

scheinlichkeit gemäß spricht: so hätte also nicht bloß seine Schwester, sondern auch er geopfert werden müssen; und dadurch erfolgte seine Rettung. Hiernach erst muß der Dichter den Personen die passenden Namen beilegen und dann die Akte dichten; dabei jedoch Sorge tragen, daß die Akte zur Sache gehören, wie z. B. im „Orestes" der Wahnsinn, durch welchen er gefangen wird, und die Rettung durch die Sühnung. In den Dramen nun sind die Episoden kurz, das Epos aber wird dadurch ausgedehnt. Ist ja doch die Fabel der Odyssee nur kurz: Es ist jemand viele Jahre von Hause abwesend, wird von Poseidon überwacht und ist allein; ferner steht es bei ihm zu Hause so, daß seine Habe von Freiern verzehrt und seinem Sohne nach dem Leben getrachtet wird. Da kehrt er selbst, nachdem er Drangsale erduldet hat, zurück, giebt sich einigen zu erkennen, greift selbst an und wird selbst gerettet, vernichtet aber seine Feinde. Das ist was zur Sache gehört, das übrige sind Episoden.

18 Von jeder Tragödie umfaßt der eine Teil die Schürzung des Knotens, der andere die Lösung. Was außerhalb der Handlung liegt und oft auch einiges innerhalb derselben bildet die Schürzung, das übrige die Lösung. Ich sage aber, Schürzung sei der Abschnitt vom Anfange an bis zu dem Momente, aus welchem als dem letzten die Umwandlung des Schicksals in Glück oder Unglück entspringe; Lösung aber der Abschnitt vom Anfange dieser Umwandlung bis zum Ende. So bildet im „Lynkeus" des Theodektes die Schürzung alles früher Geschehene und die Gefangennehmung des Knaben sowie wieder ihre eigene; die Lösung dagegen reicht von der Anschuldigung des Mordes bis zum Ende.

Arten der Tragödie giebt es vier; soviele waren ja auch der Bestandteile, die angeführt wurden: die verwickelte, deren Gesamtinhalt wesentlich Schicksalswechsel und Erkennung ist; die pathetische (erschütternde) wie die Ajax- und Ixionstragödien; die Charaktertragödie, z. B. die „Phthiotinnen" und der „Peleus"; und die vierte Art wie z. B. sowohl die „Phorkiden" als der „Prometheus" und alle, die im Hades spielen. Am besten nun freilich muß man alle Vorzüge zu besitzen trachten, wo aber nicht, doch die wichtigsten und meisten, zumal bei der unbilligen Kritik, die man jetzt an den Dichtern übt. Weil es nämlich in jedem einzelnen Teile vorzügliche Dichter gegeben hat, verlangt man, daß der einzelne das eigentümliche Treffliche eines jeden überbieten soll. Man ist aber vielleicht keineswegs berechtigt, eine Tragödie für eine andere oder dieselbe zu erklären wegen ihres Mythus; vielmehr ist das letztere bei denen gerechtfertigt, welche eine und dieselbe Schürzung und Lösung enthalten. Es giebt nun viele Dichter, die den Knoten gut schürzen, aber schlecht lösen; und doch gilt es mit beidem stets den Beifall zu erringen.

Ferner muß man dessen eingedenk sein, was bereits oft gesagt ist, und nicht aus einer epischen Composition eine Tragödie machen. Eine epische nenne ich aber eine solche, welche viele Fabeln in sich begreift, wie wenn z. B. einer den ganzen Fabelstoff der Ilias in eine Tragödie hineindichten wollte. Denn dort erhalten wegen des

εἴρηται πολλάκις μεμνῆσθαι καὶ μὴ ποιεῖν ἐποποιικὸν σύστημα τραγῳδίαν. ἐποποιικὸν δὲ λέγω τὸ πολύμυθον, οἷον εἴ τις τὸν τῆς Ἰλιάδος ὅλον ποιοῖ μῦθον. ἐκεῖ μὲν γὰρ διὰ τὸ μῆκος λαμβάνει τὰ μέρη τὸ πρέπον μέγεθος, ἐν δὲ τοῖς δράμασι πολὺ παρὰ τὴν ὑπόληψιν ἀποβαίνει. σημεῖον δέ, ὅσοι πέρσιν Ἰλίου ὅλην ἐποίησαν καὶ μὴ κατὰ μέρος ὥσπερ Εὐριπίδης, Νιόβην καὶ μὴ ὥσπερ Αἰσχύλος, ἢ ἐκπίπτουσιν ἢ κακῶς ἀγωνίζονται, ἐπεὶ καὶ Ἀγάθων ἐξέπεσεν ἐν τούτῳ μόνῳ. ἐν δὲ ταῖς περιπετείαις καὶ ἐν τοῖς ἁπλοῖς πράγμασι στοχάζονται ὧν βούλονται θαυμαστῶς· τραγικὸν γὰρ τοῦτο καὶ φιλάνθρωπον. ἔστιν δὲ τοῦτο, ὅταν ὁ σοφὸς μὲν μετὰ πονηρίας δὲ ἐξαπατηθῇ, ὥσπερ Σίσυφος, καὶ ὁ ἀνδρεῖος μὲν ἄδικος δὲ ἡττηθῇ. ἔστιν δὲ τοῦτο εἰκὸς ὥσπερ Ἀγάθων λέγει, εἰκὸς γὰρ γίνεσθαι πολλὰ καὶ παρὰ τὸ εἰκός. καὶ τὸν χορὸν δὲ ἕνα δεῖ ὑπολαβεῖν τῶν ὑποκριτῶν καὶ μόριον εἶναι τοῦ ὅλου καὶ συναγωνίζεσθαι μὴ ὥσπερ Εὐριπίδῃ, ἀλλ' ὥσπερ Σοφοκλεῖ. τοῖς δὲ λοιποῖς τὰ ᾀδόμενα ⟨οὐ⟩ μᾶλλον τοῦ μύθου ἢ ἄλλης τραγῳδίας ἐστίν· διὸ ἐμβόλιμα ᾄδουσιν πρώτου ἄρξαντος Ἀγάθωνος τοῦ τοιούτου. καίτοι τί διαφέρει ἢ ἐμβόλιμα ᾄδειν ἢ εἰ ῥῆσιν ἐξ ἄλλου εἰς ἄλλο ἁρμόττοι ἢ ἐπεισόδιον ὅλον;

περὶ μὲν οὖν τῶν ἄλλων ἤδη εἴρηται, λοιπὸν δὲ περὶ λέξεως ἢ διανοίας εἰπεῖν. τὰ μὲν οὖν περὶ τὴν διάνοιαν ἐν τοῖς περὶ ῥητορικῆς κείσθω, τοῦτο γὰρ ἴδιον μᾶλλον ἐκείνης τῆς μεθόδου. ἔστι δὲ κατὰ τὴν διάνοιαν ταῦτα ὅσα ὑπὸ τοῦ λόγου δεῖ παρασκευασθῆναι. μέρη δὲ τούτων τό τε ἀποδεικνύναι καὶ τὸ λύειν καὶ τὸ πάθη παρασκευάζειν οἷον ἔλεον ἢ φόβον ἢ ὀργὴν καὶ ὅσα τοιαῦτα καὶ ἔτι μέγεθος καὶ μικρότητας. δῆλον δὲ ὅτι καὶ ἐν τοῖς πράγμασιν ἀπὸ τῶν αὐτῶν ἰδεῶν δεῖ χρῆσθαι ὅταν ἢ ἐλεεινὰ ἢ δεινὰ ἢ μεγάλα ἢ εἰκότα δέῃ παρασκευάζειν· πλὴν τοσοῦτον διαφέρει, ὅτι τὰ μὲν δεῖ φαίνεσθαι ἄνευ διδασκαλίας, τὰ δὲ ἐν τῷ λόγῳ ὑπὸ τοῦ λέγοντος παρασκευάζεσθαι καὶ παρὰ τὸν λόγον γίγνεσθαι. τί γὰρ ἂν εἴη τοῦ λέγοντος ἔργον, εἰ 19

12 λέγω τὸ apogr: λέγω δὲ τὸ 22 δὲ add. Riccardianus 16 23 ἡττηθῇ apogr: ἡττῆθη 24 ᾀδόμενα Madius: διδόμενα ⟨οὐ⟩ Madius, οὐδὲν Vahlen add. 29 δ' δ 33 ἤδη apogr: ἤδ' 34 ἢ] καὶ Hermann 1456b 2 μικρότητα Riccardianus 16 et Parisinus 2038 8 ἡδέα apogr: [illegible] 4 δέῃ (δέῃ) Riccardianus 16 et Parisinus 2038: δ' ἤ

großen Umfangs die einzelnen Teile ihre angemessene Größe; in den Dramen dagegen entspricht der Erfolg bei weitem nicht der Erwartung. Dies kann man daraus abnehmen, daß alle die Dichter, welche den Untergang Ilions in seiner ganzen Vollständigkeit gedichtet und nicht je einen Teil desselben dramatisch behandelt haben wie Euripides, die Niobe und nicht wie Äschylos, entweder durchfallen, oder doch schlechten Erfolg bei der Aufführung haben. Denn sogar Agathon fiel wegen dieses einzigen Fehlers durch. Dagegen erzielen die Dichter vermittelst der plötzlichen Schicksalswechsel und in den einfachen Compositionen was sie zu erreichen wünschen mit bewundernswertem Erfolg. Dies ist nämlich das Tragische und zugleich die menschliche Teilnahme Erweckende, wie es stattfindet, wenn der Kluge aber dabei Schlechte überlistet wird gleichwie Sisyphos, und der tapfere aber ungerechte Mann unterliegt. Es ist aber dieses der Wahrscheinlichkeit gemäß in dem Sinne wie Agathon sagt, es sei wahrscheinlich, daß vieles auch gegen die Wahrscheinlichkeit geschehe.

Aber auch den Chor muß man als einen der Schauspieler auftreten lassen, und er muß ein Glied des Ganzen sein und mit in die Handlung eingreifen, nicht wie bei Euripides, sondern wie bei Sophokles. Bei den späteren Dichtern haben die Chorgesänge mit der Fabel der Tragödie nicht mehr Zusammenhang als mit einer anderen Tragödie. Daher kommt es, daß der Chor eingelegte Lieder singt, wozu Agathon zuerst das Beispiel gegeben hat. Und doch, was ist für ein Unterschied, ob man Eingelegtes singt, oder ob man ein Gespräch oder einen ganzen Akt aus einem Stücke in ein anderes einfügt?

19 Von allen anderen also ist bereits gesprochen; es ist noch übrig, über den sprachlichen Ausdruck oder über die Gedankenentwickelung zu handeln. Alles nun was die Gedankenentwickelung betrifft, möge in der Abhandlung über die Rhetorik niedergelegt sein; denn dies ist mehr ein besonderer Teil jener Untersuchung. Es findet aber gemäß der Gedankenentwickelung alles dasjenige statt was von der Rede hervorgebracht werden soll, wozu das Beweisen, das Widerlegen, die Erregung von Gemütsbewegungen, z. B. Mitleid oder Furcht, oder Zorn und alles dergleichen, und außerdem noch die Amplification und Verminderung gehört. Es ist klar, daß man auch in der Gestaltung der Begebenheiten von denselben Gedankenarten Gebrauch machen muß, wenn man Mitleidswertes oder Furchtbares oder Großes oder Wahrscheinliches hervorbringen soll. Nur insofern findet ein Unterschied statt, als es in dem einen Falle ohne Veranstaltung erscheinen, in dem anderen aber in der Rede von dem Redenden hervorgebracht werden und wegen der Rede eintreten muß. Denn was hätte der Redende für eine Aufgabe, wenn das Angenehme sich zeigte auch nicht wegen der Rede?

Von dem was den sprachlichen Ausdruck betrifft bilden einen Gegenstand der Betrachtung die Darstellungsformen des sprachlichen

φανοῖτο ἡδέα καὶ μὴ διὰ τὸν λόγον; τῶν δὲ περὶ τὴν λέξιν ἓν μέν ἐστιν εἶδος θεωρίας τὰ σχήματα τῆς λέξεως, ἃ ἐστιν εἰδέναι τῆς ὑποκριτικῆς καὶ τοῦ τὴν τοιαύτην ἔχοντος ἀρχιτεκτονικήν, οἷον τί ἐντολὴ καὶ τί εὐχὴ καὶ διήγησις καὶ ἀπειλὴ καὶ ἐρώτησις καὶ ἀπόκρισις καὶ εἴ τι ἄλλο τοιοῦτον. παρὰ γὰρ τὴν τούτων γνῶσιν ἢ ἄγνοιαν οὐδὲν εἰς τὴν ποιητικὴν ἐπιτίμημα φέρεται ὅ τι καὶ ἄξιον σπουδῆς. τί γὰρ ἄν τις ὑπολάβοι ἡμαρτῆσθαι ἃ Πρωταγόρας ἐπιτιμᾷ, ὅτι εὔχεσθαι οἰόμενος ἐπιτάττει εἰπὼν «μῆνιν ἄειδε θεά», τὸ γὰρ κελεῦσαι φησὶν ποιεῖν τι ἢ μὴ ἐπίταξίς ἐστιν. διὸ παρείσθω ὡς ἄλλης καὶ οὐ τῆς ποιητικῆς ὂν θεώρημα.

20 τῆς δὲ λέξεως ἁπάσης τάδ' ἐστὶ τὰ μέρη, στοιχεῖον συλλαβὴ σύνδεσμος ὄνομα ῥῆμα ἄρθρον πτῶσις λόγος. στοιχεῖον μὲν οὖν ἐστιν φωνὴ ἀδιαίρετος, οὐ πᾶσα δὲ ἀλλ' ἐξ ἧς πέφυκε συνετὴ γίγνεσθαι φωνή· καὶ γὰρ τῶν θηρίων εἰσὶν ἀδιαίρετοι φωναί, ὧν οὐδεμίαν λέγω στοιχεῖον. ταύτης δὲ μέρη τό τε φωνῆεν καὶ τὸ ἡμίφωνον καὶ ἄφωνον. ἔστιν δὲ φωνῆεν μὲν ἄνευ προσβολῆς ἔχον φωνὴν ἀκουστήν, ἡμίφωνον δὲ τὸ μετὰ προσβολῆς ἔχον φωνὴν ἀκουστήν, οἷον τὸ Σ καὶ τὸ Ρ, ἄφωνον δὲ τὸ μετὰ προσβολῆς καθ' αὑτὸ μὲν οὐδεμίαν ἔχον φωνήν, μετὰ δὲ τῶν ἐχόντων τινὰ φωνὴν γινόμενον ἀκουστόν, οἷον τὸ Γ καὶ τὸ Δ. ταῦτα δὲ διαφέρει σχήμασίν τε τοῦ στόματος καὶ τόποις καὶ δασύτητι καὶ ψιλότητι καὶ μήκει καὶ βραχύτητι ἔτι δὲ ὀξύτητι καὶ βαρύτητι καὶ τῷ μέσῳ· περὶ ὧν καθ' ἕκαστον ἐν τοῖς μετρικοῖς προσήκει θεωρεῖν. συλλαβὴ δέ ἐστιν φωνὴ ἄσημος συνθετὴ ἐξ ἀφώνου καὶ φωνὴν ἔχοντος· καὶ γὰρ τὸ ΓΡ ἄνευ τοῦ Α συλλαβὴ καὶ μετὰ τοῦ Α, οἷον τὸ ΓΡΑ. ἀλλὰ καὶ τούτων θεωρῆσαι τὰς διαφορὰς τῆς μετρικῆς ἐστιν. σύνδεσμος δέ ἐστιν φωνὴ ἄσημος ἣ οὔτε κωλύει οὔτε ποιεῖ φωνὴν μίαν σημαντικὴν ἐκ πλειόνων φωνῶν πεφυκυῖαν συντίθεσθαι, καὶ ἐπὶ τῶν ἄκρων καὶ ἐπὶ τοῦ μέσου, ἣν μὴ ἁρμόττει ἐν ἀρχῇ λόγου τιθέναι καθ' αὑτόν,

8 ἢ δέοι Vahlen 9 μέν ἐστιν 17 τί ἢ μή, ποιεῖν apogr 18 δι' ἢ 21 ἄθρον 23 ἐξ ἧς apogr: ἐξῆς συνθετή apogr 24 οὐδὲ μίαν 27 post ἀκουστήν apogr φωνεα οἷον τὸ α καὶ τὸ ω addunt 35 σύνθετος apogr 36 ἢ apogr: ἢ 1457a 2 post συντίθεσθαι Vahlen omisit πεφυκυῖα τίθεσθαι, cf. infra a 9 [illegible] 3 ἣν μή ἁρμόττῃ apogr καθ' αὑτὸ Madius, αὐτὴν Tyrwhitt μέν, ἤτοι, δέ. δή apogr

Ausdrucks, deren Kenntnis der Darstellungskunst und demjenigen anheimfällt der ein systematisches Wissen von einer solchen inne hat, z. B. was ein Befehl, was ein Wunsch, eine Erzählung (Behauptung), Drohung, Frage und Antwort ist und was alles es sonst noch von der Art giebt. Denn wegen der Kenntnis oder Unkenntnis dieser Dinge wird der Poesie kein Vorwurf gemacht der auch nur der Mühe wert wäre. Denn was könnte man für einen Fehler in dem finden was Protagoras dem Homer zum Vorwurfe macht: daß er in der Meinung zu wünschen befehle mit den Worten: „Singe, o Göttin, den Zorn:“ Denn die Aufforderung, sagt er, etwas zu thun oder nicht zu thun, ist ein Befehl. Deshalb will ich es bei Seite lassen als Gegenstand der Betrachtung einer andern Wissenschaft und nicht der Poetik.

20 Der gesamte sprachliche Ausdruck aber besteht aus folgenden Teilen: Sprachelement, Silbe, Bindewort, Nennwort, Aussagewort, Artikel, Flexionsform, Rede. Ein Sprachelement nun ist ein unteilbarer Laut, jedoch nicht jeder, sondern ein solcher aus welchem ein verständlicher Laut hervorgehen kann. Denn auch die Tiere geben unteilbare Laute von sich und doch nenne ich keinen davon ein Sprachelement. Arten desselben sind der Vokal, Halbvokal und der stumme Konsonant. Es ist aber Vokal ein solcher welcher ohne Anstoß einen hörbaren Laut hat, wie das A und das O; Halbvokal ein solcher welcher mit einem Anstoße einen hörbaren Laut hat, wie das S und das R; stummer Konsonant aber ein solcher welcher mit einem Anstoße an und für sich keinen Laut hat, mit denjenigen aber welche einen Laut haben hörbar wird, wie das G und das D. Diese unterscheiden sich aber nach den Stellungen und Orten des Mundes, nach Stärke und Schwäche des Hauchs und nach Länge und Kürze, ferner auch nach hellem, dumpfem und mittlerem Ton; die Untersuchung darüber im einzelnen findet in der Abhandlung über die Metrik ihren schicklichen Platz.

Silbe aber ist ein unbedeutsamer Laut, welcher zusammengesetzt ist aus einem stummen Konsonanten und einem lautenden Sprachelement; denn Gr ist sowohl ohne das A eine Silbe als auch mit dem A wie Gra. Doch gehört die Betrachtung der Unterschiede auch von diesen in die Metrik.

Bindewort ist ein unbedeutsamer Laut, welcher die Einheit eines bedeutungsvollen Ausdrucks der sich naturgemäß aus mehreren Ausdrücken zusammensetzen läßt weder hindert noch bewirkt, sowohl am Anfange und Ende als in der Mitte stehen, den man aber passend nicht im Anfang einer Rede für sich setzen kann, z. B. μέν, ἤτοι, δέ (zwar, oder, aber); oder ein unbedeutsamer Laut, welcher seiner Natur nach aus mehr als einem aber bedeutungsvollen Ausdrucke einen einzigen bedeutungsvollen Ausdruck bilden kann.

Artikel ist ein unbedeutsamer Laut, der einer Rede Anfang oder Ende oder Begrenzung anzeigt, z. B. das „Ich sage“, das über und das übrige; oder ein unbedeutsamer Laut, der die Bildung eines einzigen bedeutungsvollen Ausdrucks aus mehreren Ausdrücken weder

οἷον μὲν ἤτοι δέ. ἢ φωνὴ ἄσημος ἣ ἐκ πλειόνων μὲν φωνῶν μιᾶς σημαντικῶν δὲ ποιεῖν πέφυκεν μίαν σημαντικὴν φωνήν. ἄρθρον δ' ἐστὶ φωνὴ ἄσημος ἣ λόγου ἀρχὴν ἢ τέλος ἢ διορισμὸν δηλοῖ, οἷον τὸ φημὶ καὶ τὸ περὶ καὶ τὰ ἄλλα. [ἢ φωνὴ ἄσημος ἣ οὔτε κωλύει οὔτε ποιεῖ φωνὴν μίαν σημαντικὴν ἐκ πλειόνων φωνῶν, πεφυκυῖα τίθεσθαι καὶ ἐπὶ τῶν ἄκρων καὶ ἐπὶ τοῦ μέσου.] ὄνομα δέ ἐστι φωνὴ συνθετὴ σημαντικὴ ἄνευ χρόνου ἧς μέρος οὐδέν ἐστι καθ' αὑτὸ σημαντικόν· ἐν γὰρ τοῖς διπλοῖς οὐ χρώμεθα ὡς καὶ αὐτὸ καθ' αὑτὸ σημαῖνον, οἷον ἐν τῷ Θεοδώρῳ τὸ δῶρον οὐ σημαίνει. ῥῆμα δὲ φωνὴ συνθετὴ σημαντικὴ μετὰ χρόνου ἧς οὐδὲν μέρος σημαίνει καθ' αὑτό, ὥσπερ καὶ ἐπὶ τῶν ὀνομάτων· τὸ μὲν γὰρ ἄνθρωπος ἢ λευκὸν οὐ σημαίνει τὸ πότε, τὸ δὲ βαδίζει ἢ βεβάδικεν προσσημαίνει τὸ μὲν τὸν παρόντα χρόνον τὸ δὲ τὸν παρεληλυθότα. πτῶσις δ' ἐστὶν ὀνόματος ἢ ῥήματος ἡ μὲν τὸ κατὰ τὸ τούτου ἢ τούτῳ σημαῖνον καὶ ὅσα τοιαῦτα, ἡ δὲ κατὰ τὸ ἑνὶ ἢ πολλοῖς, οἷον ἄνθρωποι ἢ ἄνθρωπος, ἡ δὲ κατὰ τὰ ὑποκριτικά, οἷον κατ' ἐρώτησιν ἐπίταξιν· τὸ γὰρ ἐβάδισεν; ἢ βάδιζε πτῶσις ῥήματος κατὰ ταῦτα τὰ εἴδη ἐστίν. λόγος δὲ φωνὴ συνθετὴ σημαντικὴ ἧς ἔνια μέρη καθ' αὑτὰ σημαίνει τι· οὐ γὰρ ἅπας λόγος ἐκ ῥημάτων καὶ ὀνομάτων σύγκειται, οἷον ὁ τοῦ ἀνθρώπου ὁρισμός, ἀλλ' ἐνδέχεται ἄνευ ῥημάτων εἶναι λόγον, μέρος μέντοι ἀεί τι σημαῖνον ἕξει, οἷον ἐν τῷ βαδίζει Κλέων ὁ Κλέων. εἷς δέ ἐστι λόγος διχῶς, ἢ γὰρ ὁ ἓν σημαίνων, ἢ ὁ ἐκ πλειόνων συνδέσμῳ, οἷον ἡ Ἰλιὰς μὲν συνδέσμῳ εἷς, ὁ δὲ τοῦ ἀνθρώπου τῷ ἓν σημαίνειν.

ὀνόματος δὲ εἴδη τὸ μὲν ἁπλοῦν, ἁπλοῦν δὲ λέγω ὃ 21
μὴ ἐκ σημαινόντων σύγκειται, οἷον γῆ, τὸ δὲ διπλοῦν· τούτου δὲ τὸ μὲν ἐκ σημαίνοντος καὶ ἀσήμου, πλὴν οὐκ ἐν τῷ ὀνόματι σημαίνοντος καὶ ἀσήμου, τὸ δὲ ἐκ σημαινόντων σύγκειται. εἴη δ' ἂν καὶ τριπλοῦν καὶ τετραπλοῦν ὄνομα καὶ

5 σημαντικῶν Robortellus: σημαντικόν 6 ἢ apogr: ἢ 7 τὸ φ. μ. ι ε' τὸ π. ε. ρ. ι 8 ἢ apogr: ἢ 17 βαδίζει Riccardianus 16 προσσημαίνει cett apogr: προσημαίνει 19 τὸ κατὰ τὸ Riccardianus 16: τὸ κατὰ 22 βάδιζε Riccardianus 16: ἐβάδιζεν 24 τι 27 ἀεί τι βαδίζει apogr: βαδίζειν 29 συνδέσμῳ Riccardianus 16, Aldina 1508: συνδέσμων 30 τῷ apogr: τὸ 33 ὀνόματι Vahlen: ὀνόματος

hindert noch bewirkt, der seiner Natur nach sowohl am Anfang und Ende wie in der Mitte stehen kann.

Nennwort ist ein zusammengesetzter Laut, der Bedeutung hat ohne die Zeit mitzubezeichnen, von dem kein Teil etwas an und für sich bezeichnet; denn in den aus zweien zusammengesetzten Nennwörtern gebrauchen wir es nicht als auch für sich etwas bedeutend, so z. B. macht in dem Namen Theodoros das Doron (Geschenk) für sich allein keine Bezeichnung aus.

Aussagewort ist ein zusammengesetzter Laut, der Bedeutung hat mit Zeitbezeichnung, von dem kein Teil für sich etwas bezeichnet, gerade wie auch bei den Nennwörtern. Denn das Wort „Mensch" oder „weiß" bezeichnet nicht das „Wann", „gehen" aber oder „ist gegangen" bezeichnet zugleich, das eine die gegenwärtige, das andere die vergangene Zeit.

Flexionsform eines Nenn- oder Zeitworts ist teils die Bezeichnung nach dem „Wessen" oder „Wem" und alles der Art, teils nach der Ein- oder Mehrzahl, z. B. „Menschen" oder „Mensch", teils nach den Darstellungs- (Satz-) formen, z. B. nach Frage, Befehl; denn „ging" oder „geh" ist Flexionsform eines Zeitwortes nach diesen Arten.

Rede ist ein zusammengesetzter Laut mit Bedeutung, von dem einige Teile etwas für sich bezeichnen. Denn nicht jede Rede besteht aus Nenn- und Zeitwörtern, wie z. B. die Definition von „Mensch", sondern es kann etwas eine Rede sein ohne Zeitwörter, jedoch wird sie immer einen Teil haben der einen Gegenstand bezeichnet; ein solcher ist z. B. in dem Satze „es geht Kleon" der Name „Kleon". Eine Einheit aber bildet die Rede in zweifachem Sinne, entweder nämlich wenn sie ein Wesen bezeichnet, oder wenn sie aus mehreren Teilen durch Verknüpfung entsteht; so z. B. bildet die Ilias eine Einheit durch Verknüpfung, die Definition des Menschen aber dadurch daß sie ein Wesen bezeichnet.

21 Arten des Nennwortes sind das einfache; ein einfaches aber nenne ich ein solches welches nicht aus Teilen besteht, die für sich eine Bedeutung haben, z. B. „Erde", — und das zweifache; dieses besteht wieder entweder aus einem bedeutungsvollen und unbedeutsamen Teile, nur daß nicht innerhalb des Nennwortes der eine Teil seine Bedeutung behält, der andere unbedeutsam ist, — oder aus zwei bedeutungsvollen Teilen. Es kann aber auch ein drei-, vier- und vielfaches Nennwort geben, wie die großartigen meistenteils, z. B. das Nennwort Hermokaikoxanthos.

Jedes Nennwort ist entweder ein gewöhnliches, oder ein Fremdwort, oder eine Metapher, oder ein Schmuck, oder eine Neubildung, oder ein verlängertes, oder verkürztes, oder ein verändertes. Gewöhnlich nenne ich was die Einheimischen, Fremdwort was Fremde gebrauchen; es ist daher einleuchtend, daß möglicherweise ein und dasselbe Wort sowohl Fremdwort als gewöhnliches sein kann, nur nicht für die nämlichen; σίγυνον (Wurfspieß) ist z. B. für die Kyprier ein gewöhnliches, für uns dagegen ein Fremdwort. Metapher ist die

πολλαπλοῦν, οἷον τὰ πολλὰ τῶν μεγαλείων ὧν Ἑρμοκαϊκόξανθος.
1457b ἅπαν δὲ ὄνομά ἐστιν ἢ κύριον ἢ γλῶττα ἢ μεταφορὰ ἢ κόσμος ἢ πεποιημένον ἢ ἐπεκτεταμένον ἢ ὑφῃρημένον ἢ ἐξηλλαγμένον. λέγω δὲ κύριον μὲν ᾧ χρῶνται ἕκαστοι, γλῶτταν δὲ ᾧ ἕτεροι, ὥστε φανερὸν ὅτι καὶ γλῶτταν καὶ κύριον εἶναι δυνατὸν τὸ αὐτό, μὴ τοῖς αὐτοῖς δέ· τὸ γὰρ σίγυνον Κυπρίοις μὲν κύριον, ἡμῖν δὲ γλῶττα. μεταφορὰ δέ ἐστιν ὀνόματος ἀλλοτρίου ἐπιφορὰ ἢ ἀπὸ τοῦ γένους ἐπὶ εἶδος ἢ ἀπὸ τοῦ εἴδους ἐπὶ τὸ γένος ἢ ἀπὸ τοῦ εἴδους ἐπὶ εἶδος ἢ κατὰ τὸ ἀνάλογον. λέγω δὲ ἀπὸ γένους μὲν ἐπὶ εἶδος οἷον «νηῦς δέ μοι ἥδ' ἕστηκεν»· τὸ γὰρ ὁρμεῖν ἐστιν ἑστάναι τι. ἀπ' εἴδους δὲ ἐπὶ γένος «ἦ δὴ μυρί' Ὀδυσσεὺς ἐσθλὰ ἔοργεν»· τὸ γὰρ μυρίον πολύ ἐστιν, ᾧ νῦν ἀντὶ τοῦ πολλοῦ κέχρηται. ἀπ' εἴδους δὲ ἐπὶ εἶδος οἷον «χαλκῷ ἀπὸ ψυχὴν ἀρύσας» καὶ «ταμὼν ἀτειρέι χαλκῷ.» ἐνταῦθα γὰρ τὸ μὲν ἀρύσαι ταμεῖν, τὸ δὲ ταμεῖν ἀρύσαι εἴρηκεν· ἄμφω γὰρ ἀφελεῖν τί ἐστιν. τὸ δὲ ἀνάλογον λέγω, ὅταν ὁμοίως ἔχῃ τὸ δεύτερον πρὸς τὸ πρῶτον καὶ τὸ τέταρτον πρὸς τὸ τρίτον, ἐρεῖ γὰρ ἀντὶ τοῦ δευτέρου τὸ τέταρτον ἢ ἀντὶ τοῦ τετάρτου τὸ δεύτερον, καὶ ἐνίοτε προστιθέασιν ἀνθ' οὗ λέγει πρὸς ὅ ἐστι. λέγω δὲ οἷον ὁμοίως ἔχει φιάλη πρὸς Διόνυσον καὶ ἀσπὶς πρὸς Ἄρη· ἐρεῖ τοίνυν τὴν φιάλην ἀσπίδα Διονύσου καὶ τὴν ἀσπίδα φιάλην Ἄρεως. ἢ ὃ γῆρας πρὸς βίον, καὶ ἑσπέρα πρὸς ἡμέραν· ἐρεῖ τοίνυν τὴν ἑσπέραν γῆρας ἡμέρας ἢ ὥσπερ Ἐμπεδοκλῆς καὶ τὸ γῆρας ἑσπέραν βίου ἢ δυσμὰς βίου. ἐνίοις δ' οὐκ ἔστιν ὄνομα κείμενον τῶν ἀνάλογον, ἀλλ' οὐδὲν ἧττον ὁμοίως λεχθήσεται· οἷον τὸ τὸν καρπὸν μὲν ἀφιέναι σπείρειν, τὸ δὲ τὴν φλόγα ἀπὸ τοῦ ἡλίου ἀνώνυμον· ἀλλ' ὁμοίως ἔχει τοῦτο πρὸς τὸν ἥλιον καὶ τὸ σπείρειν πρὸς τὸν καρπόν, διὸ εἴρηται «σπείρων θεοκτίσταν φλόγα.» ἔστι δὲ τῷ τρόπῳ τούτῳ τῆς μεταφορᾶς χρῆσθαι καὶ ἄλλως, προσαγορεύσαντα τὸ ἀλλότριον ἀποφῆσαι τῶν οἰκείων τι, οἷον εἰ τὴν ἀσπίδα εἴποι φιάλην μὴ Ἄρεως ἀλλ' ἄοινον. πεποιημένον δ' ἐστὶν ὃ ὅλως μὴ καλούμενον ὑπὸ τινῶν αὐτὸς τίθεται ὁ ποιητής, δοκεῖ γὰρ ἔνια εἶναι τοιαῦτα, οἷον τὰ κέρατα ἔρνυγας καὶ τὸν ἱερέα ἀρητῆρα. ἐπεκτεταμένον

35 μεγαλείων ὧν Vahlen. μεγαλείων ὡς Winstanley. μεγαλειοτέρων οἷον Hermann: μεγαλιωτῶν 1457b 10 ὁρμεῖν apogr: ὁρμεῖN, εῖN in litura 11 ἢ δὴ apogr: ἤδη μυρί'

Übertragung der Benennung eines anderen Gegenstandes entweder von der Gattung auf die Art, oder von der Art auf die Gattung, oder von einer Art auf die andere, oder nach dem Verhältnismäßigen. Ich nenne aber Übertragung von der Gattung auf die Art z. B.: „Dorten ruht mir das Schiff;" denn das vor Anker liegen ist eine Art des Ruhens. Von der Art auf die Gattung z. B.: „Wahrlich Tausende von edlen Thaten hat Odysseus verrichtet," denn die Tausende sind ein Vieles, und diese hat der Dichter hier anstatt des Vielen gebraucht. Von einer Art auf die andere z. B.: „Mit dem Erze schöpft' er das Leben weg" und „Er schnitt mit unverwüstlichem Erze." Denn hier hat der Dichter das Schöpfen Schneiden genannt, dort das Schneiden Schöpfen; beides nämlich ist eine Art des Wegnehmens. Unter dem Verhältnismäßigen verstehe ich, wenn das zweite sich zum ersten ebenso verhält wie das vierte zum dritten; denn dann kann man anstatt des zweiten das vierte oder anstatt des vierten das zweite sagen, ja bisweilen fügt man zu dem metaphorisch bezeichneten Gegenstande noch denjenigen hinzu zu welchem er im Verhältnisse steht. Ich meine z. B.: Es verhält sich ebenso die Trinkschale zum Dionysos wie der Schild zum Ares; man kann demnach die Trinkschale den Schild des Dionysos und den Schild die Trinkschale des Ares nennen. Oder: Wie sich das Alter zum Leben verhält, so verhält sich der Abend zum Tage; man kann demnach den Abend das Alter des Tages oder gleichwie Empedokles auch das Alter den Abend des Lebens oder den Niedergang des Lebens nennen. Einige der verhältnismäßigen Dinge haben keinen Namen erhalten, aber nichtsdestoweniger kann man sie auf gleiche Weise benennen. So z. B. heißt das Ausstreuen der Feldfrucht Säen, für das Ausstreuen der Flamme von der Sonne her giebt es keine Benennung; aber es verhält sich dies ebenso zur Sonne wie das Säen zur Feldfrucht, weshalb der Dichter gesagt hat: „Säend die gottgeschaffene Flamme." Man kann aber diese Art der Metapher noch anders gebrauchen, so nämlich daß man einem Dinge etwas von einem anderen Genannten beilegt und dagegen etwas Dazugehöriges abspricht, wie z. B. wenn man den Schild die Trinkschale nicht des Ares, sondern „die weinlose" nennt. Eine Neubildung ist ein Name, den als einen überhaupt von niemand gebrauchten sich der Dichter selbst bildet. Einige nämlich scheinen von solcher Art zu sein, wenn z. B. die Hörner „Sprossen" und der Priester „Beter" genannt wird. Verlängert aber oder verkürzt ist ein Wort, und zwar das

12 μύριον πολύ ἐ. Twining 14 ἀρύσας cum Vaticano 1400, καὶ ταμὼν Laurentianus LX 21: ἀερύσατε ταμὼν ἀτειρεῖ (sive ἀτειρέι) apogr: ἀτειρει 24 ἡμέρας καὶ τὸ γῆρας ἑσπέραν βίου ἢ ὥσπερ Ἐμπεδοκλῆς δυσμὰς Riccardianus 16, Parisinus 2038 29 τὸν (ἀφιέντα τὸν) καρπὸν Castelvetro δ' ὃ 32 τι ἀλλ' ἄοινον Victorius: ἀλλὰ οἴνου 33 ante πεποιημένον explicationem κόσμου omissam esse statuit Madius ὑπὸ τινῶν 35 ἔρνυγας Hermann, ἔρνυτας Hesychius

1458a δὲ ἔστιν ἢ ἀφῃρημένον τὸ μὲν ἐὰν φωνήεντι μακροτέρῳ κεχρημένον ᾖ τοῦ οἰκείου ἢ συλλαβῇ ἐμβεβλημένῃ, τὸ δὲ ἂν ἀφῃρημένον τι ᾖ αὐτοῦ, ἐπεκτεταμένον μὲν οἷον τὸ πόλεως πόληος καὶ τὸ Πηλείδου Πηληιάδεω, ἀφῃρημένον δὲ οἷον τὸ κρῖ καὶ τὸ δῶ καὶ «μία γίνεται ἀμφοτέρων ὄψ». ἐξηλλαγμένον δ' ἐστὶν ὅταν τοῦ ὀνομαζομένου τὸ μὲν καταλείπῃ τὸ δὲ ποιῇ, οἷον τὸ «δεξιτερὸν κατὰ μαζόν» ἀντὶ τοῦ δεξιόν.

αὐτῶν δὲ τῶν ὀνομάτων τὰ μὲν ἄρρενα τὰ δὲ θήλεα τὰ δὲ μεταξύ, ἄρρενα μὲν ὅσα τελευτᾷ εἰς τὸ Ν καὶ Ρ καὶ Σ καὶ ὅσα ἐκ τούτου σύγκειται, ταῦτα δ' ἐστὶν δύο, Ψ καὶ Ξ, θήλεα δὲ ὅσα ἐκ τῶν φωνηέντων εἴς τε τὰ ἀεὶ μακρά, οἷον εἰς Η καὶ Ω, καὶ τῶν ἐπεκτεινομένων εἰς Α· ὥστε ἴσα συμβαίνει πλήθη εἰς ὅσα τὰ ἄρρενα καὶ τὰ θήλεα. τὸ γὰρ Ψ καὶ τὸ Ξ ταὐτά ἐστιν. εἰς δὲ ἄφωνον οὐδὲν ὄνομα τελευτᾷ, οὐδὲ εἰς φωνῆεν βραχύ. εἰς δὲ τὸ Ι τρία μόνον, μέλι κόμμι πέπερι. εἰς δὲ τὸ Υ πέντε. τὰ δὲ μεταξὺ εἰς ταῦτα καὶ Ν καὶ Σ.

22 λέξεως δὲ ἀρετὴ σαφῆ καὶ μὴ ταπεινὴν εἶναι. σαφεστάτη μὲν οὖν ἐστιν ἡ ἐκ τῶν κυρίων ὀνομάτων, ἀλλὰ ταπεινή. παράδειγμα δὲ ἡ Κλεοφῶντος ποίησις καὶ ἡ Σθενέλου. σεμνὴ δὲ καὶ ἐξαλλάττουσα τὸ ἰδιωτικὸν ἡ τοῖς ξενικοῖς κεχρημένη. ξενικὸν δὲ λέγω γλῶτταν καὶ μεταφορὰν καὶ ἐπέκτασιν καὶ πᾶν τὸ παρὰ τὸ κύριον. ἀλλ' ἄν τις ἅπαντα τοιαῦτα ποιήσῃ, ἢ αἴνιγμα ἔσται ἢ βαρβαρισμός, ἂν μὲν οὖν ἐκ μεταφορῶν, αἴνιγμα, ἐὰν δὲ ἐκ γλωττῶν, βαρβαρισμός. αἰνίγματός τε γὰρ ἰδέα αὕτη ἐστί, τὸ λέγοντα ὑπάρχοντα ἀδύνατα συνάψαι. κατὰ μὲν οὖν τὴν τῶν ὀνομάτων σύνθεσιν οὐχ οἷόν τε τοῦτο ποιῆσαι, κατὰ δὲ τὴν μεταφορῶν ἐνδέχεται, οἷον «ἄνδρ' εἶδον πυρὶ χαλκὸν ἐπ' ἀνέρι κολλήσαντα», καὶ τὰ τοιαῦτα. ἐκ τῶν γλωττῶν βαρβαρισμός. δεῖ ἄρα κεκρᾶσθαί πως τούτοις· τὸ

1458a 2 ᾖ apogr: ἢ   συλλαβῇ ἐμβεβλημένῃ apogr: συλλαβὴ ἐμβεβλημένη   3 ᾖ apogr: ἢ   πόλεως apogr   4 Πηλείδου scripsi: Πηλέος, addit Πηλέος καὶ τὸ Πηλείδου post M. Schmidt   5 ὄψ Victorius: ὄψις   9 καὶ Σ add. Riccardianus 16, Madius   13 πλήθη apogr   14 ταὐτά (ταυτά) ἐστιν apogr: ταῦτα ἐστίν   15 κόμμι Riccardianus 16: κόμι   16 post πέντε add. τὸ πῶυ τὸ νᾶπυ τὸ γόνυ τὸ δόρυ τὸ ἄστυ Riccardianus 16   23 ἀλλ' ἄν τις ἅπαντα apogr: ἀλλ' ἄν τις ἂν ἅπαντα   24 ἅμα ἅπαντα τὰ Riccardianus 16, Parisinus 2038   ποιήσῃ apogr: ποιήσαι

erstere, wenn ein längerer Vokal als der gehörige gebraucht oder eine Silbe eingeschoben werden, das letztere, wenn ein Teil von ihm weggenommen ist; verlängertes Wort ist z. B. für πόλεως πόληος, ferner Πηλείδου, Πηληιάδεω; verkürztes z. B. κρῖ und δῶ und ὄψ in „μία γίνεται ἀμφοτέρων ὄψ." Veränderung endlich findet statt, wenn man einen Teil der Benennung beibehält und den andern neu bildet, wenn man z. B. in „δεξιτερὸν κατὰ μαζόν" δεξιτερόν sagt anstatt δεξιόν. Von den Nennwörtern im engeren Sinne sind die einen männlich, die andern weiblich, andere neutral; männlich alle welche auf N und P ausgehen und auf Σ und die damit zusammengesetzten Buchstaben, deren es zwei giebt Ψ und Ξ; weiblich sind alle welche sich auf die immer langen Vokale wie H und Ω, und von den Vokalen die sich auch dehnen lassen, auf A endigen, so daß die Zahl der Buchstaben auf welche die männlichen und weiblichen ausgehen, gleich wird; der Ausgang auf Ψ und Ξ nämlich ist derselbe wie der auf Σ. Auf einen stummen Buchstaben endigt kein Nennwort, auch nicht auf einen kurzen Vokal. Auf I gehen nur drei aus μέλι, κόμμι, πέπερι, auf Y fünf. Die Neutra endlich auf diese Vokale und auf N und Σ (und A und P).

22 Die Güte des sprachlichen Ausdrucks besteht darin, daß er deutlich und doch nicht niedrig ist. Am deutlichsten nun ist derjenige welcher aus den gewöhnlichen Benennungen gebildet ist, aber dann ist er auch niedrig, was die Poesie des Kleophon und die des Sthenelos beweist. Würdevoll dagegen und von dem Gemeinen sich entfernend ist derjenige welcher sich der fremdartigen Wörter bedient. Fremdartig nenne ich das ungebräuchliche Wort, die Metapher, das Dehnwort, überhaupt alles von dem gewöhnlichen Ausdruck Abweichende. Indessen wenn man alles derartige zusammen in seine Dichtung aufnimmt, so wird sie entweder ein Rätsel oder eine fremde Rede werden; wenn sie nämlich aus Metaphern gebildet ist, ein Rätsel, wenn aber aus ungebräuchlichen Wörtern, eine fremde Rede. Das Wesen des Rätsels beruht nämlich darauf, daß man von Wirklichem spricht und doch dabei Unmögliches vereinigt. Zufolge der Verbindung der eigentlichen Ausdrücke nun ist man nicht im Stande dies zu thun, zufolge der Übertragung aber ist es möglich, z. B. „Einen gewahrt' ich, der Erz mit Feuer anschweißte dem andern", und was dergleichen mehr ist. Aus den ungebräuchlichen Wörtern aber entsteht eine fremde Rede. Also muß der sprachliche Ausdruck gewissermaßen eine Mischung aus diesen Sprachweisen sein. Das Nichtgemeine nämlich und Nichtniedrige wird z. B. das ungebräuchliche Wort, die Metapher, der Schmuck und die übrigen angeführten Formen hervorbringen, der gewöhnliche Ausdruck hingegen die Deutlichkeit. Nicht den kleinsten Teil aber tragen zu der Deutlichkeit des Ausdruckes und zur Vermeidung des Gemeinen bei die Dehnungen,

---

27 λέγοντα (λέγοντα τὰ) apogr: λέγον τὰ   28 τῶν (κυρίων) ὀνομάτων Tyrwhitt   οὐχ οἷόν τε apogr: οὐχοιόνται   29 εἶδον apogr: ἴδον   πυρὶ χαλκὸν Victorius: περίχαλκον   31 κεκρᾶσθαι πως e codice Lampridii Madius: κεκρίσθαι πῶς

μὲν γὰρ μὴ ἰδιωτικὸν ποιήσει μηδὲ ταπεινὸν οἷον ἡ γλῶττα καὶ ἡ μεταφορὰ καὶ ὁ κόσμος καὶ τἆλλα τὰ εἰρημένα εἴδη, τὸ δὲ κύριον τὴν σαφήνειαν. οὐκ ἐλάχιστον δὲ μέρος
1458b συμβάλλεται εἰς τὸ σαφὲς τῆς λέξεως καὶ μὴ ἰδιωτικὸν αἱ ἐπεκτάσεις καὶ ἀποκοπαὶ καὶ ἐξαλλαγαὶ τῶν ὀνομάτων· διὰ μὲν γὰρ τὸ ἄλλως ἔχειν ἢ ὡς τὸ κύριον παρὰ τὸ εἰωθὸς γιγνόμενον τὸ μὴ ἰδιωτικὸν ποιήσει, διὰ δὲ τὸ κοινωνεῖν τοῦ εἰωθότος τὸ σαφὲς ἔσται. ὥστε οὐκ ὀρθῶς ψέγουσιν οἱ ἐπιτιμῶντες τῷ τοιούτῳ τρόπῳ τῆς διαλέκτου καὶ διακωμῳδοῦντες τὸν ποιητήν, οἷον Εὐκλείδης ὁ ἀρχαῖος, ὡς ῥᾴδιον ὂν ποιεῖν, εἴ τις δώσει ἐκτείνειν ἐφ' ὁπόσον βούλεται, ἰαμβοποιήσας ἐν αὐτῇ τῇ λέξει. «Ἐπιχάρην εἶδον Μαραθῶνάδε βαδίζοντα» καὶ «οὐκ ἄν γ' ἐράμενος τὸν ἐκείνου ἐλλέβορον». τὸ μὲν οὖν φαίνεσθαί πως χρώμενον τούτῳ τῷ τρόπῳ γελοῖον, τὸ δὲ μέτρον κοινὸν ἁπάντων ἐστὶ τῶν μερῶν· καὶ γὰρ μεταφοραῖς καὶ γλώτταις καὶ τοῖς ἄλλοις εἴδεσι χρώμενος ἀπρεπῶς καὶ ἐπίτηδες ἐπὶ τὰ γελοῖα τὸ αὐτὸ ἂν ἀπεργάσαιτο. τὸ δὲ ἁρμόττον ὅσον διαφέρει ἐπὶ τῶν ἐπῶν θεωρείσθω ἐντιθεμένων τῶν ὀνομάτων εἰς τὸ μέτρον. καὶ ἐπὶ τῆς γλώττης δὲ καὶ ἐπὶ τῶν μεταφορῶν καὶ ἐπὶ τῶν ἄλλων ἰδεῶν μετατιθεὶς ἄν τις τὰ κύρια ὀνόματα κατίδοι ὅτι ἀληθῆ λέγομεν· οἷον τὸ αὐτὸ ποιήσαντος ἰαμβεῖον Αἰσχύλου καὶ Εὐριπίδου, ἓν δὲ μόνον ὄνομα μεταθέντος, ἀντὶ κυρίου εἰωθότος γλῶτταν, τὸ μὲν φαίνεται καλὸν τὸ δ' εὐτελές. Αἰσχύλος μὲν γὰρ ἐν τῷ Φιλοκτήτῃ ἐποίησε

φαγέδαινα ἥ μου σάρκας ἐσθίει ποδός,

ὁ δὲ ἀντὶ τοῦ ἐσθίει τὸ θοινᾶται μετέθηκεν. καὶ

νῦν δέ μ' ἐὼν ὀλίγος τε καὶ οὐτιδανὸς καὶ ἀεικής,

εἴ τις λέγοι τὰ κύρια μετατιθείς

νῦν δέ μ' ἐὼν μικρός τε καὶ ἀσθενικὸς καὶ ἀειδής·

καὶ

δίφρον τ' αἰκέλιον καταθεὶς ὀλίγην τε τράπεζαν,
δίφρον μοχθηρὸν καταθεὶς μικράν τε τράπεζαν.

32 μὴ δὲ 1458b 1 συμβάλλονται apogr 4 γιγνόμενον] λεγόμενον apogr 6 ἐπιτιμῶντας apogr: ἐπιτιμῶντες 9 Ἐπιχάρην Tyrwhitt: ἤτει χάριν εἶδον apogr: ἴδον μαραθῶνα δὲ 10 βαδίζοντα apogr ἂν (ἂν) γ' ἐράμενος apogr: ἂν γεράμενος γευσάμενος Tyrwhitt 11 φαίνεσθαι πῶς 12 ἔστι 14 ἐπὶ τὰ apogr: ἔπειτα 15 ἁρμόττον ὅσον apogr: ἁρμόττοντας ὅσον 16 ἐπῶν] ἐπεκτάσεων Tyrwhitt ἐντιθεμένων apogr τῶν (κυρίων) ὀνομάτων Vahlen 18 ἰδεῶν apogr: εἰδέων (cf. 19, 1459b 3) μετατιθεὶς 19 ἰαμβεῖον apogr: ἴαμβον 20 μεταθέντος Aldina 21 καὶ εἰωθότος Spengel 23 φαγέδαινα Riccardianus 16, φαγάδαινα corr Vaticanus 1400: φαγέδενα φαγέδαινα δ' ἥ Boeckh, φαγέδαιναν ἣ Hermann, φαγέδαιν' ἀεὶ Nauck 25 δέ μ' ἐὼν Homerus, apogr: δὲ μὲν (μ' ἐὼν alia apogr, idem margo Urbinatis) ἀεικής Homerus, Riccardianus 16 27 δὲ μ' ἐὼν μικρός τε Homerus, Riccardianus 16: μικρὸς δὲ 29 τ' αἰκέλιον] τε ἀεικέλιον δίφρον ἀεικέλιον Homerus

Abkürzungen und Veränderungen der Wörter. Indem sie nämlich durch ihre Verschiedenheit von dem gewöhnlichen Ausdruck das Gewohnte vermeiden, werden sie das Nichtgemeine hervorbringen, durch ihre Teilnahme am Gewöhnlichen aber wird die Deutlichkeit entstehen. Darum tadeln mit Unrecht diejenigen, welche solche Redeweise schelten und den Dichter verspotten, wie Euklid der Ältere, welcher sagte, es sei leicht zu dichten, wenn man gestatten wollte nach Belieben zu dehnen, indem er seinen Spott (durch Silbenverlängerung) in die Redeform selbst hineinlegte: „Epichares sah ich nach Marathon hin spazieren", und „Er hätte ja nicht verlangt nach jenes Thörichten Nieswurz." Es ist nun allerdings lächerlich, wenn es den Anschein hat, daß einer die Dehnung irgendwie auf diese Weise anwende, das rechte Maß aber ist ein gemeinschaftliches Erfordernis für alle Gattungen; würde ja doch auch wer Metaphern, ungebräuchliche Wörter und die übrigen Formen unschicklich und absichtlich, um Lachen zu erregen, anwendete, dieselbe Wirkung hervorbringen. Welchen Vorzug dagegen der angemessene Gebrauch verleihe, möge man an den epischen Gedichten betrachten, indem man die gebräuchlichen Wörter (anstatt der verlängerten) ins Metrum bringt. Und auch bei dem ungebräuchlichen Wort, bei den Metaphern und den übrigen Formen kann man sich von der Wahrheit unserer Behauptung überzeugen, wenn man die eigentlichen Benennungen an ihre Stelle setzt. So z. B. haben Äschylos und Euripides den nämlichen jambischen Vers gedichtet, dadurch aber, daß der letztere nur ein einziges anderes Wort hineinsetzt, an die Stelle des eigentlichen gewöhnlichen ein fremdartiges Wort, erscheint der eine schön, der andere alltäglich. Äschylos hatte nämlich in seinem Philoktet gedichtet:

„Das Krebsgeschwür, das meines Fußes Fleisch verzehrt." Euripides aber setzte anstatt „verzehrt" das andere Wort „schmaust", („das schmaust in meines Fußes Fleisch.") Dasselbe kann man erkennen, wenn man in dem Verse:

„Jetzt hat solch ein geringer und nichtiger Mensch, so gestaltlos" die eigentlichen Ausdrücke dafür setzte und sagen würde: „Jetzt hat solch ein kleiner, unkräftiger Mensch, so gestaltlos." Ebenso in den Versen:

„Stellte den winzigen Tisch und den unansehnlichen Stuhl hin;" und „Stellte den schlechten Stuhl ihm hin und das niedrige Tischchen" — und anstatt: „Es brüllen die Gestade", „Es schreien die Gestade."

καὶ τὸ «ἠιόνες βοόωσιν» ἠιόνες κράζουσιν. ἔτι δὲ Ἀριφράδης τοὺς τραγῳδοὺς ἐκωμῴδει, ὅτι ἃ οὐδεὶς ἂν εἴποι ἐν τῇ διαλέκτῳ τούτοις χρῶνται, οἷον τὸ δωμάτων ἄπο ἀλλὰ μὴ ἀπὸ δωμάτων καὶ τὸ σέθεν καὶ τὸ ἐγὼ δέ νιν καὶ τὸ
1459a Ἀχιλλέως πέρι ἀλλὰ μὴ περὶ Ἀχιλλέως καὶ ὅσα ἄλλα τοιαῦτα. διὰ γὰρ τὸ μὴ εἶναι ἐν τοῖς κυρίοις ποιεῖ τὸ μὴ ἰδιωτικὸν ἐν τῇ λέξει ἅπαντα τὰ τοιαῦτα· ἐκεῖνος δὲ τοῦτο ἠγνόει. ἔστιν δὲ μέγα μὲν τὸ ἑκάστῳ τῶν εἰρημένων πρεπόντως χρῆσθαι, καὶ διπλοῖς ὀνόμασι καὶ γλώτταις, πολὺ δὲ μέγιστον τὸ μεταφορικὸν εἶναι. μόνον γὰρ τοῦτο οὔτε παρ' ἄλλου ἔστι λαβεῖν εὐφυΐας τε σημεῖόν ἐστι· τὸ γὰρ εὖ μεταφέρειν τὸ τὸ ὅμοιον θεωρεῖν ἐστιν. τῶν δ' ὀνομάτων τὰ μὲν διπλᾶ μάλιστα ἁρμόττει τοῖς διθυράμβοις, αἱ δὲ γλῶτται τοῖς ἡρωικοῖς, αἱ δὲ μεταφοραὶ τοῖς ἰαμβείοις. καὶ ἐν μὲν τοῖς ἡρωικοῖς ἅπαντα χρήσιμα τὰ εἰρημένα, ἐν δὲ τοῖς ἰαμβείοις διὰ τὸ ὅτι μάλιστα λέξιν μιμεῖσθαι ταῦτα ἁρμόττει τῶν ὀνομάτων ὅσοις κἂν ἐν λόγοις τις χρήσαιτο· ἔστι δὲ τὰ τοιαῦτα τὸ κύριον καὶ μεταφορὰ καὶ κόσμος.

Περὶ μὲν οὖν τραγῳδίας καὶ τῆς ἐν τῷ πράττειν μιμήσεως ἔστω ἡμῖν ἱκανὰ τὰ εἰρημένα. περὶ δὲ τῆς διηγη- 23 ματικῆς καὶ ἐν μέτρῳ μιμητικῆς, ὅτι δεῖ τοὺς μύθους καθάπερ ἐν ταῖς τραγῳδίαις συνιστάναι δραματικοὺς καὶ περὶ μίαν πρᾶξιν ὅλην καὶ τελείαν ἔχουσαν ἀρχὴν καὶ μέσα καὶ τέλος, ἵν' ὥσπερ ζῷον ἓν ὅλον ποιῇ τὴν οἰκείαν ἡδονήν, δῆλον, καὶ μὴ ὁμοίας ἱστορίας τὰς συνθέσεις εἶναι, ἐν αἷς ἀνάγκη οὐχὶ μιᾶς πράξεως ποιεῖσθαι δήλωσιν ἀλλ' ἑνὸς χρόνου, ὅσα ἐν τούτῳ συνέβη περὶ ἕνα ἢ πλείους, ὧν ἕκαστον ὡς ἔτυχεν ἔχει πρὸς ἄλληλα. ὥσπερ γὰρ κατὰ τοὺς αὐτοὺς χρόνους ἥ τ' ἐν Σαλαμῖνι ἐγένετο ναυμαχία καὶ ἡ ἐν Σικελίᾳ Καρχηδονίων μάχη οὐδὲν πρὸς τὸ αὐτὸ συντείνουσαι τέλος, οὕτω καὶ ἐν τοῖς ἐφεξῆς χρόνοις ἐνίοτε γίνεται θάτερον μετὰ θάτερον, ἐξ ὧν ἓν οὐδὲν γίνεται τέλος. σχεδὸν δὲ οἱ πολλοὶ τῶν ποιητῶν τοῦτο δρῶσι. διὸ ὥσπερ εἴπομεν ἤδη καὶ ταύτῃ θεσπέσιος ἂν φανείη Ὅμηρος παρὰ τοὺς ἄλλους, τῷ μηδὲ τὸν πόλεμον

31 ἠιόνες βοόωσιν Heinsius: apogr: ἤιονες βοῶσιν ἠιόνες apogr: ἢ ἴωνες Ἀριφράδης apogr: Ἀριφράδης 32 εἴποι apogr: εἴπῃ 1459a 1 ἄλλα 4 τὸ apogr: τῶν 13 κἂν Bekker. καὶ ἐν λόγοις τις χρήσαιτο Riccardianus 16, Parisinus 2038: καὶ ἐν ὅσοις λόγοις χρήσαιτο 17 ἐν ἑξαμέτρῳ Heinsius 20 ποιῇ apogr: ποιεῖ 21 ἱστορίαις τὰς συνθέσεις Tyrwhitt. 24 ἕκαστα Hermann ἢ apogr: ἢ sed η in litura Σαλαμῖνι apogr: σαλαμῖνος 25 ναυμαχία apogr: ναύμαχος 28 μετὰ θάτερον Hermann: μετὰ θατέρου 30 δ' ἢ 31 τῷ Riccardianus 16, Aldina 1536: τὸ μὴ δὲ

Auch Ariphrades hat Unrecht, wenn er die Tragöden verspottete, weil sie solche Sprachformen gebrauchen, welche niemand in der gewöhnlichen Umgangssprache sagen würde, z. B. δωμάτων ἄπο und nicht ἀπὸ δωμάτων, σέθεν und ἐγὼ δέ νιν und Ἀχιλλέως πέρι, aber nicht περὶ Ἀχιλλέως und was sonst dergleichen mehr ist. Denn dadurch daß es nicht zu dem gewöhnlichen Ausdrucke gehört, bewirkt alles derartige, daß die Rede sich über das Gemeine erhebt; das entging aber jenem.

Es liegt zwar ein großes Lob darin, von jeder der angeführten Redeweisen einen angemessenen Gebrauch machen zu können, so wie auch von den Doppelnamen und ungebräuchlichen Wörtern, bei weitem das größte Lob aber ist es zum metaphorischen Ausdruck geschickt zu sein. Denn dies allein kann man einerseits nicht von einem andern lernen, andererseits ist es ein Zeichen von Begabung. Schöne Metaphern zu bilden heißt nämlich das Ähnliche erkennen. Von den Nennwörtern aber passen die doppelten am meisten für die Dithyramben, die ungebräuchlichen Wörter für die heroischen Gedichte, die Metaphern aber für die Jambenpoesie. Auch ist in der heroischen Poesie alles Angeführte zusammen von Nutzen; in der Jambendichtung dagegen passen, weil sie soviel wie möglich die gewöhnliche Rede nachahmt, alle diejenigen Wörter welche man auch in der Prosa gebrauchen könnte; von dieser Art ist aber der eigentliche Ausdruck, die Metapher und der Schmuck.

23 Über die Tragödie nun und die durch Handeln nachahmende Darstellung sei uns das Vorgetragene genügend; was aber die erzählende und metrisch darstellende betrifft, so ist klar, daß sie ihre Fabeln gerade wie in den Tragödien dramatisch gestalten und auf eine einzige vollständige und abgeschlossene Handlung, welche Anfang, Mitte und Ende hat, gründen muß, damit sie wie ein einziger ganzer lebendiger Organismus die ihr eigentümliche Lust hervorbringe; und daß sie nicht den gewöhnlichen Geschichtserzählungen gleichen darf, in welchen man notwendigerweise nicht eine einzige Handlung zur Anschauung bringen kann, sondern eine einzige Zeit, mit allen Ereignissen welche in dieser auf eine oder mehrere Personen Bezug hatten, von denen ein jedes mit dem andern in rein zufälliger Verbindung steht. Gleichwie nämlich um dieselbe Zeit sowohl die Seeschlacht bei Salamis als die Schlacht der Karthager auf Sicilien stattfand, welche in keinem Stücke auf einunddasselbe Ziel gerichtet waren, so geschieht auch in der Zeitfolge manchmal eines nach dem andern, aus welchen kein einheitliches Ergebnis hervorgeht. Und doch verfahren die Dichter beinahe zum größten Teil auf diese Weise. Darum dürfte, wie wir bereits gesagt haben, Homer auch in der Hinsicht vor den übrigen als unübertrefflicher Dichter erscheinen, daß er auch den Krieg, obgleich er Anfang und Ende hatte, nicht im ganzen zu dichten unternahm — denn

καίπερ ἔχοντα ἀρχὴν καὶ τέλος ἐπιχειρῆσαι ποιεῖν ὅλον· λίαν γὰρ ἂν μέγας καὶ οὐκ εὐσύνοπτος ἔμελλεν ἔσεσθαι, ἢ τῷ μεγέθει μετριάζοντα καταπεπλεγμένον τῇ ποικιλίᾳ. νῦν δ' ἓν μέρος ἀπολαβὼν ἐπεισοδίοις κέχρηται αὐτῶν πολλοῖς, οἷον νεῶν καταλόγῳ καὶ ἄλλοις ἐπεισοδίοις οἷς διαλαμβάνει τὴν ποίησιν. οἱ δ' ἄλλοι περὶ ἕνα ποιοῦσι
1459b καὶ περὶ ἕνα χρόνον καὶ μίαν πρᾶξιν πολυμερῆ, οἷον ὁ τὰ Κύπρια ποιήσας καὶ τὴν μικρὰν Ἰλιάδα. τοιγαροῦν ἐκ μὲν Ἰλιάδος καὶ Ὀδυσσείας μία τραγῳδία ποιεῖται ἑκατέρας ἢ δύο μόναι, ἐκ δὲ Κυπρίων πολλαὶ καὶ τῆς μικρᾶς Ἰλιάδος πλέον ὀκτώ, οἷον ὅπλων κρίσις, Φιλοκτήτης, Νεοπτόλεμος, Εὐρύπυλος, πτωχεία, Λάκαιναι, Ἰλίου πέρσις καὶ ἀπόπλους καὶ Σίνων καὶ Τρῳάδες. ἔτι δὲ 24
τὰ εἴδη ταὐτὰ δεῖ ἔχειν τὴν ἐποποιίαν τῇ τραγῳδίᾳ, ἢ γὰρ ἁπλῆν ἢ πεπλεγμένην ἢ ἠθικὴν ἢ παθητικήν· καὶ τὰ μέρη ἔξω μελοποιίας καὶ ὄψεως ταὐτά· καὶ γὰρ περιπετειῶν δεῖ καὶ ἀναγνωρίσεων καὶ παθημάτων· ἔτι τὰς διανοίας καὶ τὴν λέξιν ἔχειν καλῶς. οἷς ἅπασιν Ὅμηρος κέχρηται καὶ πρῶτος καὶ ἱκανῶς. καὶ γὰρ καὶ τῶν ποιημάτων ἑκάτερον συνέστηκεν ἡ μὲν Ἰλιὰς ἁπλοῦν καὶ παθητικόν, ἡ δὲ Ὀδύσσεια πεπλεγμένον, ἀναγνώρισις γὰρ διόλου καὶ ἠθική. πρὸς γὰρ τούτοις λέξει καὶ διανοίᾳ πάντα ὑπερβέβληκεν. διαφέρει δὲ κατά τε τῆς συστάσεως τὸ μῆκος ἡ ἐποποιία καὶ τὸ μέτρον. τοῦ μὲν οὖν μήκους ὅρος ἱκανὸς ὁ εἰρημένος· δύνασθαι γὰρ δεῖ συνορᾶσθαι τὴν ἀρχὴν καὶ τὸ τέλος. εἴη δ' ἂν τοῦτο, εἰ τῶν μὲν ἀρχαίων ἐλάττους αἱ συστάσεις εἶεν, πρὸς δὲ τὸ πλῆθος τραγῳδιῶν τῶν εἰς μίαν ἀκρόασιν τιθεμένων παρήκοιεν. ἔχει δὲ πρὸς τὸ ἐπεκτείνεσθαι τὸ μέγεθος πολύ τι ἡ ἐποποιία ἴδιον διὰ τὸ ἐν μὲν τῇ τραγῳδίᾳ μὴ ἐνδέχεσθαι ἅμα πραττόμενα πολλὰ μέρη μιμεῖσθαι ἀλλὰ τὸ ἐπὶ τῆς σκηνῆς καὶ τῶν ὑποκριτῶν μέρος μόνον· ἐν δὲ τῇ ἐποποιίᾳ διὰ τὸ διήγησιν εἶναι ἔστι πολλὰ μέρη ἅμα ποιεῖν περαινόμενα, ὑφ' ὧν

33 μέγα rec corr μέγας   36 οἷς Riccardianus 16, Aldina 1536: ᾗ (ut est in apogr) sed omnino   1459b 2 Κύπρια Tyrwhitt (cf. 4): κυπρικά   4 μόναι, αι rec sup scr   καὶ ἐκ Riccardianus 16   7 Τρῳάδες, τ rec sup scr   ἔτι δὲ bis   8 et 10 ταὐτὰ rec corr ταυτά   9 δεῖ apogr: δὴ   13 ἱκανῶς apogr: ἱκανὸν   16 ἠθική, rec ἦν sup scr   21 πρὸς δὲ apogr: πρόσθε

er würde allzu groß und nicht leicht übersichtlich geworden sein, oder wenn er in der Größe Maß gehalten hätte, zu sehr verwickelt durch bunte Mannigfaltigkeit — vielmehr hat er eine einzelne Teilhandlung herausgehoben und das übrige auf den Krieg Bezügliche zu vielen Episoden wie z. B. zum Schiffskatalog und anderen Episoden verwandt, durch welche er seinem Gedichte verschiedene Zierden verleiht. Die andern dagegen machen zum Gegenstande ihres Gedichtes teils was auf *einen* Helden, teils was auf *eine* Zeit, teils was auf *eine* vielteilige Handlung Bezug hat, wie z. B. der Verfasser der Kypria und der kleinen Ilias. Darum läßt sich aus der Ilias und Odyssee je eine oder nur je zwei Tragödien bilden, aus den Kypria aber viele und aus der kleinen Ilias mehr als acht, wie z. B. ein „Streit um die Waffen," ein „Philoktet," ein „Neoptolemos," ein „Eurypylos," ein „Bettlerleben" (des Odysseus), „Lakonierinnen," eine „Zerstörung Trojas," eine „Heimfahrt," ein „Sinon" und „Troerinnen".

24 Ferner muß die epische Dichtung dieselben Arten haben wie die Tragödie; sie muß nämlich entweder einfach oder verwickelt oder charakterdarstellend oder leidvoll (pathetisch) sein. Auch ihre Bestandteile sind außer der Gesangcomposition und der Darstellung fürs Auge dieselben. Sie bedarf ja auch sowohl der Peripetien als der Erkennungen und der leidvollen Ereignisse. Dabei müssen die Gedankenentwicklungen und der sprachliche Ausdruck schön sein. Alles das hat Homer sowohl zuerst als auch in befriedigender Weise geleistet. Ja es ist sogar auch jedes von seinen beiden Gedichten zwiefach angelegt, die Ilias als einfaches und pathetisches, die Odyssee als verwickeltes, sie ist nämlich durch und durch Erkennung, und als charakterdarstellendes Gedicht. Dazu kommt denn, daß er im sprachlichen Ausdruck und der Gedankenentwicklung alles übertroffen hat.

Es hat aber die epische Dichtung einen Vorzug vor der Tragödie einesteils hinsichtlich der Länge der Composition, andernteils hinsichtlich des Metrums. Für die Länge nun ist die angegebene Grenzbestimmung hinreichend; man muß nämlich den Anfang und das Ende auf einmal zu überschauen vermögen. Dies würde der Fall sein, wenn einerseits die Compositionen kürzer wären als die alten, andererseits der Anzahl von Tragödien welche für *eine* Aufführung festgesetzt zu werden pflegen, nahe kämen. Es hat aber für die Erweiterung des Umfangs das epische Gedicht einen ziemlich bedeutenden ihm eigentümlichen Vorteil dadurch daß es in der Tragödie nicht möglich ist, viele Teilbegebenheiten in gleichzeitiger Handlung vorzuführen, sondern nur den Teil der jedesmal auf der Bühne und durch die Schauspieler zu stande kommt; in der epischen Dichtung dagegen kann man, weil sie erzählend vorgetragen wird, viele Teilbegebenheiten gleichzeitig ausführen lassen, durch welche, wenn sie wirklich zur Sache gehören, die Pracht des Gedichtes erhöht wird. So hat sie diesen Vorzug hinsichtlich der Großartigkeit und außerdem noch den, daß sie dem Zuhörer Abwechslung gewährt und daß sie ungleiche Zwischengesänge einschieben kann; denn die Gleichförmigkeit, welche rasch zur Sättigung führt, macht daß die Tragödien durchfallen. Anderseits hat sich die Angemessenheit des

οἰκείων ὄντων αὔξεται ὁ τοῦ ποιήματος ὄγκος. ὥστε τοῦτ' ἔχει τὸ ἀγαθὸν εἰς μεγαλοπρέπειαν καὶ τὸ μεταβάλλειν τὸν ἀκούοντα καὶ ἐπεισοδιοῦν ἀνομοίοις ἐπεισοδίοις· τὸ γὰρ ὅμοιον ταχὺ πληροῦν ἐκπίπτειν ποιεῖ τὰς τραγῳδίας. τὸ δὲ μέτρον τὸ ἡρωικὸν ἀπὸ τῆς πείρας ἥρμοκεν. εἰ γάρ τις ἐν ἄλλῳ τινὶ μέτρῳ διηγηματικὴν μίμησιν ποιοῖτο ἢ ἐν πολλοῖς, ἀπρεπὲς ἂν φαίνοιτο· τὸ γὰρ ἡρωικὸν στασιμώτατον καὶ ὀγκωδέστατον τῶν μέτρων ἐστίν. διὸ καὶ γλώττας καὶ μεταφορὰς δέχεται μάλιστα· περιττὴ γὰρ καὶ ἡ διηγηματικὴ μίμησις τῶν ἄλλων. τὸ δὲ ἰαμβεῖον καὶ τετράμετρον
1460a κινητικὰ καὶ τὸ μὲν ὀρχηστικόν, τὸ δὲ πρακτικόν. ἔτι δὲ ἀτοπώτερον εἰ μιγνύοι τις αὐτά, ὥσπερ Χαιρήμων. διὸ οὐδεὶς μακρὰν σύστασιν ἐν ἄλλῳ πεποίηκεν ἢ τῷ ἡρῴῳ, ἀλλ' ὥσπερ εἴπομεν αὐτὴ ἡ φύσις διδάσκει τὸ ἁρμόττον αὐτῇ διαιρεῖσθαι. Ὅμηρος δὲ ἄλλα τε πολλὰ ἄξιος ἐπαινεῖσθαι καὶ δὴ καὶ ὅτι μόνος τῶν ποιητῶν οὐκ ἀγνοεῖ ὃ δεῖ ποιεῖν αὐτόν. αὐτὸν γὰρ δεῖ τὸν ποιητὴν ἐλάχιστα λέγειν· οὐ γάρ ἐστι κατὰ ταῦτα μιμητής. οἱ μὲν οὖν ἄλλοι αὐτοὶ μὲν δι' ὅλου ἀγωνίζονται, μιμοῦνται δὲ ὀλίγα καὶ ὀλιγάκις· ὁ δὲ ὀλίγα φροιμιασάμενος εὐθὺς εἰσάγει ἄνδρα ἢ γυναῖκα ἢ ἄλλο τι ἦθος καὶ οὐδέν' ἀήθη, ἀλλ' ἔχοντα ἤθη. δεῖ μὲν οὖν ἐν ταῖς τραγῳδίαις ποιεῖν τὸ θαυμαστόν, μᾶλλον δ' ἐνδέχεται ἐν τῇ ἐποποιίᾳ τὸ ἄλογον, δι' ὃ συμβαίνει μάλιστα τὸ θαυμαστόν, διὰ τὸ μὴ ὁρᾶν εἰς τὸν πράττοντα. ἐπεὶ τὰ περὶ τὴν Ἕκτορος δίωξιν ἐπὶ σκηνῆς ὄντα γελοῖα ἂν φανείη, οἱ μὲν ἑστῶτες καὶ οὐ διώκοντες, ὁ δὲ ἀνανεύων, ἐν δὲ τοῖς ἔπεσιν λανθάνει. τὸ δὲ θαυμαστὸν ἡδύ· σημεῖον δέ, πάντες γὰρ προστιθέντες ἀπαγγέλλουσιν ὡς χαριζόμενοι. δεδίδαχεν δὲ μάλιστα Ὅμηρος καὶ τοὺς ἄλλους ψευδῆ λέγειν ὡς δεῖ. ἔστι δὲ τοῦτο παραλογισμός. οἴονται γὰρ ἄνθρωποι, ὅταν τουδὶ ὄντος τοδὶ ᾖ ἢ γινομένου γίνηται, εἰ τὸ ὕστερον ἔστιν,

32 ἥρμοκεν apogr: ἥρμοσεν 33 διηγηματικὴν apogr: διηγητικὴν 35 δι' ὃ 36 μίμησις apogr: κίνησις (cf. rhet. 3, 11. 1412a 9) 1460a 1 κινητικὰ καὶ Vahlen. κινητικὰ Aldina: κινητικαὶ 2 μιγνύοι Ald. μιγνύει apogr: μηγνύοι, fuit μὴ, et η extremum in litura corr δι' ὃ οὐδεὶς apogr: οὐδ' εἰς 3 τῷ apogr: τὸ 4 αὐτῇ apogr: αὐτὴ 11 ἦθος] εἶδος Bernays 13 ἄλογον Victorius: ἀνάλογον δι' ὃ Victorius: διὸ 14 ἐπεὶ τὰ apogr: ἔπειτα τὰ 20 τουδὶ ᾖ ἢ apogr: τὸ δὲ ἦν vel corr τὸ δὲ ᾖ εἰ] ἢ, sed in marg. rec. εἰ ἔστιν

heroischen Metrums durch die Erfahrung bewährt. Wollte nämlich jemand in irgend einem anderen Metrum ein erzählendes Gedicht verfassen oder in vielen, so würde die Unschicklichkeit davon in die Augen fallen; denn das heroische Metrum (der Hexameter) ist das würdevollste und erhabenste unter den Versmaßen, weshalb es auch fremdartige und übertragene Ausdrücke ganz besonders aufnimmt, wie ja auch die erzählende Dichtung an Großartigkeit die übrigen überragt. Das jambische Versmaß dagegen und der (trochäische) Tetrameter sind aufregend, und dieser passend zum Tanze, jenes zur Handlung. Noch abgeschmackter aber wäre es, wenn jemand sie untereinandermischte wie Chäremon. Daher hat auch niemand eine lange Composition in einem andern Versmaße verfaßt als in dem heroischen; sondern, wie wir gesagt haben, die Natur der Sache lehrt uns von selbst das ihr Angemessene zu unterscheiden.

Homer aber verdient wie in vielen andern Stücken so auch gerade darin Lob daß er allein unter den Dichtern sich vollkommen bewußt ist was er persönlich zu leisten hat. Denn der Dichter darf in eigener Person nur ganz weniges sagen; in dem was er so spricht ist er ja nicht nachahmender Darsteller. Die übrigen freilich treten das ganze Gedicht hindurch selbst redend auf und stellen nur weniges und selten durch Nachahmung dar; er dagegen spricht nur weniges zur Einleitung und läßt sogleich einen Mann oder eine Frau oder sonst ein Wesen mit Charakter auftreten und niemand ohne Charakter, sondern nur mit bestimmtem Charakter.

Man muß nun zwar in den Tragödien das Wunderbare hervorbringen, das Undenkbare dagegen, durch welches vorzüglich das Wunderbare erzeugt wird, ist mehr in der epischen Dichtung möglich, weil man dort nicht auf den Handelnden sieht. Denn würde der Hergang bei der Verfolgung Hektors auf der Bühne vorgestellt, so würde er sich als lächerlich erweisen, wie die einen dastehen und nicht verfolgen, jener aber (Achilleus) sie durch seinen Wink davon zurückhält; im Epos dagegen bleibt dies unbemerkt. Daß das Wunderbare aber erfreut, läßt sich daraus erkennen daß alle, wenn sie erzählend berichten, zu übertreiben pflegen, in der Meinung sich dadurch angenehm zu machen. Es hat ferner vorzüglich Homer auch die übrigen Dichter gelehrt, Erdichtetes zu sagen wie sich's gehört. Es beruht aber dies auf einem Trugschlusse. Es meinen nämlich die Menschen, wenn unter der Voraussetzung daß das eine ist oder geschieht auch das andere ist oder geschieht: ist das Spätere wirklich, so müsse auch das Frühere sein oder geschehen; allein das ist unwahr. Deshalb ist es denn, wenn das erste fälschlich behauptet werden soll, falls dieses (letztere) wirklich ist, nicht einmal notwendig daß man hinzufügt, das erste sei oder sei geschehen; denn weil wir wissen daß das zweite wahr ist, macht unsere Seele den Fehlschluß, auch das erste sei wirklich. Ein Beispiel hiervon kann man aus den „Niptra" schöpfen. Auch muß man lieber Unmögliches wählen, wenn es nur wahrscheinlich ist, als Mögliches, welches aber nicht glaubhaft ist; und die Fabeln darf man nicht aus vernunftwidrigen Teilen gestalten, sondern am liebsten sollen sie gar

καὶ τὸ πρότερον εἶναι ἢ γίνεσθαι· τοῦτο δέ ἐστι ψεῦδος. διὸ δή, ἂν τὸ πρῶτον ψεῦδος, ἀλλ' οὐδὲ τούτου ὄντος ἀνάγκη εἶναι ἢ γενέσθαι [ἢ] προσθεῖναι· διὰ γὰρ τὸ τοῦτο εἰδέναι ἀληθὲς ὄν, παραλογίζεται ἡμῶν ἡ ψυχὴ καὶ τὸ πρῶτον ὡς ὄν. παράδειγμα δὲ τούτου ἐκ τῶν Νίπτρων. προαιρεῖσθαί τε δεῖ ἀδύνατα εἰκότα μᾶλλον ἢ δυνατὰ ἀπίθανα· τούς τε λόγους μὴ συνίστασθαι ἐκ μερῶν ἀλόγων, ἀλλὰ μάλιστα μὲν μηδὲν ἔχειν ἄλογον, εἰ δὲ μή, ἔξω τοῦ μυθεύματος, ὥσπερ Οἰδίπους τὸ μὴ εἰδέναι πῶς ὁ Λάιος ἀπέθανεν, ἀλλὰ μὴ ἐν τῷ δράματι, ὥσπερ ἐν Ἠλέκτρᾳ οἱ τὰ Πύθια ἀπαγγέλλοντες ἢ ἐν Μυσοῖς ὁ ἄφωνος ἐκ Τεγέας εἰς τὴν Μυσίαν ἥκων. ὥστε τὸ λέγειν ὅτι ἀνῄρητο ἂν ὁ μῦθος γελοῖον· ἐξ ἀρχῆς γὰρ οὐ δεῖ συνίστασθαι τοιούτους, ἂν δὲ θῇ καὶ φαίνηται εὐλογωτέρως, ἐνδέχεσθαι καὶ ἄτοπον, ἐπεὶ καὶ τὰ ἐν Ὀδυσσείᾳ ἄλογα τὰ περὶ τὴν ἔκθεσιν ὡς οὐκ ἂν ἦν ἀνεκτὰ δῆλον ἂν γένοιτο, εἰ αὐτὰ φαῦλος ποιητὴς ποιήσειεν· νῦν δὲ τοῖς ἄλλοις ἀγαθοῖς ὁ ποιητὴς ἀφανίζει ἡδύνων τὸ ἄτοπον. τῇ δὲ λέξει δεῖ διαπονεῖν ἐν τοῖς ἀργοῖς μέρεσιν καὶ μήτε ἠθικοῖς μήτε διανοητικοῖς· ἀποκρύπτει γὰρ πάλιν ἡ λίαν λαμπρὰ λέξις τά τε ἤθη καὶ τὰς διανοίας.

περὶ δὲ προβλημάτων καὶ λύσεων, ἐκ πόσων τε καὶ 25 ποίων εἰδῶν ἐστιν, ὧδ' ἂν θεωροῦσιν γένοιτ' ἂν φανερόν. ἐπεὶ γάρ ἐστι μιμητὴς ὁ ποιητὴς ὡσπερανεὶ ζωγράφος ἤ τις ἄλλος εἰκονοποιός, ἀνάγκη μιμεῖσθαι τριῶν ὄντων τὸν ἀριθμὸν ἕν τι ἀεί, ἢ γὰρ οἷα ἦν ἢ ἔστιν, ἢ οἷά φασιν καὶ δοκεῖ, ἢ οἷα εἶναι δεῖ. ταῦτα δ' ἐξαγγέλλεται λέξει ἢ καὶ γλώτταις καὶ μεταφοραῖς, καὶ πολλὰ πάθη τῆς λέξεώς ἐστι, δίδομεν γὰρ ταῦτα τοῖς ποιηταῖς. πρὸς δὲ τούτοις οὐχ ἡ αὐτὴ ὀρθότης ἐστὶν τῆς πολιτικῆς καὶ τῆς ποιητικῆς οὐδὲ ἄλλης τέχνης καὶ ποιητικῆς. αὐτῆς δὲ τῆς ποιητικῆς διττὴ ἁμαρτία, ἡ μὲν γὰρ καθ' αὑτήν, ἡ δὲ κατὰ συμβεβηκός. εἰ μὲν γὰρ προείλετο μιμήσασθαι ἀδυναμίαν, αὐτῆς ἡ ἁμαρτία· εἰ δὲ (μὴ) τὸ προελέσθαι μὴ ὀρθῶς, ἀλλὰ τὸν ἵππον ἄμφω τὰ δεξιὰ προβεβληκότα ἢ τὸ καθ' ἑκάστην τέχνην ἁμάρτημα οἷον τὸ κατ' ἰατρικὴν ἢ ἄλλην τέχνην ἢ ἀδύνατα πεποίηται ὁποιανοῦν, οὐ καθ' ἑαυτήν. ὥστε δεῖ τὰ ἐπιτιμήματα ἐν τοῖς

22 δι' ὃ δὴ 23 δεῖ Bonitz ἄλλου δέ, rec corr ἀλλ' οὐδὲ] ἄλλο δὲ codex Robortelli, Bonitz, ἄλλο δ' ὃ Vahlen 24 ἢ inclusit Bonitz, ἢ scr Vahlen 26 τούτου codex Robortelli, τούτων apogr: τοῦτο νίπτρων apogr: νίπτρον

nichts Vernunftwidriges enthalten; wenn aber doch, so liege es außerhalb der Darstellung, wie z. B. im Oidipus daß er nicht weiß, wie Laios umgekommen ist; aber nicht in der dargestellten Handlung wie in der Elektra der Bericht jener von den pythischen Spielen und in den Mysern daß einer ohne ein Wort zu reden den Weg von Tegea nach Mysien zurücklegt. Daher ist die Ausrede lächerlich, die Fabel würde ohne das zerstört worden sein; denn von vorn herein darf man sie nicht so gestalten. Hat man sie aber so festgesetzt und es scheint verständlicher zu sein, so muß man auch Unbegründetes aufnehmen; denn auch von dem Vernunftwidrigen was in der Odyssee in Betreff der Aussetzung ans Land vorkommt, würde man deutlich erkennen daß es nicht zu ertragen wäre, wenn es ein schlechter Dichter gedichtet hätte; so aber läßt es der Dichter durch das übrige Vortreffliche nicht merken, indem er das Vernunftwidrige zum Angenehmen macht. Auf den sprachlichen Ausdruck muß man in den Partien besondere Mühe verwenden, welche nicht wirksam eingreifen und weder charakterzeichnend noch gedankenvoll sind; denn im Gegentheil verdunkelt der allzu glänzende Ausdruck sowohl den Charakter als die Gedanken.

25 Aus wie vielen und welcherlei Gründen aber wissenschaftliche Aufgaben gestellt und gelöst werden, wird uns bei folgender Betrachtung klar werden. Da nämlich der Dichter nachahmender Darsteller ist gleichwie ein Maler oder sonst ein Bildner, so muß er nothwendigerweise von drei Stücken immer eins nachahmen: entweder nämlich wie die Dinge wirklich waren oder sind, oder wie man sagt daß die Dinge seien und wie sie zu sein scheinen, oder wie sie sein sollen. Dies wird aber durch gewöhnliche Rede oder auch durch fremdartige Ausdrücke und Metaphern kund gemacht; und auch die gewöhnliche Rede unterliegt vielfachen Abänderungen, wir gestatten ja dies den Dichtern. Außerdem ist zu beachten, daß die Richtigkeit der Staatskunst und der Poesie so wenig wie die einer andern Kunst und der Poesie die nämliche ist. In der Poesie selbst aber kann auf doppelte Art gefehlt werden, einmal gegen ihr eigenes Wesen, zweitens in zufälligen Dingen. Denn hat sie sich einen Gegenstand zur Nachbildung gewählt der nicht nachgebildet werden kann, so trifft der Fehler sie selbst; wenn aber nicht gegen die richtige Wahl des Gegenstandes gefehlt ist, sondern z. B. darin daß das Pferd beide rechten Beine zugleich vorgestreckt hat oder der Fehler gegen die Regeln einer einzelnen Kunst begangen ist wie z. B. gegen die Regeln der Heilkunde oder einer andern Kunst,

30 ὁ λάιος Riccardianus 16: ὁ ἴλαιος 33 ἀνῄρητο apogr: ἀνήρετο 34 ἐὰν θῇ, rec corr δὲ 35 ἀποδέχεσθαι apogr 1460b 1 ποιήσειε Heinsius: ποιήσει 5 τά τε apogr: τὰ δὲ 7 ποίων εἰδῶν apogr: ποίων ἂν εἰδῶν 9 ἢ] εἰ, ἢ rec sup scr 9 τὸν ἀριθμὸν] τὸν ἀριθμὸν Riccardianus 16, τῷ ἀριθμῷ alia apogr 11 ἢ add apogr ἐστί, sed ν rec add 12 ἐστι 15 διττὴ, ἡ apogr 16 εἰ] ἢ, ει rec sup scr 17 αὑτῆς h. e. αὐτῆς, unde αὐτῆ alia apogr, alia αὐτῆς 18 μὴ addidi

προβλήματα ἐκ τούτων ἐπισκοποῦντα λύειν. πρῶτον μὲν εἰ πρὸς αὐτὴν τὴν τέχνην ἀδύνατα πεποίηται, ἡμάρτηται, ἀλλ' ὀρθῶς ἔχει, εἰ τυγχάνει τοῦ τέλους τοῦ αὑτῆς, τὸ γὰρ τέλος εἴρηται, εἰ οὕτως ἐκπληκτικώτερον ἢ αὐτὸ ἢ ἄλλο ποιεῖ μέρος. παράδειγμα ἡ τοῦ Ἕκτορος δίωξις. εἰ μέντοι τὸ τέλος ἢ μᾶλλον ἢ ἧττον ἐνεδέχετο ὑπάρχειν καὶ κατὰ τὴν περὶ τούτων τέχνην, ἡμαρτῆσθαι οὐκ ὀρθῶς· δεῖ γὰρ εἰ ἐνδέχεται ὅλως μηδαμῇ ἡμαρτῆσθαι. ἔτι ποτέρων ἐστὶ τὸ ἁμάρτημα, τῶν κατὰ τὴν τέχνην ἢ κατ' ἄλλο συμβεβηκός; ἔλαττον γὰρ εἰ μὴ ᾔδει ὅτι ἔλαφος θήλεια κέρατα οὐκ ἔχει ἢ εἰ ἀμιμήτως ἔγραψεν. πρὸς δὲ τούτοις ἐὰν ἐπιτιμᾶται ὅτι οὐκ ἀληθῆ, ἀλλ' ἴσως δεῖ, οἷον καὶ Σοφοκλῆς ἔφη αὐτὸς μὲν οἵους δεῖ ποιεῖν, Εὐριπίδην δὲ οἷοι εἰσίν, ταύτῃ λυτέον. εἰ δὲ μηδετέρως, ὅτι οὕτω φασίν οἷον τὰ περὶ θεῶν, ἴσως γὰρ οὔτε βέλτιον οὕτω λέγειν οὔτ' ἀληθῆ, ἀλλ' ἔτυχεν
1461a ὥσπερ Ξενοφάνης· ἀλλ' οὖν φασι. τὰ δὲ ἴσως οὐ βέλτιον μέν, ἀλλ' οὕτως εἶχεν, οἷον τὰ περὶ τῶν ὅπλων, «ἔγχεα δέ σφιν ὄρθ' ἐπὶ σαυρωτῆρος»· οὕτω γὰρ τότ' ἐνόμιζον, ὥσπερ καὶ νῦν Ἰλλυριοί. περὶ δὲ τοῦ καλῶς ἢ μὴ καλῶς ἢ εἴρηταί τινι ἢ πέπρακται οὐ μόνον σκεπτέον εἰς αὐτὸ τὸ πεπραγμένον ἢ εἰρημένον βλέποντα εἰ σπουδαῖον ἢ φαῦλον ἀλλὰ καὶ εἰς τὸν πράττοντα ἢ λέγοντα πρὸς ὃν ἢ ὅτε ἢ ὅτῳ ἢ οὗ ἕνεκεν, οἷον εἰ μείζονος ἀγαθοῦ, ἵνα γένηται, ἢ μείζονος κακοῦ, ἵνα ἀπογένηται. τὰ δὲ πρὸς τὴν λέξιν ὁρῶντα δεῖ διαλύειν, οἷον γλώττῃ «οὐρῆας μὲν πρῶτον»· ἴσως γὰρ οὐ τοὺς ἡμιόνους λέγει ἀλλὰ τοὺς φύλακας, καὶ τὸν Δόλωνα «ὅς ῥ' ἦ τοι εἶδος μὲν ἔην κακός» οὐ τὸ σῶμα ἀσύμμετρον ἀλλὰ τὸ πρόσωπον αἰσχρόν, τὸ γὰρ εὐειδὲς οἱ Κρῆτες εὐπρόσωπον καλοῦσι, καὶ τὸ «ζωρό-

23 τὰ sic, εἰ non ἂν rec sup scr 24 αὑτῆς Riccardianus 16: αὐτῆς 25 εἰ] οἷον εἰ Riccardianus 16 et Parisinus 2038 27 ἢ alt rec add 29 ἔτι 30 ᾔδει, ἢ rec sup scr 32 ἢ η ἀμιμήτωσ, rec corr ἢ εἰ 33 ἴσωσ, sed in marg rec οἷος Vahlen conjecit ἴσως (ὡς) 34 Εὐριπίδην Heinsius: εὐριπίδης 36 οὕτω Riccardianus 16, corr Vaticanus 1400, οὔτε alt om Parisinus 2036, Spengel

1461 a 1 ξενοφάνης apogr: ξενοφάνη οὖν Tyrwhitt, οὕτω Spengel: οὐ φασί . τὰ δὲ ἴσως Spengel: φασι τάδε . ἴσωσ ὅπ, rec corr ὅπ 3 τότε νομίζων, rec corr τότ' ἐν 4 τοῦ εἰ Hain 6 εἰ apogr: ἢ 8 οὗ ἕνεκεν apogr:

oder was nach irgend einer derselben, wie sie auch immer beschaffen sein möge, unmöglich ist in der Dichtung vorkommt, so ist nicht gegen ihr eigenes Wesen gefehlt. Daher muß man die Vorwürfe in den wissenschaftlichen Aufgaben nach diesen Regeln erwägen und widerlegen. Wenn zunächst nach den Regeln der Kunst selbst Unmögliches in die Dichtung aufgenommen ist, so ist zwar gefehlt, aber der Fehler ist berechtigt wenn die Dichtung ihren eigenen Zweck dadurch erreicht; ihr Zweck nämlich wird wie gesagt erreicht, wenn sie auf diese Weise entweder die Begebenheit selbst oder eine andere spannenerregender macht. Als Beispiel dafür dient die Verfolgung des Hektor. Wenn jedoch der Zweck mehr oder weniger erreicht werden konnte auch in Übereinstimmung mit den Regeln der diese Dinge betreffenden Kunst, so sei (haben wir behauptet) der Fehler unberechtigt; denn es darf wo möglich überhaupt in keiner Weise gefehlt werden. Außerdem muß man fragen, zu welcher von beiden Arten der Fehler gehöre, ob er das Wesen der Poesie, oder sonst etwas betreffe was mit ihr nur zufällig verbunden ist. Denn es ist ein kleinerer Fehler, wenn der Dichter nicht wußte daß eine Hirschkuh keine Hörner hat, als wenn er nicht nachahmend dargestellt hat. Wenn hiernächst der Vorwurf erhoben wird, das Dargestellte sei der Wirklichkeit nicht entsprechend, so ist derselbe in der Weise zu widerlegen: „Aber vielleicht sollte es so sein", wie z. B. auch Sophokles sagte, er selbst stelle Charaktere dar wie sie sein sollten, Euripides aber wie sie wirklich sind. Findet aber keiner von beiden Fällen statt, so ist einzuwenden daß man es so sagt, wie z. B. dasjenige was auf die Götter Bezug hat. Vielleicht ist es nämlich weder besser daß man es auf diese Weise sagt, noch wahrheitsgemäß; sondern es ging damit wie Xenophanes glaubt: „Aber man sagt es nun einmal." Anderes ist vielleicht nicht besser, aber es verhielt sich so, z. B. was von den Waffen gesagt wird: „Aufrecht standen auf unterster Spitze des Schaftes ihnen die Lanzen." Denn dies war damals Brauch wie noch jetzt bei den Illyriern. Ob aber eine Person gut oder schlecht gesprochen oder gehandelt hat, diese Frage darf man nicht bloß erwägen indem man auf das Gethane oder Gesagte sieht, ob es gut oder schlecht ist, sondern man muß auch auf den Handelnden oder Redenden sehen, in Bezug auf wen, wann, wem oder weshalb er es gethan oder gesagt hat, z. B. ob um ein größeres Gut zu erlangen oder ein größeres Übel zu vermeiden. Andere Zweifel muß man im Hinblick auf den sprachlichen Ausdruck heben, so z. B. läßt sich als fremdartiger Ausdruck erklären: „οὐρῆας μὲν πρῶτον" (die Maultiere zuerst); vielleicht nämlich meint der Dichter nicht die Maulesel, sondern die Wächter; und wenn er vom Dolon sagt: „der da wahrlich schlecht war von Ansehn", so meint er vielleicht nicht, daß sein Körper unsymmetrisch gestaltet war, sondern die Häßlichkeit seines Angesichts; denn das Wort εὐειδὲς (schön von Ansehen)

οὗν ἕνεν οἷον εἰ apogr: οἷον ἢ 9 ἢ rec add οὐρῆας corr rec ἢ 12 ὅς ῥ' ἦ τοι] ὅς ῥά τι apogr. ὅς δή τι Homerus: ὡς ῥήτοι, rec corr ῥ' ἔην apogr: εἰ ἦν

τερον δὲ κέραιε» οὐ τὸ ἄκρατον ὡς οἰνόφλυξιν ἀλλὰ τὸ θᾶττον. τὸ δὲ κατὰ μεταφορὰν εἴρηται, οἷον «ἄλλοι μέν ῥα θεοί τε καὶ ἀνέρες εὗδον παννύχιοι» ἅμα δέ φησιν «ἦ τοι ὅτ' ἐς πεδίον τὸ Τρωικὸν ἀθρήσειεν, αὐλῶν συρίγγων θ' ὅμαδον» τὸ γὰρ πάντες ἀντὶ τοῦ πολλοί κατὰ μεταφορὰν εἴρηται, τὸ γὰρ πᾶν πολύ τι. καὶ τὸ «οἴη δ' ἄμμορος» κατὰ μεταφοράν, τὸ γὰρ γνωριμώτατον μόνον. κατὰ δὲ προσῳδίαν, ὥσπερ Ἱππίας ἔλυεν ὁ Θάσιος τὸ «δίδομεν δέ οἱ» καὶ «τὸ μὲν οὗ καταπύθεται ὄμβρῳ.» τὰ δὲ διαιρέσει, οἷον Ἐμπεδοκλῆς «αἶψα δὲ θνήτ' ἐφύοντο, τὰ πρὶν μάθον ἀθάνατ' εἶναι ζωρά τε πρὶν κέκρητο.» τὰ δὲ ἀμφιβολίᾳ, «παρῴχηκεν δὲ πλέω νύξ» τὸ γὰρ πλείω ἀμφίβολόν ἐστιν. τὰ δὲ κατὰ τὸ ἔθος τῆς λέξεως· τὸν κεκραμένον οἶνόν φασιν εἶναι, ὅθεν πεποίηται «κνημὶς νεοτεύκτου κασσιτέροιο», καὶ χαλκέας τοὺς τὸν σίδηρον ἐργαζομένους, ὅθεν εἴρηται ὁ Γανυμήδης Διὶ οἰνοχοεύειν, οὐ πινόντων οἶνον. εἴη δ' ἂν τοῦτό γε κατὰ μεταφοράν. δεῖ δὲ καὶ ὅταν ὄνομά τι ὑπεναντίωμά τι δοκῇ σημαίνειν, ἐπισκοπεῖν ποσαχῶς ἂν σημαίνοι τοῦτο ἐν τῷ εἰρημένῳ, οἷον τὸ «τῇ ῥ' ἔσχετο χάλκεον ἔγχος», τὸ ταύτῃ κωλυθῆναι ποσαχῶς ἐνδέχεται· ὡδί, ἢ ὡς μάλιστ' ἄν τις ὑπολάβοι κατὰ τὴν καταντικρὺ ἢ ὡς
1461 b Γλαύκων λέγει, ὅτι ἔνιοι ἀλόγως προϋπολαμβάνουσιν καὶ αὐτοὶ καταψηφισάμενοι συλλογίζονται καὶ ὡς εἰρηκότος ὅ τι δοκεῖ ἐπιτιμῶσιν, ἂν ὑπεναντίον ᾖ τῇ αὑτῶν οἰήσει. τοῦτο δὲ πέπονθε τὰ περὶ Ἰκάριον. οἴονται γὰρ αὐτὸν Λάκωνα εἶναι· ἄτοπον οὖν τὸ μὴ ἐντυχεῖν τὸν Τηλέμαχον αὐτῷ εἰς

15 κέραιε ἐσω τὸ, rec corr κέραι' ὁ ἐν τὸ κέραιε vel κέρασε apogr nonnulla 16 ἔχον 19 τε ὅμαδον (ὅμαδον apogr) τοῦ add apogr 20 οἴη apogr: ἔη, rec corr ὅη 23 δέ οἱ apogr: δέεις 24 θνητὰ 25 ζωρά Athenaeus: ζῶα κέκρητο, ι rec sup scr ἀμφιβολία rec corr ἀμφιβολίᾳ 26 παρώχηκε πλέωνύξ πλέον νὺξ apogr πλείω] πλεῖον vel πλέον apogr 30 οἰνοχοεύειν apogr πινόντων, ι rec sup scr exempla (28) ὅθεν πεποίηται . . . κασσιτέροιο et (29) ὅθεν εἴρηται . . . οἶνον locum mutare iussit secundum cod Lampridii Madius 31 post τοῦτό γε καὶ add Heinsius ὄνομά τι ὑπεναντίωμά τι apogr: ὀνόματι ὑπεναντιώματι, sed ὡ corr 32 δοκῇ apogr: δοκεῖ 33 σημῆναι Parisinus 2038, σημαίνειν (σημαίνειν) alia apogr τῇ ῥ, rec corr τῇ ῥ' 35 κατ' ἀντικρὺ ἢ apogr: κατ' ἀντικρύς 1461 b 1 ἔνι] τί sed in marg rec ἔνι 2 εἰρηκότος (sive εἰρηκότας) ὅ τι Castelvetrus: εἰρηκότας ὅτι

gebrauchen die Kreter für „schön von Angesicht." Ferner meint er in der Stelle: ζωρότερον δὲ κέραιε („mische den Wein kräftiger!") vielleicht nicht „weniger mit Wasser gemischt" wie für Säufer, sondern „geschwinder." Manches ist metaphorisch gesagt, z. B. „Alle andern Götter und Menschen nun zwar . . . Schliefen die ganze Nacht," wo er aber zugleich anführt: „Doch so oft er ins troische Feld hinschaute, Flöten- und Pfeifengetön:" „Alle" nämlich ist metaphorisch statt „Viele" gesagt, denn die Gesamtheit ist eine Art des Vielen. Ferner ist der Ausdruck „Unteilhaftig allein" metaphorisch zu deuten; er versteht unter „allein" nämlich nur das Bekannteste. Mit verschiedener Aussprache und Betonung findet sich auch manches gesagt, wie Hippias aus Thasos die Stelle: „δίδομεν δέ οἱ," „wir gewähren ihm," erklärte, indem er las „διδόμεν δέ οἱ," „gewähre ihm," und die Stelle: „τὸ μὲν οὗ καταπύθεται ὄμβρῳ," „von dem ein Teil durch Regen verfault," indem er las: „τὸ μὲν οὐ καταπύθεται ὄμβρῳ," „dieses verfault nicht durch Regen." Anderes mit Trennung wie bei Empedokles: „Sterblich wurden sogleich, die früher Unsterblichkeit kannten, früher auch lautere Mischung." Bei anderem muß man eine doppelte Beziehung annehmen, z. B. „παρῴχηκεν δὲ πλέω νύξ," „es verging der größere Teil der Nacht," denn πλέω läßt eine doppelte Beziehung zu. Anderes ist nach dem Sprachgebrauche gesagt, so z. B. daß man mehrere der Mischgetränke Wein zu nennen pflegt. Daher die Dichterstelle: „eine Schiene neugefertigten Zinns," und daß man die Eisenarbeiter „Erzschmiede" nennt; daher heißt es von Ganymedes, „er schenkte dem Zeus den Wein," obgleich die Götter keinen Wein trinken; doch kann das letztere metaphorisch gesagt sein. Aber auch wenn ein Begriffswort irgend einen Widerspruch zu bezeichnen scheint, muß man erwägen, in wie vielfacher Bedeutung dieses Wort in dem gegebenen Ausspruche genommen werden könne, so z. B. in der Stelle: „dort nun wurde gehalten die eherne Lanze," in wie vielfacher Weise dort etwas gehemmt werden kann. So (muß man es zu erklären suchen) oder nach der vorzüglichsten Annahme, im geraden Gegensatze zu der Art welche Glaukon anführt indem er sagt: einiges setze man grundlos voraus, verurteile es dann selbst und ziehe seine Schlüsse daraus, und als ob der Dichter was ihnen gut dünkt gesagt habe, tadelten sie es, wenn es ihrem eigenen Wahne widerspreche. So ging es mit dem Tadel in Betreff des Ikarios: Man meint nämlich, er sei ein Lakone gewesen; also, schließt man, ist es unglaublich daß Telemach nach seiner Ankunft in Lakedämon ihm nicht begegnete. Damit verhält es sich aber vielleicht wie die Kephallenier sagen. Sie erklären nämlich, Odysseus habe von ihren Landsleuten eine Frau genommen, und ihr Vater heiße Ikadios, aber nicht Ikarios. Vermöge fehlerhafter Voraussetzung indessen hat der Vorwurf Wahrscheinlichkeit für sich. Überhaupt aber muß man das Unmögliche auf die Poesie, oder auf das Bessere zurückführen, oder auf die gewöhnliche Meinung. Es ist ja

3 ἐπιτιμῶσιν, ει in litura, rec corr ἐπι ᾖ rec corr ex ἢ αὑτῶν Heinsius: αὐτῶν

Λακεδαιμόνα ἐλθόντα. τὸ δ' ἴσως ἔχει ὥσπερ οἱ Κεφαλλῆνές φασι· παρ' αὐτῶν γὰρ γῆμαι λέγουσι τὸν Ὀδυσσέα καὶ εἶναι Ἰκάδιον ἀλλ' οὐκ Ἰκάριον. δι' ἁμάρτημα δὲ τὸ πρόβλημα εἰκός ἐστιν. ὅλως δὲ τὸ ἀδύνατον μὲν πρὸς τὴν ποίησιν ἢ πρὸς τὸ βέλτιον ἢ πρὸς τὴν δόξαν δεῖ ἀνάγειν. πρός τε γὰρ τὴν ποίησιν αἱρετώτερον πιθανὸν ἀδύνατον ἢ ἀπίθανον καὶ δυνατόν (καὶ εἰ ἀδύνατον,) τοιούτους εἶναι, οἷον Ζεῦξις ἔγραφεν, ἀλλὰ βέλτιον· τὸ γὰρ παράδειγμα δεῖ ὑπερέχειν. πρὸς ἅ φασιν τἄλογα, οὕτω τε καὶ ὅτι ποτὲ οὐκ ἄλογόν ἐστιν· εἰκὸς γὰρ καὶ παρὰ τὸ εἰκὸς γίνεσθαι. τὰ δ' ὑπεναντία ὡς εἰρημένα οὕτω σκοπεῖν ὥσπερ οἱ ἐν τοῖς λόγοις ἔλεγχοι εἰ τὸ αὐτὸ καὶ πρὸς τὸ αὐτὸ καὶ ὡσαύτως, ὥστε καὶ αὐτὸν ἢ πρὸς ἃ αὐτὸς λέγει ἢ ὃ ἂν φρόνιμος ὑποθῆται. ὀρθὴ δ' ἐπιτίμησις καὶ ἀλογίᾳ καὶ μοχθηρίᾳ, ὅταν μὴ ἀνάγκης οὔσης μηθὲν χρήσηται τῷ ἀλόγῳ, ὥσπερ Εὐριπίδης τῷ Αἰγεῖ, ἢ τῇ πονηρίᾳ, ὥσπερ ἐν Ὀρέστῃ τοῦ Μενελάου. τὰ μὲν οὖν ἐπιτιμήματα ἐκ πέντε εἰδῶν φέρουσιν· ἢ γὰρ ὡς ἀδύνατα ἢ ὡς ἄλογα ἢ ὡς βλαβερὰ ἢ ὡς ὑπεναντία ἢ ὡς παρὰ τὴν ὀρθότητα τὴν κατὰ τέχνην. αἱ δὲ λύσεις ἐκ τῶν εἰρημένων ἀριθμῶν σκεπτέαι, εἰσὶν δὲ δώδεκα.

πότερον δὲ βελτίων ἡ ἐποποιικὴ μίμησις ἢ ἡ τραγική, 26
διαπορήσειεν ἄν τις. εἰ γὰρ ἡ ἧττον φορτικὴ βελτίων, τοιαύτη δ' ἡ πρὸς βελτίους θεατάς ἐστιν ἀεί, λίαν δῆλον ὅτι ἡ ἅπαντα μιμουμένη φορτική· ὡς γὰρ οὐκ αἰσθανομένων ἂν μὴ αὐτὸς προσθῇ, πολλὴν κίνησιν κινοῦνται, οἷον οἱ φαῦλοι αὐληταὶ κυλιόμενοι ἂν δίσκον δέῃ μιμεῖσθαι, καὶ ἕλκοντες τὸν κορυφαῖον ἂν Σκύλλαν αὐλῶσιν. ἡ μὲν οὖν τραγῳδία τοιαύτη ἐστίν, ὡς καὶ οἱ πρότερον τοὺς ὑστέρους αὐτῶν ᾤοντο ὑποκριτάς· ὡς λίαν γὰρ ὑπερβάλλοντα πίθηκον ὁ Μυννίσκος τὸν Καλλιππίδην ἐκάλει, τοιαύτη δὲ δόξα καὶ περὶ Πινδάρου ἦν·
1462a ὡς δ' οὗτοι ἔχουσι πρὸς αὐτούς, ἡ ὅλη τέχνη πρὸς τὴν ἐποποιίαν ἔχει. τὴν μὲν οὖν πρὸς θεατὰς ἐπιεικεῖς

7 παρ' αὐτῶν pr Vaticanus 1400: παρ' αὐτὸν 8 Ἰκάδιον ἀλλ' οὐκ Ἰκάριον sed 4 Ἰκάριον δι' ἁμάρτημα Medicus: διαμάρτημα 9 εἶναι εἰκός Hermann, et desideravit εἶναι iam Victorius 12 (καὶ εἰ ἀδύνατον) add Vahlen 18 φρόνιμος Riccardianus 16: φρονίμως, ι sec sup scr 19 ἀλογίᾳ καὶ μοχθηρίᾳ Vahlen 21 τῷ Αἰγεῖ ἢ τῇ marg Riccardiani 16: τῷ αἰγέα τῇ 25 σκεπτέαι apogr: σκεπτέα 26 βελτίων apogr: βέλτιον 27 ἡ sec corr ἢ 28 δ' ἡ Riccardianus 16, Medicus: δὴ ἐστιν ἀεί, λίαν Vahlen: ἐστιν δεῖ λίαν

für die Poesie das glaubhafte Unmögliche dem Unglaubhaften und dabei Möglichen vorzuziehen; und wenn der Vorwurf erhoben wird, es sei unmöglich daß es solche Menschen gebe wie sie z. B. Zeuxis zu malen pflegte, so ist zu erwidern: „Aber es ist das Bessere; denn das Bild muß die Wirklichkeit übertreffen." Hinsichtlich dessen was man undenkbar nennt, ist ebenso zu erwidern und auch daß es manchmal nicht undenkbar ist; denn es ist wahrscheinlich, daß etwas auch wider die Wahrscheinlichkeit geschieht. Die scheinbaren Widersprüche aber muß man so betrachten wie sie gesagt sind, gerade wie die wissenschaftlichen Widerlegungen thun, ob er ein und dasselbe und in Bezug auf ein und dasselbe und in demselben Sinne spricht, so daß auch er selbst in Betracht kommt oder dasjenige in Bezug worauf er spricht, oder was ein Verständiger unter dem Gesagten verstanden hat. Berechtigt aber ist der Tadel sowohl wegen Vernunftwidrigkeit als wegen Schlechtigkeit, wenn der Dichter das Vernunftwidrige ohne zwingende Notwendigkeit zu nichts verwendet hat, wie Euripides im Ägeus, oder die Schlechtigkeit wie im „Orestes" die des Menelaos.

Die tadelnden Vorwürfe also erhebt man aus fünf Arten von Gründen gegen die Dichtungen; entweder nämlich tadelt man ihren Inhalt als unmöglich, oder als vernunftwidrig, oder als schädlich, oder als widersprechend, oder als unrichtig nach den Gesetzen der Kunst; die Widerlegungen müssen aus den angeführten Gesichtspunkten erwogen werden; es sind aber deren zwölf.

26 Ob aber die epische Darstellung besser ist als die tragische, darüber könnte man in großen Zweifel geraten. Wenn nämlich die weniger derbe besser ist, so aber jedesmal diejenige beschaffen ist, welche dem Geschmack besserer Zuschauer entspricht, so ist nur allzu offenbar, daß diejenige welche alles Mögliche nachahmt, derbe ist. Denn als ob die Zuschauer es nicht verständen, wenn es der Schauspieler selbst nicht übertrieben hätte, machen sie gewaltige Bewegungen, wie die schlechten Flötenbläser, welche sich im Kreise herumrollen, wenn der Diskuswurf dargestellt werden soll, und ihren Anführer am Gewande zerren, wenn sie die Skylla spielen sollen. Die Tragödie nun trägt einen solchen Charakter, wie auch die früheren Schauspieler von ihren Nachfolgern dachten; denn weil er in der Darstellung allzusehr übertreibe, nannte Mynniskos den Kallippides einen Affen, und ähnlich war die Meinung die man vom Pindaros hegte. Wie sich aber diese zu jenen verhalten, so verhält sich die ganze tragische Kunst zur epischen Dichtung; diese also, meint man, sei nach dem Geschmack gebildeter Betrachter, welche der äußeren Gestaltung nicht bedürfen, die tragische Darstellung aber sei für ungebildete geeignet. Ist sie also eine grobe, so leuchtet ein daß sie die schlechtere sein wird.

Allein erstens trifft die Beschuldigung nicht die Poesie sondern die Schauspielkunst, da man ja auch beim Vortrag epischer Gesänge

30 κινοῦνται Riccardianus 16: κινοῦντα 35 Πινδάρου] τὴν δαρίου vel πινδαρίου apogr nonnulla, unde Τυνδαρίου Hermann
1462a 1 ὡς δὴ Susemihl ἔχουσι apogr: δ' ἔχουσι

φασιν εἶναι ⟨εἰ⟩ οὐδὲν δέονται τῶν σχημάτων, τὴν δὲ τραγικὴν πρὸς φαύλους· εἰ οὖν φορτική, χείρων δῆλον ὅτι ἂν εἴη. πρῶτον μὲν οὐ τῆς ποιητικῆς ἡ κατηγορία ἀλλὰ τῆς ὑποκριτικῆς, ἐπεὶ ἔστι περιεργάζεσθαι τοῖς σημείοις καὶ ῥαψῳδοῦντα, ὅπερ [ἐστὶ] Σωσίστρατος, καὶ διᾴδοντα, ὅπερ ἐποίει Μνασίθεος ὁ Ὀπούντιος. εἶτα οὐδὲ κίνησις ἅπασα ἀποδοκιμαστέα, εἴπερ μηδ᾽ ὄρχησις, ἀλλ᾽ ἡ φαύλων, ὅπερ καὶ Καλλιππίδῃ ἐπετιμᾶτο καὶ νῦν ἄλλοις ὡς οὐκ ἐλευθέρας γυναῖκας μιμουμένων. ἔτι ἡ τραγῳδία καὶ ἄνευ κινήσεως ποιεῖ τὸ αὑτῆς, ὥσπερ ἡ ἐποποιία· διὰ γὰρ τοῦ ἀναγιγνώσκειν φανερὰ ὁποία τίς ἐστιν· εἰ οὖν ἐστι τά γ᾽ ἄλλα κρείττων, τοῦτό γε οὐκ ἀναγκαῖον αὐτῇ ὑπάρχειν. ἔπειτα διότι πάντ᾽ ἔχει ὅσαπερ ἡ ἐποποιία, καὶ γὰρ τῷ μέτρῳ ἔξεστι χρῆσθαι, καὶ ἔτι οὐ μικρὸν μέρος τὴν μουσικὴν καὶ τὰς ὄψεις, δι᾽ ἧς αἱ ἡδοναὶ συνίστανται ἐναργέστατα· εἶτα καὶ τὸ ἐναργὲς ἔχει καὶ ἐν τῇ ἀναγνώσει καὶ ἐπὶ τῶν ἔργων. ἔτι τῷ ἐν ἐλάττονι μήκει τὸ τέλος
1462b τῆς μιμήσεως εἶναι· τὸ γὰρ ἀθροώτερον ἥδιον ἢ πολλῷ κεκραμένον τῷ χρόνῳ, λέγω δ᾽ οἷον εἴ τις τὸν Οἰδίπουν θείη τὸν Σοφοκλέους ἐν ἔπεσιν ὅσοις ἡ Ἰλιάς. ἔτι ἧττον [ἡ] μία μίμησις ἡ τῶν ἐποποιῶν· σημεῖον δέ, ἐκ γὰρ ὁποιασοῦν μιμήσεως πλείους τραγῳδίαι γίνονται, ὥστε ἐὰν μὲν ἕνα μῦθον ποιῶσιν, ἢ βραχέως δεικνύμενον μύουρον φαίνεσθαι, ἢ ἀκολουθοῦντα τῷ τοῦ μέτρου μήκει ὑδαρῆ· λέγω δὲ οἷον ἐὰν ἐκ πλειόνων πράξεων ᾖ συγκειμένη, ὥσπερ ἡ Ἰλιὰς ἔχει πολλὰ τοιαῦτα μέρη καὶ ἡ Ὀδύσσεια ἃ καὶ καθ᾽ ἑαυτὰ ἔχει μέγεθος· καίτοι ταῦτ᾽ ἔστι ποιήματα συνέστηκεν ὡς ἐνδέχεται ἄριστα καὶ ὅτι μάλιστα μιᾶς πράξεως μίμησις. εἰ οὖν τούτοις τε διαφέρει πᾶσιν καὶ ἔτι τῷ τῆς τέχνης ἔργῳ, δεῖ γὰρ οὐ τὴν τυχοῦσαν ἡδονὴν ποιεῖν αὐτὰς ἀλλὰ τὴν εἰρημένην, φανερὸν ὅτι κρείττων ἂν εἴη μᾶλλον τοῦ τέλους τυγχάνουσα τῆς ἐποποιίας.

περὶ μὲν οὖν τραγῳδίας καὶ ἐποποιίας, καὶ αὐτῶν καὶ τῶν εἰδῶν καὶ τῶν μερῶν, καὶ πόσα καὶ τί διαφέρει, καὶ τοῦ εὖ ἢ μὴ τίνες αἰτίαι, καὶ περὶ ἐπιτιμήσεων καὶ λύσεων, εἰρήσθω τοσαῦτα.

---

3 εἰ add Victorius   σχημάτων τὴν apogr: σχημά τε αὐτὴν, sed τε αὐ in litura rec corr   4 εἰ apogr: ἡ   7 ὅπερ ἔστι   ἐστὶ seclusit Spengel   διᾴδοντα apogr, Madius: διαδόντα   8 ὁ ὀπούντιος apogr: ὁ ποῦντιος   10 ἐπετιμᾶτο rec corr ἔτι   11 αὑτῆς apogr: αὐτῆς   13 ἔστι τἆλλα

mit dieser äußeren Zeichen sich unnütz abmühen kann was Sosistratos, und beim Wettgesange, was Mnasitheos aus Opus wirklich zu thun pflegte. Dann ist auch nicht jede Bewegung verwerflich, da ja auch nicht jeder Tanz sondern nur der gemeiner Personen, was eben auch dem Kallipides zum Vorwurf gemacht wurde wie jetzt anderen, daß sie nämlich keine edlen Frauen darstellten. Ferner bringt die Tragödie auch ohne äußere Bewegungen die ihr eigentümliche Wirkung hervor gerade wie die epische Dichtung; denn durch das Lesen wird offenbar was ihre wesentliche Beschaffenheit ist. Ist sie also im übrigen überlegen, so ist es nicht notwendig daß gerade dieser Tadel einer groben Darstellungsweise sie treffe. Hiernächst deswegen, weil sie alle Bestandteile des Epos in derselben Anzahl enthält — sie darf sich ja sogar auch desselben Metrums bedienen — und dazu noch als einen nicht unwichtigen Teil die Musik und die Darstellung fürs Auge, durch welche die Ergötzung am wirksamsten zu stande kommt. Dann hat sie auch die Augenscheinlichkeit für sich sowohl beim Lesen als bei der wirklichen Aufführung. Ferner darum, weil (durch sie) in geringerer Länge der Endzweck der Darstellung erreicht wird; denn das Gedrängtere ist angenehmer als was durch die lange Dauer verwässert ist, ich meine z. B. wenn man den Sophokleischen Ödipus in soviele epische Verse brächte als die Ilias enthält. Ferner hat das Kunstprodukt der epischen Dichter weniger Einheit. Dies läßt sich daraus erkennen, daß aus jeder beliebigen Art von Epos mehrere Tragödien gebildet werden können; wenn die Dichter daher eine einheitliche Fabel zum Gegenstande ihrer Dichtung machen, dieselbe entweder, wird sie in der Kürze zur Anschauung gebracht, als verstümmelt, oder wird sie der Länge des Metrums entsprechend ausgedehnt, als wässerig erscheint. Ich meine aber z. B. wenn sie aus mehreren Handlungen zusammengesetzt ist, gerade wie die Ilias und Odyssee viele solcher Teile enthalten welche auch schon an und für sich bedeutenden Umfang haben; und doch sind diese Gedichte soweit möglich aufs beste gestaltet und im möglichst höchsten Grade Darstellungen einer einheitlichen Handlung. Wenn sie nun in allen diesen Beziehungen den Vorzug verdient und dazu noch durch die (ihr eigentümliche) Kunstwirkung — denn diese Dichtungsarten dürfen nicht jede beliebige Lust bereiten, sondern die angeführte — so ist offenbar daß sie überlegen sein wird, weil sie mehr nach dem Ziele trifft als das Epos.

Über die Tragödie nun und die epische Dichtung, sowohl über ihr Wesen als über ihre Arten und Teile und deren Anzahl und Unterschiede, ferner über die Ursachen ihrer Vollkommenheit oder Unvollkommenheit und über die tadelnden Vorwürfe und ihre Widerlegungen sei soviel gesagt.

---

14 αὐτῇ apogr: αὐτὴ   17 ἀναγνώσει Madius: ἀναγνωρίσει
1462b 1 ἥδιον ἢ Madius (ἥδιόν ἢ Riccardianus 16): ἡδονὴ   2 θείη bis   3 τὸ corr rec τὸν   ἡ Ἰλιάς Riccardianus 16: ἢ ἴλιας sed λ in litura, fuit ἴδιας et ex apographis cognoscitur   ἧττον μία ἐποποιῶν μίμησις Riccardianus 16, Aldina: ἧττον ἡ μία μίμησις   9 ἃ add Riccardianus 16 et Parisinus 2038 qui in toto hoc commate cum Aldina conspirant   14 κρεῖττον apogr   15 ἢ apogr: εἰ   τυχὸν αὐτῶν

I. Kritische Anmerkungen.

Verzeichniß und Rechtfertigung derjenigen Stellen des griechischen Textes, welche von dem der 2. Vahlenschen Ausgabe (Berlin 1874) abweichen.

1447 a 25. Da das Wort τοιαῦται durch den Zusammenhang zur Vollständigkeit des Sinnes nothwendig erfordert wird und die Apographa es enthalten, so sind die Klammern als überflüssig weggelassen worden.

1447 b 9. Die zuerst von Bernays angenommene, unter andern auch von Vahlen anerkannte Lücke im Texte vor τυγχάνουσα, welche nach Bernays durch das Wort ἀνώνυμος ausgefüllt werden soll, wird hauptsächlich mit dem Inhalte des folgenden Satzes οὐδὲν γὰρ κτλ. begründet, durch welchen Aristoteles offenbar entschuldigen will, daß er den Namen ἐποποιία, der für die Art in Geltung war, für die Gattung gebrauche. Allein die Worte ἀνώνυμος τυγχάνουσα μέχρι τοῦ νῦν, „welche bis jetzt namenlos war," können nicht ohne Widerspruch mit dem Subjekte ἡ δὲ ἐποποιία verbunden werden. Denn wie könnte der Verfasser sagen, die Epopöe habe bis jetzt keinen Namen gehabt, während dieses Wort nicht nur im engeren Sinne für die Heldendichtung schon längst üblich war, sondern auch im weiteren Sinne für die Dichtkunst überhaupt sehr wohl gebraucht werden durfte, da auch ἔπος nicht bloß das Heldengedicht, sondern im weiteren Sinne auch jedes Gedicht überhaupt bedeuten konnte.*)

Diesen Widerspruch haben auch diejenigen erkannt, welche die Worte ἡ δὲ ἐποποιία entfernt wissen wollten. Der Gedanke, welchen man Aristoteles' Worten unterlegen will, würde, richtig ausgedrückt, etwa so lauten: „Diejenige Dichtungsgattung, welche sich bloß der gebundenen oder ungebundenen Rede bedient ꝛc., und welche bis jetzt keinen Namen gehabt hat, nenne ich Epopöe." Aber nichts nöthigt zu der Bernaysschen Annahme. Denn die Conjunction γάρ ist im folgenden Satze wie so häufig bei allen griechischen Schriftstellern elliptisch gebraucht, so daß der durch den Satz mit γὰρ begründete Gedanke vorher aus dem Zusammenhange zu ergänzen ist. Dieser sich hier leicht aus dem Vorhergehenden ergebende Gedanke ist: λέγω δὲ ἐποποιίαν ταύτην, an welchen sich der folgende Causalsatz οὐδὲν γὰρ ἂν ἔχοιμεν κοινὸν ὀνομάσαι κτλ., nämlich εἰ μὴ ἐποποιίαν, ganz ungezwungen anschließt. Zu τυγχάνουσα ist ἐπὶ τὸ γένος χρωμένη τῶν μέτρων zu wiederholen, wie zu μιμοῦνται: τὰ μέτρα, zu ἐποποιία: μιμεῖται ergänzt werden muß.

1448 a 12. Es wäre dem Sinne der Stelle nicht angemessen, mit Weglassung des zweiten Artikels ὁ, Θάσιος als Adjectiv zu dem substantivierten ποιήσας setzen zu wollen. Soll aber ποιήσας, wie es dem Sinne allein entspricht, als eine zweite adjectivische Bestimmung zu Ἡγήμων gefaßt werden, so muß es nach Θάσιος durch den Artikel mit dem Substantiv verbunden werden. Die Klammern sind daher weggelassen worden.

1448 a 15. Die Ergänzung der am Ende der Zeile im Cod. A[c] ausgefallenen Silbe Ἀρ- vor γάς ist seit Tyrwhitt und Hermann von fast allen Herausgebern angenommen worden. Die Silbe ist daher als einzig richtige Ergänzung in den Text aufgenommen.

1448 a 25. Da der zweite der drei Punkte: καὶ ὥς, welcher im Texte nicht entbehrt werden kann und deshalb schon von Aldus ergänzt wurde, auch im Cod. Guelferbytanus enthalten ist, so habe ich die Klammern weggelassen.

1448 b 13. Der Genitiv τούτου, welchen die Apographa haben, nicht der Nominativ τοῦτο des A[c] wird durch den Zusammenhang erfordert. Die Verbindung durch τε — καί (5 und 8) zeigt nämlich, daß die beiden Hauptursachen, welche nach Aristoteles die Poesie hervorgebracht haben, bei allen Menschen der Nachahmungstrieb und die Freude an den Bildern sind. Von der letzteren Ursache wird wieder der Grund in dem allen Menschen innewohnenden Wissenstriebe gefunden. Das Wort τούτου in dem Satze αἴτιον δὲ καὶ ... weist auf diese letztere Ursache zurück, nämlich auf den Satztheil: καὶ τὸ χαίρειν τοῖς μιμήμασι πάντας (8), und daß diese Beziehung die einzig richtige ist, beweist auch der nachfolgende Satz, indem er diese Beziehung ausdrücklich hervorhebend fortfährt: διὰ γὰρ τοῦτο χαίρουσι τὰς εἰκόνας ὁρῶντες κτλ.

1449 a 7. Der Cod. A[c] hat παρέχει, die Apographa εἰ ἄρα ἔχει, welche Vahlen ἆρ' ἔχει setzt. Die directen Fragewörter werden im Griechischen nun zwar auch in indirekter Frage angewandt, allein dieser Gebrauch ist doch immer als ein Übergang aus der indirekten in die directe Rede zu betrachten. Daß diese mehr rhetorische Ausdrucksweise an der vorliegenden Stelle wenig passen würde, liegt auf der Hand.

1449 a 8. Das unverständliche ἢ καί des A[c] habe ich nach den

*) Vgl. Xen. Mem. I, 2, 21. Plat. Prot. 339 a u. a.

Apographa durch εἶναι ersetzt. Der Satz αὐτό τε . . . τὰ θέατρα ist als Parenthesis zu betrachten und selbständig zu übersetzen.

1450a 17: „Denn die Tragödie ist nicht eine Nachahmung von Menschen, sondern von Handlung und Leben und Glück; auch das Unglück beruht auf Handlung." Die Tragödie stellt als handelnde Hauptpersonen Menschen in großen Glücksverhältnissen dar; und der Schicksalswechsel findet der Regel nach aus Glück in Unglück statt. Die Darstellung des Glücks wird daher meistens den größten Teil der Tragödie ausfüllen. Daß auch die Darstellung des Unglücks in die Tragödie gehört, jedoch als eine Folge der Handlung, ist in dem Satze mit καὶ ausdrücklich ausgesprochen. Einer Ergänzung bedarf es daher im Texte nicht.

1450a 29: ἐὰν ἐάν τις ἐφεξῆς θῇ ῥήσεις ἠθικὰς καὶ λέξεις καὶ διανοίας εὖ πεποιημένας, οὐ ποιήσει ὃ ἦν τῆς τραγῳδίας ἔργον, ἀλλὰ πολὺ μᾶλλον ἡ καταδεεστέροις τούτοις κεχρημένη τραγῳδία, ἔχουσα δὲ μῦθον καὶ σύστασιν πραγμάτων. Vahlen schreibt in der zweiten Ausgabe: ῥήσεις ἠθικὰς λέξει καὶ διανοίᾳ εὖ πεποιημένας. Aber Aristoteles trennt bei der Betrachtung der Bestandteile der Tragödie überall durchaus die ἤθη von der διάνοια und von der λέξις und findet Charakter z. B. in den Stellen der Tragödie, welche Mut, Feigheit, Ehrgeiz, Leichtsinn, überhaupt Gesinnung ausdrücken und zeigen, wie der Wille einer Person beschaffen ist (1450b 8); Gedankenentwickelung dagegen in solchen, welche wie die Monologe und manche Dialoge ein Zurateziehen mit sich selbst oder mit anderen, einen Streit der Meinungen und ein Abwägen der Gründe gegen einander enthalten; so daß also diejenigen Stellen, welche ἦθος enthalten, nicht zugleich auch διάνοιαν enthalten müssen. Von der sprachlichen Darstellung aber sagt Aristoteles (K. 24 a. E.) ausdrücklich, daß man diejenigen Stellen, welche ἦθος oder διάνοιαν enthalten, nicht zugleich auch sprachlich glänzend ausarbeiten dürfe; denn die glänzende Diktion verdunkle den Charakter und den Gedankeninhalt. Die obige Lesart Vahlens würde aber gerade das Gegenteil bedeuten.

Das (30) durch den Sinn erforderte οὐ habe ich nach der Lesart der Apographa von den Klammern befreit, weil die Stelle ohne dasselbe nur gezwungen und durch Subtilitäten erklärt werden könnte.

1451a 27 ist das ἢ der Apographa unentbehrlich und kann daher in dem Cod. A^c nur durch ein Versehen weggeblieben sein.

1451a 28: οἵαν λέγομεν (nämlich μίαν πρᾶξιν) ist die Lesart der Apographa. A^c hat λέγομεν, aber ohne ἄν. Um so mehr ist die Lesart der Apographa vorzuziehen, da ohnehin kein Grund ersichtlich ist, weshalb der Philosoph sich hier unbestimmt ausgedrückt haben sollte.

1451a 32. Vahlen schreibt hier nach Susemihls Vorgang ταύτης καί, während die Handschriften καὶ ταύτης bieten. Bei näherer Betrachtung der Stelle ergiebt sich indessen, daß dieselbe durch diese Conjectur nicht verbessert wird. Denn während nach der handschriftlichen Lesart der Begriff des μιᾶς durch das hinzugefügte καὶ ταύτης ὅλης nur eine nähere Bestimmung erhält, indem die Partikel τε dem zweiten καὶ correspondiert und das ganze Kolon μιᾶς τε εἶναι καὶ ταύτης ὅλης dem folgenden καὶ τὰ μέρη συνεστάναι beiordnet, würde nach Susemihls Conjectur die Partikel τε dem ersten folgenden καὶ correspondieren und den Begriff μιᾶς dem ὅλης beiordnen, wodurch der folgende Satz καὶ τὰ μέρη συν. aus seiner engen Verbindung mit dem vorhergehenden herausgerissen würde.

1451b 38. Es ist wahr, daß die Lesart des A^c παρατείναντες die schwerere ist und in dieser Hinsicht den Vorzug verdient. Allein wenn man den Zusammenhang betrachtet, läßt sie sich nur gezwungen erklären, während das παρατείνοντες des Laurentianus XXXI 14 einen guten Sinn gewährt. Dieser ist nämlich: Indem die schlechten Dichter Schaustücke für den Wettkampf machen und deshalb eine Fabel möglichst weit ausdehnen, sehen sie sich dadurch genötigt, die richtige Reihenfolge der Begebenheiten zu verderben. παρατείναντες dagegen würde die Ausdehnung der Fabel schon als geschehen voraussetzen, ehe die Dichter zu der Verderbung des richtigen Zusammenhangs gezwungen würden.

1452a 1: ἐπεὶ δὲ . . . Der Nachsatz folgt wegen der vielen eingeschobenen Sätze in anderer Form mit vorausgeschicktem ὥστε (10) und heißt: ἀνάγκη τοὺς τοιούτους εἶναι καλλίους μύθους. Der zweite Vordersatz ἐπεὶ δὲ ταῦτα (τὰ φοβερὰ καὶ ἐλεεινά) γίνεται καὶ μάλιστα (= vel maxime, hauptsächlich) δι' ἄλληλα (durch ursächlichen Zusammenhang der Begebenheiten unter einander, eigentlich: wenn eines durch das andere geschieht) — wird erweitert durch den eingeschobenen Satz καὶ μᾶλλον, und noch mehr, nämlich wird der Eindruck des Furchtbaren und Mitleidswerten durch den ursächlichen Zusammenhang der Begebenheiten unter einander gesteigert (γίνεται τὰ φοβερὰ καὶ ἐλεεινὰ δι' ἄλληλα), ὅταν γένηται παρὰ τὴν δόξαν, wenn es (das Furchtbare und Mitleidswerte) wider unser Erwarten durch denselben eingetreten ist. Dieser Vordersatz wird begründet durch den folgenden Satz: τὸ γὰρ θαυμαστὸν οὕτως ἕξει μᾶλλον ἢ εἰ ἀπὸ τοῦ αὐτομάτου καὶ τῆς τύχης: weil es (nämlich das Furchtbare und Mitleidswerte) so (nämlich wenn es wider unser Erwarten durch ursächlichen Zusammenhang der Begebenheiten geschehen ist,) wunderbarer erscheint — was dann abermals begründet wird.

1452a 35. Die Lesart des Riccardianus 16: ἔστιν ὅτε ὥσπερ εἴρηται συμβαίνει enthält nach Inhalt und Form nichts Anstößiges: „Auch in Bezug auf leblose und zufällige Dinge trägt es sich manchmal so wie

gesagt worden ist, zu, d. h. auch solche Dinge kann man wiedererkennen." Die Einschiebung von ὅσα dagegen anstatt ὅτι, welche Vahlen vorgenommen hat, wo dann ὥσπερ εἴρηται gegen den Sprachgebrauch mit Bezug auf den Oidipus Koloneus für ὥσπερ προείρηται stehen soll, würde schon deswegen unzweckmäßig sein, weil dann der Satz: ὅσα (alles was) ὥσπερ εἴρηται συμβαίνει zur Exegese von ἄψυχα καὶ τὰ τυχόντα dienen und dieses auf das Vorausgesagte beschränken würde. Denn sollte dieses letztere bloß beispielsweise angeführt werden, so müßte man notwendig auch noch οἷον oder ein gleichbedeutendes Wort vor ὅσα einschieben.

1452 b 38. Hier ist das handschriftliche ἔστι nach τοῦτ' nicht in ἐστί zu verwandeln, vgl. Krüger, Gr. Gramm. I. 38, 2 Anm. 4.

1453 b 22. Die Lesart der Apographa δρᾷ (δρῷ) ist der Construction nach die leichtere und schon deshalb verdächtig; sie giebt aber auch einen schlechteren Sinn als die Lesart des A^c δρᾶν. Weiter unten 1454 a 4, vgl. 1453 b 34, wird unter den möglichen Fällen, wie das Furchtbare entstehen kann, derjenige für den schönsten erklärt, wo einer, der im Begriffe ist, aus Unwissenheit etwas nicht wieder Gutzumachendes zu thun, es nicht ausführt, sondern vorher erkennt; und da wird als Beispiel die Merope im „Kresphontes" angeführt, welche im Begriffe ist ihren Sohn zu töten, dann die Iphigenie, welche im Begriffe ist ihren Bruder zu töten, und zuletzt die Helle, wo der Sohn im Begriffe ist die Mutter auszuliefern, sie aber vorher erkennt. Von diesen Beispielen beziehen sich die beiden ersten auf das μέλλει, nämlich ἀποκτείνειν in unserer Stelle, das letztere auf ἤ τι ἄλλο τοιοῦτον δρᾶν, nämlich μέλλει, was vorhergeht; nicht aber auf δρᾷ der Apographa, denn der Sohn in der „Helle" liefert ja seine Mutter nicht wirklich aus, sondern ist nur im Begriffe es zu thun. Zu der Lesart ἤ τι ἄλλο τοιοῦτον δρᾷ aber findet sich unter den vielen in diesem Kapitel aufgeführten Beispielen kein einziges.

1453 b 34. Hier hat Bonitz die Lesart des A^c τόν in τό verändert. Regelmäßiger würde sich allerdings der Schriftsteller so ausgedrückt haben. Allein die Bestimmung des μέλλειν durch den Artikel ist hier vorzuziehen, weil nicht von einer unbestimmten Person τινά, wie man ohne denselben ergänzen müßte, sondern von der Hauptperson der Tragödie die Rede ist. Gewöhnlicher hieße es freilich τὸ τὸν μέλλοντα κτλ.

1454 a 6. Der Cod. A^c hat οὐ; natürlich erfordert dieser Accent eine folgende Interpunction. Vahlen setzt keine solche und schreibt οὔ. Aber alsdann ist der Hiatus unerträglich hart vor ἀλλά.

1454 a 10. Im Cod. A^c ist nach προαίρεσιν τινά (sic) nur ἤ zurückgeblieben, während die Apographa den vollständigen Zusammenhang φαύλην μὲν ἐὰν φαύλη ᾖ geben, welchen auch die Aldina aufgenommen

hat. προαίρεσίν τινα, „eine Art der προαίρεσις," weist darauf hin, daß in dem Character beide Arten der προαίρεσις möglich sind. Alsdann wird ausgeführt, daß jede von beiden Arten der προαίρεσις den entsprechenden Character begründe, es mithin auch zwei Arten der Charactere gebe. Diese Ausführung wäre unvollständig und verstümmelt, wenn der im A^c ausgefallene Satzteil wegbliebe. Allein auch die Conjectur Vahlens ἥ τις ἄν würde dem Übel nicht abhelfen, weil nur von zwei Arten der προαίρεσις die Rede sein kann, einer guten und einer schlechten, während ἥτις ἄν eine größere Zahl voraussetzen würde. Vielmehr müßte in jenem Sinne ὁποτέρα ἄν ᾖ gesagt sein. Zu dem folgenden ἔστιν δὲ ἐν ἑκάστῳ γένει ist als Subjekt ἑκάτερον ἦθος aus dem vorhergehenden Satze zu ergänzen.

1454 a 23. Der Cod. A^c bietet γυναικὶ • • τὸν, zwei Buchstaben sind vor τὸν ausradiert. Die Apographa haben γυναικὶ τό, eine anscheinend leichtere Lesart, indem durch den Artikel vor ἀνδρείαν εἶναι auf das vorausgehende ἔστι ἀνδρεῖον τὸ ἦθος zurückverwiesen wird. Allein Vahlens Wiederherstellung des οὕτως ist mit Bezug auf die übereinstimmende und erklärende Stelle Polit. 3, 4. 1277 b 20 als sicher anzunehmen, weil ein tapferer Character in beiden Geschlechtern möglich ist, nur in verschiedener Art, und Aristoteles sich nicht selbst widersprechen kann.

1454 b 35. δι' ὅτι = διότι des A^c ist hier relativ-causale Partikel = καὶ διὰ τοῦτο — „weswegen" für „und deswegen." Es bedarf daher nicht der von Vahlen hier eingeführten Conjectur: διὰ ἐγγύς τι.

1455 a 18. Der Artikel ὁ nach οἷον, welcher nach Vahlen aus einer Dittographie von οἷον herrührt, kann keine Stelle im Texte finden; ich habe ihn daher mit Vahlen getilgt.

1455 a 26. Das τό vor τά im Cod. A^c scheint von einer Dittographie des τά herzustammen und ist mit Vahlen als unbrauchbar auszuschließen.

1455 b 28. Daß hier etwas ausgefallen ist, ergiebt sich aus dem Zusammenhang. Nach der Lesart des Codices spräche Aristoteles hier nur von den Tragödien mit glücklichem Ausgang, während dies doch der seltenere Fall, ein unglücklicher Ausgang dagegen die Regel ist. Die Definition der λύσις würde sich demnach nur auf einen Teil der Tragödien erstrecken, was offenbar nicht die Absicht des Verfassers sein kann. Die einfachste Ergänzung, welche ich darum aufgenommen habe, bleibt die Tyrwhitts; Reiz wollte auch nach den unglücklichen Ausgang den glücklichen voranstellen, was vieles für sich hat; noch mehr einzuschieben ist bei der Kürze der Aristotelischen Ausdrucksweise nicht ratsam und auch nicht nötig.

1455 b 31. Daß sich hier wieder eine Lücke im Texte findet, ist unzweifelhaft. Der Zusammenhang der Stelle zeigt deutlich, daß vor ἀπὸ

die Worte λύσις δὲ als Gegensatz zu δέσις μὲν (30) ausgefallen sein müssen. Die Analogie der Parallelstellen desselben Kapitels erfordert ferner den Artikel ἡ nach λύσις δὲ, vgl. 26: δέσιν μὲν εἶναι τὴν ἀπ' ἀρχῆς μέχρι τούτου, 28: λύσιν δὲ τὴν ἀπὸ τῆς ἀρχῆς κτλ. Die Elision des ε von δὲ vor ἡ, welche Vahlen will, empfiehlt sich darum nicht, weil die Worte λύσις δὲ des Gegensatzes wegen stark betont werden müssen und dadurch von den folgenden Worten getrennt werden.

1456 a 2. Die Lesart des A^c: τὸ δὲ τέταρτον, näml. εἶδος ἐστιν ist ohne Anstoß, denn eine vierte Art mußte mit Rücksicht auf τέσσαρα εἴδη (32) angeführt werden. Offenbar fehlte noch die ἁπλῆ τραγῳδία, und diese ist nach den Beispielen zu urteilen auch gemeint. Denn dahin gehören der hier genannte Prometheus des Äschylus sowie auch dessen Phorkiden, deren Argument Apollodor Bibl. 1, 2, 6 S. 13 und II, 4, 2 S. 137 Heyne aufbewahrt hat. — Daß das diesen Beispielen in der Handschrift vorausgehende ὄης aus einer Abbreviatur von οἷον entstanden sein muß, beweisen die vorausstehenden Parallelstellen: ἡ δὲ παθητική, οἷον ἡ δὲ ἠθική, οἷον. — Es versteht sich, daß der Schriftsteller die ἁπλῆ τραγ. auch unmittelbar nach der πεπλεγμένη als Gegensatz dazu hätte anführen können; daß er derselben aber den letzten Platz anweist, scheint von einer fallenden Klimax hinsichtlich des Wertes der verschiedenen Arten in der Aufzählung derselben herzurühren. Oben K. 13 ist gesagt worden, daß die πεπλεγμένη die vorzüglichste sei, dann folgt nach der vorliegenden Stelle die παθητική, die ἠθική und zuletzt die ἁπλῆ. Die Conjectur Schraders τὸ δὲ τερατῶδες ist darum überflüssig.

1456 a 6. Die Lesart der Handschriften ἕκαστον τοῦ ἴδιον ἀγαθοῦ hat die Aldina in ἕκαστον τὸ .. verwandelt, was aber durchaus nicht nötig war. Der Sinn bleibt derselbe, nur daß die Aldina die schwerere Lesart der Handschriften erklärt. Der Genetiv τοῦ ἴδιον ἀγαθοῦ ist explicativ, und der Verfasser hätte ebenso gut auch sagen können ἕκαστον τὸ ἴδιον ἀγαθόν: Der einzelne soll ein jedes eigentümliche Gute eines jeden Dichters übertreffen. Übrigens ist der Genetiv, abhängig von ὑπερβάλλειν, weit seltener als der Accusativ und beruht meist auf besonderen Gründen.

1456 a 10. κρατεῖσθαι statt κροτεῖσθαι, wie die Handschriften bieten, ist eine Conjectur Vahlens, welche mindestens überflüssig ist, wiewohl der Verfasser auch so hätte schreiben können. Denn „man müsse Verwicklung und Lösung immer beide beherrschen oder in seiner Gewalt haben“ sagt nach dem vorausgehenden Satze: „Viele verwickeln gut und lösen schlecht“ weit weniger als: „man müsse mit beiden stets den Beifall davon tragen.“ Warum also ohne Not eine Conjectur einschieben, zumal die Stelle Polit. 7, 13, S. 1331 b 37 nicht ganz übereinstimmend ist!

1456 a 12. Das nach δὲ λέγω wiederholte δὲ ist offenbar eine Dittographie des A^c und daher als zwecklos zu tilgen.

1456 a 17. Das von Vahlen vor Νιόβην eingeschobene ἢ wäre vor den beiden folgenden ἢ, die beide einander entsprechen, denen es aber nicht entspricht, auffallend und störend.

1456 a 22. Das vom Riccardianus 16 vor ἐξαπατηθῇ gegebene δὲ ist als Correlativum des vorausgehenden μὲν für den Sinn der Stelle erforderlich und deshalb von der Klammer befreit worden.

1456 a 34. Von zwei Bestandteilen der Tragödie ist noch zu handeln. Der Verfasser kann mit jedem von beiden fortfahren, mit welchem er will, daher ἢ. Das von Hermann an dessen Stelle gesetzte καὶ ist weniger passend, weil Aristoteles nicht beide Bestandteile zugleich behandelt, sondern einen nach dem andern. Auch daß λέξις, obgleich dem Wesen nach das Spätere, der διάνοια vorausgeht, giebt dem handschriftlichen ἢ den Vorzug.

1456 b 8. τί γὰρ ἂν εἴη τοῦ λέγοντος ἔργον, εἰ φαίνοιτο ἡδέα καὶ μὴ διὰ τὸν λόγον. Hier ist von Anfang des Kapitels an nur von der διάνοια und λέξις in der tragischen Kunst die Rede. λόγος bedeutet also die Rede in Dialog und Monolog, und was von ihr hervorgebracht werden soll, ist das Beweisen, das Widerlegen, die Erregung von Gemütsbewegungen wie Mitleid oder Furcht oder Zorn u. dgl. und ferner Amplification und Verminderung. Auch die Begebenheiten der Tragödie müssen offenbar aus denselben Topen hervorgehen, aus welchen die Rede die Mittel zur Ausführung ihrer oben genannten Aufgaben hernimmt; denn auch diese Begebenheiten sollen Mitleid, Furcht, Bewunderung, Überzeugung in dem Zuschauer hervorbringen. Nur der Unterschied zwischen beiden findet statt, daß die Begebenheiten ohne weitere Anleitung ihren Eindruck machen, die Rede aber vielerlei Hülfsmittel anwendet, um ihn zu erreichen. „Denn was hätte der Redende für eine Aufgabe, d. h. was wäre eigentlich der Zweck der Rede, wenn die erfreuliche Wirkung nicht wegen derselben, sondern durch etwas anderes zum Vorschein kommen würde?“ ἡδέα bezeichnet also das Erfreuliche, Angenehme, oder die Wirkung, welche jedes wahrhafte Kunstwerk auf den Betrachter oder Zuhörer ausüben muß. Da nun eben von der tragischen Kunst und nur von dieser die Rede ist, so bietet es hier keinen Anstoß. Setzte man aber an die Stelle von ἡδέα die Conjectur Vahlens ᾗ δεῖ, nämlich φανεῖσθαι, so wäre das Subjekt dazu ἐλεεινὰ ἢ δεινὰ ἢ μεγάλα ἢ εἰκότα, und der Sinn wäre dieser: Die Rede hätte keinen Zweck, wenn ihre Wirkungen auf die gehörige Weise sich zeigen würden nicht wegen der Rede.

1456 b 9. ἔστιν in dieser Stellung vor dem Subjekt (εἶδος) bedeutet: „Es ist vorhanden, es giebt“, und deshalb ist die Betonung auf

der ersten Silbe nach den Codices beizubehalten. Der Sinn ist: Es giebt eine Art der Theorie, welche die Redeformen umfaßt.

1457a 2. Die Worte πεφυκυῖα τίθεσθαι, vgl. 1457a 9, welche Vahlen auch hier einschieben will, sind zum Verständnis des Textes an dieser Stelle weder notwendig, noch ist es wahrscheinlich, daß der Verfasser sich so ausgedrückt haben sollte, da (2) unmittelbar vorausgeht πεφυκυῖαν συντίθεσθαι, nach welchen Worten die Wiederholung πεφυκυῖα τίθεσθαι einen unerträglichen Mißklang erzeugt haben würde.

1457a 7. Der Cod. A^c giebt als Beispiele vom Gebrauche des Artikels τὸ φημί καὶ τὸ περί. Darin werden zwei verschiedenartige Redeteile durch den Artikel substantiviert. Sollte es sich nun empfehlen, statt des Verbums φημί nach Hartungs Conjectur, welche auch Vahlen adoptiert, eine zweite Präposition von ähnlicher Bedeutung zu setzen wie τὸ περί, nämlich τὸ ἀμφί? Man sollte fast glauben, daß der überlieferte Text nur ein Übungsfeld für Conjecturen sei.

1457a 8. Da die zweite Definition des Artikels der des Bindeworts analog ist, zu welchem der Artikel früher und vielleicht anfangs noch von Aristoteles selbst gerechnet wurde, so dürfte dieselbe vielleicht von dem Verfasser als eine ebenfalls berechtigte, wenn auch nur ganz allgemeine, angesehen und deshalb mit eingerückt worden sein.

1457a 17. Die Lesart des A^c βαδίζειν bietet keinen Anstoß.

1457a 19. Der Cod. Riccardianus 16 giebt hier die richtige Lesart τὸ κατὰ τό, während im A^c das zweite τό weggeblieben ist. Schon die Analogie des zweiten Satzgliedes ἢ δὲ κατὰ τὸ ἓν ἢ πολλοῖς spricht dafür. Außerdem aber erfordert die Construction die Wiederholung des Artikels τό; denn man kann wohl sagen κατὰ τοῦτον, aber nicht κατὰ τοῦτο, wohl aber κατὰ τὸ τοῦτον ἢ τοῦτο. Demnach war diese Lesart in den Text aufzunehmen.

1457a 22. ἐβάδιζεν soll ein Beispiel zu der ἐρώτησις sein, welche vorher genannt ist, wie βάδιζε zu der ἐπίταξις. Vahlen setzt daher die Fragepartikel ἆρ' vor ἐβάδιζεν, welche von den Codices jedoch nicht bezeugt ist. Aber ἐβάδιζεν kann ja auch ohne die Partikel eine fragende Bedeutung haben.

1458a 3: πόλεως. Wenn πόληος aus πόλεως verlängert wäre, so würde in dem ersteren Worte, abgesehen von der attischen Aussprache des ω in πόλεως, gleichsam zur Ausgleichung für die Verlängerung des ε die Verkürzung des ω eingetreten sein. Passender ist also die Lesart des A^c πόλεος. Denn nun kann in πόληος nicht mehr von einer gleichzeitigen Verkürzung, sondern allein von Verlängerung die Rede sein.

1458a 4. In den folgenden beiden Beispielen hat der Verfasser

nur die verlängerten Wortformen angeführt, die Auffindung der kürzeren Grundformen aber, nach der Erklärung des ersten Beispiels πόληος aus πόλεος, dem Leser überlassen. Es ist daher kaum zweifelhaft, daß neben Πηληιάδεω anstatt Πηλέος: Πηλῆος zu lesen ist. Alles erklären zu wollen und nichts dem Leser oder Hörer zu überlassen, ist ja nach Poet. Kap. 26 φορτικόν. Es genügt also vollständig καὶ τὸ Πηλῆος, Πηληιάδεω.

1458a 9. Daß καὶ Σ im A^c neben dem X und P ausgefallen ist, ergiebt sich mit Notwendigkeit aus dem ganzen Zusammenhang. Da es nun im Cod. Riccardianus 16 und dem des Madius enthalten ist, so sind die Klammern weggelassen worden, weil dadurch der ursprüngliche Text an dieser Stelle wiederhergestellt wird.

1458a 10. ἔστιν hat hier die Bedeutung des Vorhandenseins: „Es giebt deren zehn." Mithin ist die handschriftlich bezeugte Betonung ἔστιν beizubehalten.

1458a 24. Da das wiederholte ἂν des A^c keineswegs sinnstörend ist oder gegen die Grammatik verstößt, so ist die Einschließung desselben in Klammern, oder die Ausschließung nach der Lesart der Apographa, nicht erforderlich.

1459a 13. Das kurz nacheinander wiederholte ὅσας läßt sich nur aus einer Dittographie erklären, und wie die Apographa das zweite nicht anerkennen, so ist es auch aus dem vorliegenden Text als sinnstörend auszuschließen.

1459b 8. Ebenso ist das unmittelbar hinter dem ersten wiederholte ἔτι δὲ als einfache Dittographie aus dem Text zu entfernen.

1460a 4. „Die Natur der Sache lehrt von selbst das ihr Angemessene zu unterscheiden oder zu bestimmen." An diesem Satze kann kein Anstoß genommen werden. Ferner ist διαιρεῖσθαι in der Bedeutung „unterscheiden, entscheiden, bestimmen" sehr gewöhnlich, und diese Bedeutung entspricht der vorstehenden Stelle weit mehr als das Simplex αἱρεῖσθαι, wählen. Endlich ist die Lesart διαιρεῖσθαι handschriftlich beglaubigt und daher nicht ohne weiteres durch die Conjectur αἱρεῖσθαι zu ersetzen.

1460a 14. Auch hier liegt in dem wiederholten τὰ eine Dittographie vor, welche schon die Apographa mit Recht aus dem Texte ausgestoßen haben.

1460a 23. Hier hat der Cod. A^c von erster Hand ἄλλου δὲ. Der Cod. des Robortellus setzt dafür das wenig veränderte ἄλλο δὲ, was auch Bonitz billigt, der dann das folgende ἢ auswirft oder einklammert. Um den absoluten Infinitiv προσθεῖναι, welcher dann noch übrig ist, zu entfernen, verwandelt er δῇ in δεῖ und macht προσθεῖναι davon abhängig. Die Construction bietet dann keinen Anstoß mehr, wohl aber der Sinn. Denn was soll es heißen: „Wenn das erste nicht ist, aber als seiend be-

gesetzt werden soll, ein anderes aber unter Voraussetzung der Existenz dieses ersten (τούτου, nämlich τοῦ πρώτου) notwendig sein oder eintreten muß, so müsse man (das erste zum zweiten) hinzusetzen, damit auch das erste durch einen Fehlschluß als seiend angenommen werde" —? Wie soll dieses Hinzusetzen geschehen, damit es die besagte Wirkung habe? Dieser Sinn hat darum auch noch niemanden befriedigt, weil niemand ihn sich erklären kann. Vahlen hat durch eine neue Conjectur den Zusammenhang etwas erleichtert und vervollständigt, indem er schreibt ἄλλο δ' ἢ . . ᾖ, „wenn aber ein anderes, welches unter Voraussetzung dieses ersten notwendig sein oder eintreten muß, wirklich ist, &c." Allein wie man sich das Hinzusetzen des ersten zum zweiten denken soll, hat auch er nicht erklärt.

Ganz anders gestaltet sich die Stelle, und jede Schwierigkeit wird gehoben sowie der Zusammenhang mit dem Vorausgehenden und Nachfolgenden wiederhergestellt, wenn man die ursprüngliche Lesart des A^c ἄλλου δὲ nach der Correctur, welche dieselbe in dem Cod., wie es scheint, von zweiter Hand erfahren hat, ändert: ἀλλ' οὐδέ, eine Schreibweise, welche zum Verständnisse des Textes dieses Cod. häufig erforderlich ist, vgl. das bemerkenswerte Beispiel 1458 a 5: ἀφῖχθαι μὲν ὄντι ἢ statt ἀφῖχθαι μένοντι ἢ und viele andere. Das ἢ vor προσθεῖναι muß freilich als Dittographie des vorausgehenden ἢ gestrichen oder mit Vahlen eingeklammert werden. Meine deutsche Übersetzung der Stelle beweist, daß wenn man so liest, der Zusammenhang vollständig wiederhergestellt wird und jede Schwierigkeit wegfällt: εἰ τὸ πρῶτον ψεῦδος . . ., wenn das erste eine falsche Behauptung ist, d. h. fälschlich behauptet wird oder behauptet werden soll, so ist es nicht einmal nötig, daß der Dichter hinzusetzt, es sei oder sei gewesen, weil das zweite wirklich ist. Denn das Publikum macht schon von selbst den Fehlschluß, es sei oder sei gewesen, weil das zweite wirklich ist, nach der Formel: post hoc, ergo propter hoc: „Weil das Spätere ist, so muß auch seine Ursache, näml. das Frühere sein."

1460 a 26. Daß νίπτροις, welches der Cod. des Robortellus bietet, und der Lesart des A^c νίπτρα am nächsten kommt, während die Apographa νίπτρων schreiben, das Richtige enthält, zeigt der Zusammenhang: Ein Beispiel hiervon, nämlich daß dieser Fehlschluß ganz gewöhnlich ist, ergibt sich aus den Niptern, d. h. aus dem Ende des 19. Buches der Odyssee. Dort wäscht die ehemalige Amme des Odysseus Eurykleia ihrem Herrn, ohne ihn zu kennen, die Füße und erblickt dabei die Narbe, welche Odysseus von der Verwundung eines Ebers auf der Jagd im Parnassos davongetragen hat. Sogleich schließt sie: „Dies ist die Narbe des Odysseus, also ist der angebliche Bettler selbst Odysseus und durch diesen Schluß wird sie vollständig überzeugt. Allein eine solche Narbe konnte auch ein

anderer als Odysseus an sich tragen. Die Art der Schlußfolgerung ist also eine unrichtige, wenn auch zufällig die Voraussetzung hier der Wirklichkeit entspricht.

1460 b 7. Das ἐκ nach πόσων, welches diesesmal aus den beiden ἐκ des folgenden Satzes wiederholt zu sein scheint, ist als grammatisch unrichtig und als störende Dittographie mit den Apographa zu streichen.

1460 b 9. Die Lesart des A^c: τὸν ἀριθμὸν ist derjenigen aller Apographa vorzuziehen. Denn sowohl τὸν ἀριθμὸν als das noch schlechtere τῷ ἀριθμῷ wäre doch nur ein ganz überflüssiger Zusatz. Vgl. dagegen 1461 b 25: ἐκ τῶν εἰρημένων ἀριθμῶν, wo ἀριθμοί, lat. numeri, die ein vollzähliges Ganze bildenden einzelnen Punkte oder Stücke bedeuten.

1460 b 11. Das ἢ der Apographa vor οἷα εἶναι δεῖ ist an dieser Stelle unentbehrlich und daher ohne Klammern zu schreiben. Es sind die drei Arten der Modalität: Wirklichkeit, Möglichkeit (Wahrscheinlichkeit) und Notwendigkeit gemeint. — Das folgende λέξει bedeutet hier die gebräuchliche, gewöhnliche Ausdrucksweise, also nicht das Sprechen, Reden überhaupt, sondern im engeren Sinne, vgl. κατὰ λέξιν (Anth. 11. 140, opp. παρὰ λέξιν Cic. ad Att. 10, 4.) „nach dem richtigen, mustergültigen Ausdruck." Es bedarf daher nicht der Conjectur Vahlens ἢ κυρίως ὀνόμασιν.

1460 a 17. ἀδυναμίαν steht für ἀδυναμίαν παρέχοντα, was sich nicht darstellen läßt; also das Abstractum für das Concretum: „was unvermögend ist, dargestellt zu werden."

αὐτῆς ἡ ἁμαρτία. αὐτῆς enthält der Cod. A^c und mit Recht, denn es ist als objectiver Genetiv zu fassen und = καθ' αὑτήν, vgl. 16 und den Gegensatz 21: οὐ καθ' ἑαυτήν.

1460 a 18. Der Zusammenhang erfordert μὴ nach εἰ, dies scheint wegen des folgenden μὴ ὀρθῶς ausgefallen zu sein. Als Verbum ist aus ἁμαρτία ἐστὶ im vorhergehenden Satze: ἡμάρτηται zu wiederholen. Der Sinn ist also: „Wenn aber im Vorsatze nicht gefehlt ist, d. h. wenn aber der Vorsatz richtig ist." Alsdann ist vor ἀλλὰ das τὸ des προελέσθαι zu wiederholen, so daß die Stelle vollständig lautet: εἰ δὲ μὴ ἡμάρτηται τὸ προελέσθαι μὴ ὀρθῶς, ἀλλὰ τὸ τὸν ἵππον ἄμφω τὰ δεξιὰ προβεβληκότα ἢ τὸ καθ' ἑκάστην τέχνην ἁμάρτημα . . οὐ καθ' ἑαυτήν, (ἀλλὰ κατὰ συμβεβηκός, näml. ἡμάρτηται). Wenn auch ἅμ' an anderen Stellen neben ἄμφω vorkommt, so ist es doch hier überflüssig, weil selbstverständlich und überdies nicht urkundlich.

1460 a 20. Die Fehler in dem, was der Poesie zufällig zukommt, ohne ihr Wesen zu berühren, sind nach unserer Stelle 1. Fehler gegen die Naturwahrheit, 2. Verstöße gegen die Regeln irgend einer anderen Kunst

oder Unmöglichkeiten in dem Gebiete einer solchen anderen Kunst, wie sie auch immer beschaffen sein möge. Zu ὁποιανοῦν ist κατ' ἄλλην τέχνην aus dem Vorhergehenden zu ergänzen.

1460 a 23. Vahlen hat die ursprüngliche Lesart des A^c: τὰ beibehalten, aber nachher aus eigener Conjectur εἰ in den Satz gesetzt. Allein der Cod. A^c hat über dem τὰ nach Vahlens Vergleichung deutliches εἰ. Diese handschriftliche Correctur macht eine nachfolgende Conjectur überflüssig. Vorhergeht: Die Vorwürfe, welche der Poesie in den Aufgaben gemacht werden, sind nach diesen Gesichtspunkten, näml. ob gegen ihr Wesen oder in einem ihr zufällig Zukommenden gefehlt sei, zu untersuchen und zu widerlegen. Zuerst wird der erste Vorwurf, vgl. 15—16, wiederholt und dann gesagt, wann der Fehler berechtigt und wann er unberechtigt ist. πρὸς αὐτὴν τὴν τέχνην ist also gleich καθ' αὑτήν (16) und durch ἀδύνατα wird das obige ἀδυναμίαν, näml. πεποίηται mit einem anderen Ausdrucke wiederholt: „Wenn nach ihren eigenen Gesetzen Unmögliches gedichtet ist.“

1460 b 36. οὕτω hat der Riccardianus 16 und der corr. Vaticanus 1400; im Cod. A^c ist dieses in οὔτε verschrieben, welches kurz vorher an der richtigen Stelle steht. Das zweite οὔτε lassen schon der Parisinus 2038 wie auch Spengel weg. τὰ περὶ θεῶν ist = ἃ περὶ θεῶν λέγεται. Das Subjekt zu ἴσως οὔτε βέλτιον (ἐστὶ) ist οὕτω λέγειν, näml. ὡς λέγουσι περὶ θεῶν. Zu οὔτε ἀληθῆ ist τὰ περὶ θεῶν λεγόμενα zu denken: „Es ist nicht besser so (d. h. solche Fabeln wie die üblichen) von den Göttern zu reden, d. h. es verstößt gegen die Ehrfurcht vor denselben.

1461 a 9. Das ἢ vor μείζονος kann im Satze nicht entbehrt werden. Dabei ist es im Cod. A^c enthalten, wenn auch von zweiter Hand. Es bedarf daher der Klammern nicht.

1461 a 10: γλῶττα, der Nominativ nach der handschriftlichen Lesart, näml. ἐστίν. Der Dativ γλώττῃ, den Vahlen gesetzt hat, würde von διαλύειν abhängig zu machen sein, was unpassend ist. Die Parallelstellen weisen ebenfalls auf den Nominativ hin, vgl. unten 16: τὸ δὲ κατὰ μεταφορὰν εἴρηται, nicht etwa: τῷ δὲ μεταφορᾷ. Dann folgt 21: κατὰ δὲ προσῳδίαν, näml. εἴρηται. Die 23 und 25 folgenden Dative τῷ δὲ διαιρέσει, τῷ δὲ ἀμφιβολίᾳ hängen immer noch von dem zu ergänzenden εἴρηται ab, nicht etwa von διαλύειν. Ebenso heißt es 27: τὰ δὲ κατὰ τὸ ἔθος τῆς λέξεως, näml. εἴρηται.

1461 a 19. Der Artikel τοῦ nach ἀντὶ ist vor πολλοί grammatisch notwendig und wird auch von allen übrigen Handschriften geboten. Er gehört daher in den Text und ist im A^c nur durch ein Versehen weggeblieben.

1461 a 27. Zu τὰ δὲ κατὰ τὸ ἔθος τῆς λέξεως führt der Verfasser Beispiele an, doch ohne sie mit dem sonst gebrauchten οἷον oder ὡς, ὥσπερ einzuführen, wie er auch zu dem vorhergehenden τῷ δὲ ἀμφιβολίᾳ ohne Einführungspartikel das Beispiel παρῴχηκεν δὲ πλέω νύξ citiert. So weit stimme ich mit Vahlen überein. Das erste angeführte Beispiel lautet: τῶν κεκραμένων (substantivisch statt κεκραμένων ποτῶν, im partitiven Genetiv, eigtl. ἕνα oder τινὰ τῶν κεκραμ. ποτῶν) οἶνόν φασιν εἶναι. Sollte vor diesem Beispiel etwas ergänzt werden, so müßte es doch οἷον, ὡς oder ein ähnliches Wort sein, was aber nach dem Obigen nicht erforderlich ist. Statt dessen ergänzt Vahlen ἕνα, offenbar um den partitiven Genetiv zu erklären. Seine Conjectur ist aber nicht handschriftlich begründet.

1461 a 31. εἴη δ' ἂν τοῦτό γε κατὰ μεταφοράν. Das von Heinsius nach τοῦτό γε eingeschobene καὶ ist überflüssig; denn es genügt vollkommen zu sagen: „Es kann aber dieses metaphorisch gesagt sein.“

1461 a 33. Die Lesart des Cod. A^c σημαίνοι ἂν ist derjenigen des Parisinus 2038: σημήνειε ἂν vorzuziehen. Denn in dem Satze: (δεῖ ἐπισκοπεῖν) ποσαχῶς ἂν σημαίνοι τοῦτο (τὸ ὄνομα) ἐν τῷ εἰρημένῳ (λόγῳ), d. h. „(Man muß überlegen,) eine wievielfache Bedeutung dieses Wort in dem Gesprochenen haben kann“, liegt eine Wiederholung, wie schon aus ποσαχῶς hervorgeht, also eine Dauer, und daher ist der Optativ Präsens der richtige, nicht der Opt. Aor., welcher mit ἂν etwas Momentanes bezeichnet.

1462 a 1. ὡς δ' οὗτοι δ' ἔχουσι. Das zweite δέ des A^c kann nur aus einer Dittographie herrühren, weshalb es auch die übrigen Codices auslassen. Ebenso verhält es sich mit der Dittographie δεῖ, in 1462 b 2.

1462 b 5. Der Artikel ἡ vor μία μίμησις, welchen auch die Aldina wiedergibt, scheint durch eine Wiederholung des folgenden ἡ vor τῶν ἐποποιῶν an diese Stelle gekommen zu sein. Jedenfalls ist er hier nicht nötig. Deshalb läßt ihn auch der Cod. Riccardianus 16 weg.

1462 b 7. Die Einschiebung, welche Vahlen vor λέγω machen will, ist nicht erforderlich, da der Zusammenhang der Gedanken nach der Lesart der Codices keine Lücke aufweist. Denn dem μὲν in 5: ἐὰν μὲν ἕνα μῦθον ποιῶσιν, d. h. „wenn sie zwar die Fabel einheitlich gestalten“, entspricht das δέ nach λέγω in der Weise, daß es dem Sinne gemäß nach dem folgenden ἐὰν stehen würde, wenn nicht der Deutlichkeit wegen noch λέγω, οἷον vorangeschickt wäre. Dem Gedankengange nach wäre nämlich die Satzstellung eigentlich folgende: ἐκ γὰρ ὁποιασοῦν μιμήσεως, nämlich ἐποποιίας, πλείους τραγῳδίαι γίνονται· ὥστε ἐὰν μὲν ἕνα μῦθον ποιῶσιν, nämlich οἱ ἐποποιοί, ἐκ δὲ πλειόνων πράξεων ἢ συγκειμένη, nämlich ἡ ἐποποιική, μίμησις, ὥσπερ . . . μίμησις — ἢ βραχέως δεικνύμενον, nämlich τὸν μῦθον, μύουρον φαίνεσθαι, ἢ ἀκολουθοῦντα τῷ τοῦ μέτρου

μίαν λέγω. Jeder sieht ein, daß dies der richtige Gedankengang ist, daß der Verfasser aber so nicht schreiben konnte, weil er das zweite Glied des Gegensatzes, welches an der richtigen Stelle so gelautet haben würde: ἐκ πλειόνων δὲ πράξεων ᾖ συγκειμένος, nämlich ὁ μῦθος, noch durch die Beispiele der Ilias und Odyssee erläutern wollte, in welchen beide Gegensätze aufs schönste vereinigt sind, größtmögliche Einheit und Zusammensetzung der Fabel aus mehreren schon an sich umfangreichen Handlungen. Er hat daher den Nachsatz, der sich mehr an das erste Glied des Vordersatzes anschließt als an das zweite, zum ersten gesetzt, und das zweite Glied des Vordersatzes ἐὰν δὲ ἐκ πλειόνων πράξεων ᾖ συγκειμένη von λέγω, also abhängig gemacht, wo denn das δὲ seinen regelmäßigen Platz nach ἐὰν nicht behaupten konnte, sondern an den Anfang zu dem den notwendigen Satz bloß einführenden λέγω treten mußte. Der ganzen Stelle fehlt übrigens nichts zur Herstellung des Zusammenhangs der Gedanken Erforderliches, welches einer Ergänzung durch Conjectur bedürftig wäre.

1462b 9. Das ἢ vor καί, welches der Riccardianus 16 und der Parisinus 2038 sowie die Aldina enthalten, kann wegen des folgenden καθ' αὑτὰ nicht entbehrt werden und scheint im A[c] wegen des vorausgehenden mit α schließenden Ὀδύσσεια ausgefallen zu sein.

1462b 19. Da die Inhaltsangabe am Schlusse der Poetik alle Gegenstände aufzählt, von welchen in dem ersten speciellen Teile dieser Schrift nach ihrer überlieferten Gestalt gehandelt worden ist, so habe ich die Zeichen einer Lücke, welche Vahlen nach derselben gesetzt hat, weggelassen.

II. Exegetischer Commentar.

1 9. καὶ πῶς δεῖ συνίστασθαι τοὺς μύθους. Bei der Be- 1447a
trachtung der Gegenstände, welche Aristoteles als Thema seiner Abhandlung bezeichnet, wirft sich die Frage auf, warum er nach Aufführung der Poesie im allgemeinen und ihrer Arten aus dem einzelnen, dessen Wesen er untersuchen will, die schöne Gestaltung der Fabeln hervorhebt, während doch die Fabel unter die Bestandteile der Dichtung gehört, deren Zahl und Art nachher als besonderer Teil des Themas aufgeführt wird. Fabel in dieser engeren technischen Bedeutung ist die Verknüpfung der Begebenheiten in Epos und Drama zu einer einheitlichen Handlung und daher der wesentlichste und wichtigste Bestandteil dieser beiden Dichtungsarten, welche ihrerseits dem Aristoteles als die bedeutendsten gelten. Wie daher über diese letzteren vom sechsten Kapitel an fast allein gehandelt wird, so nimmt wiederum die Lehre von der Fabel in der Abhandlung über die Tragödie bei weitem den größten Raum ein, weil von der richtigen Composition derselben die Schönheit der Tragödie am meisten abhängig ist.

13 ff. Aristoteles will angeben, worin die einzelnen Dichtungsarten übereinstimmen und worin sie sich unterscheiden. Er nennt die epische Dichtung, die Tragödie und Komödie; diese bilden die dramatische Poesie im weiteren Sinne. Es ist noch die lyrische Poesie übrig. Aus ihr nennt er die Dithyrambendichtung und fügt ihr den größten Teil des Flöten- und Zitherspiels bei. Man fragt: Wie konnte der Philosoph diese musikalischen Künste zur Vergleichung mit den einzelnen Dichtungsarten herbeiziehen? Offenbar nicht bloß, weil sie zur Begleitung bei dem Vortrag insbesondere der lyrischen Dichtungen

dienen, sondern wegen ihrer inneren Verwandtschaft mit der lyrischen Dichtungsgattung sowohl nach dem Objekte der Darstellung als nach den meisten Darstellungsmitteln. Da der Philosoph nun das Gemeinsame aller dieser Kunstübungen in der nachahmenden Darstellung (μίμησις) findet, so folgt daraus, daß er unter dem größten Teile (ἡ πλείστη) des Flöten- und Zitherspiels nur diejenigen Produktionen desselben versteht, welche Gefühle, Leidenschaften oder auch Handlungen 2c. nachahmend darstellen. Die Unterschiede der angeführten Künste findet Aristoteles in den verschiedenen Darstellungsmitteln, Darstellungsobjekten und Darstellungsweisen.

Zu 16 siehe Seite 87 Zeile 13 ff.

18 ff. ὥσπερ γὰρ καὶ χρώμασι κτλ. Zunächst soll von den Darstellungsmitteln der genannten Künste die Rede sein, und der Philosoph führt daher zur Vergleichung auch Darstellungsmittel anderer Künste an, so z. B. die Farben der Malerei und die Figuren der Zeichenkunst, wobei er bemerkt, daß man diese Art nachahmender Darstellung teils kunstmäßig, d. h. mit Bewußtsein des Kunstzweckes und der Kunstregeln, teils bloß dilettantisch, d. h. aus Liebhaberei, aus dem Stegreife, ohne beabsichtigte Verfolgung eines Kunstzweckes, zur bloßen Unterhaltung betreibe; ferner den Laut der menschlichen Stimme, welcher gleichfalls in dieser doppelten Weise zu mancherlei Nachahmung verwandt werden kann. Er findet dann, daß die Darstellungsmittel aller oben genannten Künste zusammengenommen in Rhythmus, d. h. taktmäßiger Bewegung, Rede und Harmonie, d. h. dem wohllautenden Zusammenklange der Töne bestehe.

Von diesen Darstellungsmitteln wird die Harmonie nicht allein, sondern nur in Verbindung mit dem Rhythmus angewandt, nämlich von den musikalischen Künsten wie Flöten- und Zitherspiel und den ihrem Wesen nach gleichartigen wie dem Spiel auf der Hirtenpfeife. Dagegen werden die beiden anderen Darstellungsmittel auch allein verwendet, und zwar der Rhythmus von der Tanzkunst, welche durch die verschiedenen Stellungen, die sich der Körper in rhythmischen Bewegungen giebt, dieselben Gegenstände nachahmend darstellen kann wie die Poesie, nämlich Charaktere, Gemütsbewegungen und Handlungen. Vielleicht wollte Aristoteles hier hauptsächlich den pantomimischen Tanz bezeichnen.

Mit der Rede, und zwar mit der durch Versmaße gebundenen sowohl als mit der ungebundenen allein, stellt die Epopöie dar. Dieses Wort verwendet Aristoteles hier nicht nach dem herrschenden Sprachgebrauche, sondern nach seiner etymologischen Bedeutung und bezeichnet damit die poetischen Darstellungen in gebundener und ungebundener Rede ohne Gesang und Tanz, für welche es in der Sprache keine andere gemeinschaftliche Benennung gab. Denn der gewöhnliche Sprachgebrauch nannte die Dichter nach dem von ihnen angewandten Versmaße: Elegiendichter diejenigen, welche in Distichen, Ependichter diejenigen, welche im heroischen Versmaße dichteten u. s. f. und demgemäß ihre Dichtungen; für Gedichte in ungebundener Rede aber, welche dieselben Gegenstände wie jene nachahmend darstellten, gab es keine genauere Bezeichnung, welche sie mit der epischen Dichtungsgattung zusammenfaßte.

10. Solche Gedichte waren z. B. die Mimen, eine aus 1447b
Sicilien stammende leichtere Gattung der Komödie ohne Chöre in dorischer Mundart, welche treue Nachahmung menschlicher Sitten, Leidenschaften und von Auftritten des gewöhnlichen Lebens zum Gegenstande hatte, ohne daß ihr eine Fabel zu Grunde lag. Sie wurde ausgebildet von dem Syrakusier Sophron (um 430), welchen Platon wegen seiner psychologischen Einsicht hochachtete, und der auch Einfluß auf Theokrit übte, und von Sophrons Sohne Xenarch.

11. Die Sokratischen Reden oder Dialoge aber sind Nachbildungen der Unterredungen des Sokrates mit Leuten jedes Standes, worin er unter dem Scheine sich von ihnen belehren zu lassen, sie selbst der Unwissenheit überführte und durch Induktionen aus dem gewöhnlichen Leben zu einer besseren Erkenntnis, namentlich von dem Wesen der Tugend anzuleiten suchte. Solche Sokratische Reden hatten später mehrere seiner Schüler, am vollendetsten aber und in wahrhaft dramatischer Kunstform Platon verfaßt.

18. οὐδὲν δὲ κοινὸν Ὁμήρῳ καὶ Ἐμπεδοκλεῖ. Empedokles, berühmter Physiker und Arzt aus Akragas auf Sicilien um 440 v. Chr., schrieb ein in ziemlich bedeutenden Bruchstücken uns erhaltenes Lehrgedicht „über die Natur“ in erhabener Sprache und in Hexametern, worin er seine Lehre in großartigen Bildern vortrug.

Indem Aristoteles ihn als Dichter nicht anerkennt, faßt

er das Prinzip der μίμησις, welches die Alten dem Begriffe von Kunst und Künstler zu Grunde legten, zu eng. Denn da es auch nach ihm die Nachbildung von Charakteren, Gemütsbewegungen, Handlungen und Personen, lebenden und leblosen Gegenständen einschließt, so würde eine tiefere Auffassung die Mimesis hauptsächlich auf die Nachbildung des im Geiste des Dichters geschaffenen Idealbildes bezogen haben, welches alle diese Gegenstände, ja alle möglichen in sich begreift. Ein solches Idealbild kann daher auch sehr wohl ein Complex von wissenschaftlichen Wahrheiten sein, wenn sie nur in sich zusammenhängen und sich zur Einheit eines mannichfaltigen Ganzen zusammenschließen. Wenn ein solches Idealbild durch die Mittel der Kunst verwirklicht und veranschaulicht wird, so entsteht ein Kunstwerk, welches wir didaktisches oder Lehrgedicht und dessen Verfasser wir mit Recht einen Dichter nennen.

21. Chäremon, ein Zeitgenosse des Euripides und Platon, schrieb eine Reihe von Tragödien, deren Titel nebst einigen Fragmenten bei Athenäus erhalten sind. Seinen Kentauren nennt dieser Schriftsteller ein polymetrisches Drama; Aristoteles, der es vermutlich als Tragödie nicht anerkennen wollte, eine Rhapsodie, d. h. einen epischen Gesang. Chäremons Dramen waren nach dem letzteren mehr zum Lesen als zur Aufführung geeignet, übrigens nicht ohne poetisches Verdienst; seine Vermischung aller möglichen Versmaße eine Neuerung der jüngsten Zeit, vgl. 1447 b 8 f.

23. Nach dieser Abschweifung über den richtigen Begriff von einem Dichter bleiben von den oben genannten Künsten noch diejenigen anzuführen übrig, welche sich aller drei erwähnten Darstellungsmittel zusammen bedienen, nämlich der rhythmischen Tanzbewegung, des Gesanges und der metrischen Rede.

25. ῥυθμός, μέλος und μέτρον sind hier metonymisch gebraucht und stehen für die Gegenstände, denen sie Form und Gesetz geben, nämlich ῥυθμός für rhythmische Tanzbewegung, μέλος für das gesungene Lied und μέτρον für die metrische Rede. Diese Darstellungsmittel werden von der Dithyramben- und Nomenpoesie gleichzeitig, von der Tragödie und Komödie aber κατὰ μέρος, teil für teil verwendet, d. h. teils einzeln, teils zwei, teils alle gleichzeitig; nämlich bloß metrische Rede in den dialogischen, solche mit Gesang, teils mit, teils ohne Tanz in den lyrischen Partien.

26. Der Dithyrambos, das Festlied zu Ehren des Bacchus, in mehrstrophischer Form und der ihm verwandte Nomos, ein religiöses Lied mit Gesang und Tanz und Zither- oder Flötenbegleitung, jedoch monostrophisch zu Ehren einer Gottheit, besonders des Apollon, beide zum dorischen Melos gehörig, waren bei den Griechen Hauptvertreter der lyrischen Poesie. Mit diesem letzteren Namen bezeichneten sie nämlich nur das Melos, weil zum Vortrage desselben die Begleitung der Lyra als unumgänglich galt. Zu Ciceros Zeit war μέλος der üblichste Name für die lyrische Dichtung, weshalb dieser Schriftsteller De opt. gen. or. c. 1 zu der Aristotelischen auch diese Bezeichnung derselben hinzufügt.

Zu 1. 1447 a 16: μίμησις τὸ σύνολον: Die Mimesis als Prinzip der Kunst bei den Griechen.

„Nachahmende Darstellungen" werden die Erzeugnisse der schönen Künste bei Platon und Aristoteles genannt, und in der That ist das Abbilden ein gemeinschaftliches Merkmal aller Gattungen dieser Künste. Alle haben mit der Nachahmung des Naturschönen begonnen, und auf diesem tieferen Standpunkte der Kunstübung ist zu jeder Zeit ein großer Teil der Künstler stehen geblieben, auch als die Kunst die höchste Stufe ihrer Entwickelung bereits erstiegen hatte, je nachdem jeden die Beschaffenheit seines Charakters und seines Künstlertalentes zu einer niederen oder höheren Art der Kunstthätigkeit mehr oder weniger befähigte; ja selbst auf ihrer höchsten Entwickelungsstufe liefert die Kunst nur Bilder, nämlich Nachbildungen künstlerischer Ideale.

Gleichwohl besteht das Wesen der Kunst nicht in der Nachahmung, sondern in dem Streben nach Verwirklichung des Schönen und nur die menschliche Schwäche ist die Ursache, daß die Künstler dabei von der Nachbildung des Naturschönen ausgehen müssen.

Die Schönheit, nach Winckelmann[1]) der höchste Endzweck und der Mittelpunkt der Kunst, hat mit dem Sinnenreize nichts gemein und ist von der Gefälligkeit verschieden; denn auch in einer den Sinnen unangenehmen Farbe und in einer ungewöhnlichen Einkleidung offenbart sich eine Kenntnis des Schönen in uns. Die Schönheit wird nämlich zwar durch

1) Geschichte der Kunst des Altertums I, 4, 8.

den Sinn empfunden, aber durch den Verstand erkannt und begriffen; unser Wohlgefallen am Schönen kann demnach nicht ein bloß sinnliches sein. Über den wahren Begriff des Schönen sagt derselbe große Kunstkenner: „Die Weisen, welche den Ursachen des allgemeinen Schönen nachgedacht haben, da sie dasselbe in erschaffenen Dingen erforscht und bis zur Quelle des höchsten Schönen zu gelangen gesucht, haben dasselbe in der vollkommenen Übereinstimmung des Geschöpfes mit dessen Absichten und der Teile unter sich und mit dem Ganzen desselben gesetzt. Da dieses aber gleichbedeutend ist mit der Vollkommenheit, für welche die Menschheit kein fähiges Gefäß sein kann, so bleibt unser Begriff von der allgemeinen Schönheit unbestimmt und bildet sich in uns durch einzelne Kenntnisse, die, wenn sie richtig sind, gesammelt und verbunden, uns die höchste Idee menschlicher Schönheit geben, welche wir erhöhen, je mehr wir uns über die Materie erheben können." Die höchste Schönheit ist nämlich in Gott, in dessen Geiste das Wahre, Gute und Schöne in höchster Übereinstimmung und Vollkommenheit vereinigt sind. Allen Kreaturen dagegen ist jene Vollkommenheit ursprünglich durch den Schöpfer in dem ihnen zukommenden Grade verliehen worden; unter den irdischen Geschöpfen aber im höchsten Grade dem Menschen als dem Ebenbilde Gottes, als sinnlich-vernünftigem Wesen. Der Begriff menschlicher Schönheit wird daher vollkommen, je gemäßer und übereinstimmender derselbe mit dem höchsten Wesen gedacht werden kann. In den Körpern fanden die alten Künstler die Ursache der Schönheit in der Einheit, in der Mannigfaltigkeit und in der Übereinstimmung.

Die Kenntnis der Schönheit hat der Mensch als Erbteil einer besseren Welt in seinem vernünftigen Geiste mit in dieses Leben gebracht. Sie weist ihn auf die ewige Heimat der Ideale hin, welcher er entstammt, entfacht seine Sehnsucht nach derselben und treibt ihn an, auch sein irdisches Leben nach dieser zu gestalten. Er will die ihm eingepflanzten Ideale verwirklichen und dieses Streben führt ihn zur Kunsttätigkeit. Die Erforschung des Schönen in erschaffenen Dingen lehrt ihn Begriffe der Schönheit, welche teils in Maßen und Verhältnissen, teils in schönen Formen bestehen; diese bilden die Gestalt und jene bestimmen die Proportion. Er wählt sich einen schönen Gegenstand der Natur zur Nachahmung

und sucht das schöne Bild, welches sich von demselben seinem Geiste eingeprägt hat, in irgend einem Stoffe sinnlich wahrnehmbar darzustellen. Der Anfang der Kunstbildung wird gemacht. Die Bildung der Schönheit ist demnach zunächst individuell, d. h. auf das einzelne gerichtet; sie ist Nachbildung eines schönen Vorwurfs, eines einzelnen Schönen. Allein die Kunst bleibt auf diesem niederen Standpunkte nicht stehen. Der Künstler will selbständig das Schöne hervorbringen, nicht bloß aufgenommenes reproduzieren. Von vielen einzelnen schönen Dingen wählt er die schönsten Teile aus und verbindet sie in seinem Geiste zu einem einheitlichen Ganzen, zu einem Gegenstande, wie er in Wirklichkeit nicht vorhanden ist, zu einer neuen Schöpfung, soweit diese dem Menschen gestattet ist, mit einem Worte zu einem Idealbilde, dem Kunstideale, um es in sinnlich wahrnehmbarem Stoffe zu verkörpern und zu veranschaulichen. Bei der Wahl der Gegenstände seiner Schöpfungen leitet den echten Künstler die Erkenntnis, daß die Schönheit sich nur mit dem Guten*) und Wahren**) vereinigt. Immer muß das schöne Werk, welches er schaffen will, zuerst in seinem Geiste geboren und vollendet sein, ehe er unternehmen kann, es äußerlich zu verwirklichen. Die Kunst ist damit eine idealische geworden.

Ihre Hervorbringungen stehen jetzt auf einer höheren Stufe der Schönheit als die der individuellen Kunst. Denn „die Natur," sagt Winckelmann,***) „und das Gebäude der schönsten Körper ist selten ohne Mängel, und hat Formen und Teile, die sich in anderen Körpern vollkommener finden oder denken lassen, und dieser Erfahrung gemäß verfuhren diese weisen (griechischen) Künstler, wie ein geschickter Gärtner, welcher verschiedene Absenker von edlen Arten auf einen Stamm pfropfet; und wie eine Biene aus vielen Blumen sammelt, so blieben die Begriffe der Schönheit nicht auf das Individuelle, einzelne Schöne eingeschränkt, wie es zuweilen die Begriffe der alten und neuern Dichter und der mehresten

---

*) Aristot. Rhet. I, 9. 1366a 33, vgl. zu Poet. 1450b 34.

**) Platon bezeichnet das Schöne als den Glanz der Wahrheit. — Es ist klar, daß das „Wahre" nicht notwendig das „Wirkliche" sein muß, sondern hauptsächlich von der „poetischen Wahrheit" zu verstehen ist.

***) a. a. O.

heutigen Künstler sind, sondern sie suchten das Schöne aus vielen schönen Körpern zu vereinigen." Daher erklärt er die Meinung derjenigen Künstler für falsch, welche, weil sie nur individuelle Schönheiten denken konnten, behaupteten, die schöne Natur könne den schönen alten Statuen ähnlich sein: „Denn es ist schwer, ja fast unmöglich," sagt er, „ein Gewächs zu finden, wie der Vaticanische Apollo ist." Über die Idealisierung in diesen alten Bildwerken spricht er sich*) also aus: „Die großen Künstler der Griechen, die sich gleichsam als neue Schöpfer anzusehen hatten, ob sie gleich weniger für den Verstand als für die Sinne arbeiteten, suchten den harten Gegenstand der Materie zu überwinden, und wenn es möglich gewesen wäre, dieselbe zu begeistern: dieses edle Streben derselben auch in früheren Zeiten der Kunst gab Gelegenheit zu der Fabel von Pygmalions Statue. Denn durch ihre Hände wurden die Gegenstände heiliger Verehrung hervorgebracht, welche um Ehrfurcht zu erwecken, Bilder von höheren Naturen genommen zu sein scheinen mußten. Zu diesen Bildern gaben die ersten Stifter der Religion, welches Dichter waren, die hohen Begriffe, und diese gaben der Einbildung Flügel, ihr Werk über sich selbst und über das Sinnliche zu erheben. Mit ihren hohen Begriffen wurde die Natur vom Sinnlichen bis zum Unerschaffenen erhoben, und die Hand der Künstler brachte Geschöpfe hervor, die von der menschlichen Notdurft gereinigt waren; Figuren, welche die Menschheit in einer höheren Würdigkeit vorstellen, die Hüllen und Einkleidungen bloß denkender Geister und himmlischer Kräfte zu sein scheinen." Dasselbe gilt auch von den Meisterwerken eines Michelangelo und Raphael aus der zweiten Blütenperiode der Kunst.

Diese idealische Kunst meint Aristoteles, wenn er verlangt, daß die epischen und tragischen Dichter Menschen darstellen sollen, welche besser sind als diejenigen der Gegenwart, und daß sie die Begebenheiten in ihren Gedichten nach den Gesetzen der Notwendigkeit oder Wahrscheinlichkeit, nicht nach der Wirklichkeit verknüpfen sollen. Wenn daher Sophokles von sich behauptet, er stelle Menschen dar, wie sie sein sollten, Euripides dagegen, wie sie wirklich sind (Poet. 25. 1460 b 33), so heißt dieses nichts anderes als: Euripides stellt die Wirklichkeit nachahmend dar, Sophokles aber erhöht die Natur zum Ideal; weshalb denn dieser ein größerer Dichter sein muß als jener. Die Begebenheiten aber nach der Notwendigkeit oder Wahrscheinlichkeit verknüpfen (9. 1451 a 38, b 35 ɪc.) heißt ihnen diejenige Gestalt und Ordnung geben, welche sie nach den ewigen Gesetzen der Vernunft, des Rechtes und der Moral, die im Gewissen des Menschen geschrieben, durch die Offenbarung gelehrt, sich im Strome der Weltgeschichte abspiegeln, entweder notwendig erhalten müssen, oder doch haben und einnehmen können. Durch diese Kunst hat z. B. der Dichter Agathon nach Aristoteles' Behauptung mit seiner Tragödie „Die Blume" (9. 1451 b 21) den Beifall seiner Zeitgenossen erworben, obgleich die Fabel des Stückes ganz von dem Dichter erfunden war. Ja, Aristoteles stellt (15. 1454 b 8 ff) geradezu die Forderung an die Dichter, ihre Personen und deren Charaktere zu idealisieren, wie die tüchtigen Maler, auch wenn sie nach der Natur malten, ihre Porträts bei aller Ähnlichkeit doch schöner machten als die Wirklichkeit.

Alle höhere Kunsttätigkeit des Menschen hat somit ihren Grund in dem Streben desselben nach dem Idealen, in der dem Geiste vernünftig denkender Wesen eingepflanzten Neigung und Begierde, sich über die Materie in die geistige Sphäre der Begriffe zu erheben, und in der wahren Zufriedenheit, welche er in der Hervorbringung neuer und verfeinerter Ideen empfindet; überhaupt in der geistigen Natur des Menschen, welche ihn auf seine ewige Heimat hinweist, und in dem Streben, seine Sehnsucht nach dieser zu verwirklichen.

---

*) a. a. O.

2 1. Ein zweiter Unterschied der Künste beruht auf der 1448a
Verschiedenheit des Darstellungsobjektes. Dieses müssen immer hauptsächlich Menschen sein und deren Lebensinhalt besteht dem größten Teile nach in Handlungen. Da nun diese letzteren entweder gut oder schlecht sein müssen, so findet derselbe Unterschied auch zwischen den Menschen selbst statt, von denen die Handlungen ausgehen, und deren Charakterverschiedenheiten auf diesen Eigenschaften beruhen. Daher müssen die Künstler (οἱ μιμούμενοι) entweder bessere, oder schlechtere Menschen als die jetzt lebenden, oder ebensolche nachahmen (ἤτοι . . ποιοῦντας, näml. ἀνάγκη μιμεῖσθαι). Genau οἱ γραφεῖς, näml. Zeichner oder Maler.

5. Polygnotus von Thasos, berühmter Maler, 463 zu Athen eingebürgert, wird auch von Platon in der Malerei

ebenso hoch gestellt wie sein Zeitgenosse Phidias in der Bildhauerkunst. Er malte idealische Gestalten von sittlich edlen Menschen. Aristoteles nennt ihn Polit. 8, 5. 1340a 36, vgl. 8, 6. 11 bes. ἠθικός, moralisch, und empfiehlt der Jugend seine Gemälde, wie die Darstellungen der übrigen moralischen Maler und Bildhauer, zur Betrachtung, weil ihre Sitten dadurch verbessert würden.

6. Pauson, Zeitgenosse des Aristophanes und wegen schlechter Sitten und dürftiger häuslicher Verhältnisse als παμπόνηρος mehrfach von diesem verspottet, malte karikierte Gestalten von Menschen und gehört nach Aristoteles nicht zu den Malern, deren Gemälde der Jugend empfohlen werden können.

Dionysius von Kolophon, ungefähr Altersgenosse des Polygnotos, führte den Beinamen ἀνθρωπογράφος, weil er nur die Natur kopieren konnte oder wollte und sich daher der Nachbildung von Göttern und Heroen enthielt.

7. δῆλον δέ: Von der Gattung wird auf die in Kap. 1 genannten Arten der Kunst geschlossen und der Satz durch Beispiele aus einzelnen erläutert.

10. καὶ τὸ περὶ τοὺς λόγους, nämlich γένος, erg.: ἕξει ταύτας τὰς διαφοράς. Aristoteles meint diejenige Gattung der Poesie, welche sich der ungebundenen Rede bedient, wie die Mimen des Sophron und Xenarch und die Sokratischen Reden, vgl. a 29; καὶ τὴν ψιλομετρίαν, d. h. die metrisch verfaßte epische Poesie ohne Gesang- und Tanzbegleitung.

οἷον Ὅμηρος μὲν βελτίους, nämlich ἐμιμήσατο. Die von Homer geschilderten Helden sind den gewöhnlichen Menschen überlegen an Körper- und Geisteskraft und Tugend, vgl. Il. 5, 302; 12, 383; 20, 287. Epische Dichtungen lieferten auch die folgenden Dichter, nämlich:

12. Kleophon, unter dessen Namen Suidas u. a. zehn Tragödien anführen. Er wird hier wahrscheinlich wegen eines Gedichtes: „Μανδροβούλος" genannt, welches zwischen der epischen Würde und der niedern Darstellungsweise der Parodie etwa die Mitte hielt. Seine niedrige Ausdrucksweise tadelt Aristoteles 22. 1458a 20 —

Hegemon von Thasos, zur Zeit des peloponnesischen Krieges als talentvoller Dichter berühmt, nach Aristoteles der erste Dichter von Parodien, deren Erfindung andere dem Jambographen Hipponax aus Ephesus (um 540 v. Chr.)

zuschreiben. Er trat nach Athenäus, der auch eine Komödie „Philinna" von ihm erwähnt, zuerst im Wettkampfe mit Parodien auf der Bühne auf —

13. Nikochares, ein Nebenbuhler des Aristophanes in der Komödiendichtung, war auch der Verfasser der „Deilias," wahrscheinlich eines Spottgedichtes auf die Delier, welche wegen schwelgerischen Lebens berüchtigt waren.

14. Auch von der Verschiedenheit der Dithyramben- und Nomendichtung (vgl. 1447b 26) nach dem Darstellungsobjekte werden Beispiele angeführt.

15. Argas wird von Athenäus und von Plutarch im Leben des Demosthenes ein Dichter schlechter Nomen (ποιητὴς μοχθηρῶν νόμων) genannt.

Timotheos von Milet (446—357), Verfasser eines berühmten Nomos „Die Perser," worin er den Sieg der Hellenen über die Perser besang, dichtete auch einen Dithyrambos „Der Cyclop," wahrscheinlich ebenfalls von erhabener, der Homerischen entsprechender Darstellung.

Philoxenos aus Cythera (435—380) hatte ebenfalls einen berühmten Dithyrambos „Κύκλωψ" verfaßt, in welchem er den Tyrannen Dionys I (406—337) zu Syrakus als Cyclope Polyphem verspottete.

3 21. Der dritte Unterschied, welcher unter den Kunstgattungen stattfinden kann, derjenige der Darstellungsweise, beruht auf dem verschiedenen Standpunkte, welchen der Dichter zu seinem Gedichte einnehmen kann. Er tritt nämlich entweder hinter dasselbe zurück, wenn er in eigener oder anderer Person (ἢ ἕτερόν τι γιγνόμενον, wo das Partic. γιγνόμενον dem ἀπαγγέλλοντα untergeordnet ist) erzählt, wie Homer dichtet, vgl. 24. 1460a 5—11; oder der Dichter steht mitten in seinem Gedichte, wenn er in eigener Person ohne Vertauschung derselben die Vorgänge in seinem Gemüte darstellt; oder der Dichter steht ganz außerhalb seines Gedichtes, wenn alle Darstellenden handelnd und wirkend auftreten (μιμουμένους). Die erste ist die Weise des epischen, die zweite die des lyrischen, die dritte die des dramatischen Dichters.

25 f. Sophokles gehört mit Homer insofern in dieselbe Darstellerklasse, als beide ernste und edle Charaktere darstellen, also nach dem Darstellungsobjekte; dagegen mit Aristophanes, insofern beide Dramatiker sind, also nach der Darstellungsweise.

28. Der Ausdruck δρᾶν, thun, wirken, erklärt auch den Namen „Drama," welcher von ihm abgeleitet ist, und weil dieser Ausdruck für das attische πράττειν mehr dem dorischen Dialekte eigentümlich war, so nahmen auch die Dorier die Erfindung der Tragödie und Komödie für sich in Anspruch, denn beide sind Dramen.

31. Insbesondere behaupteten die dorischen Megarer, daß von ihnen die Erfindung der Komödie ausgegangen sei, und zwar sowohl diejenigen, welche in Griechenland die Landschaft Megaris am Isthmos bewohnten, als die Einwohner ihrer Kolonie Megara auf Sicilien.

32. Nach der Vertreibung des Tyrannen Theagenes zu Megara im Anfang des 6. Jahrhunderts entstand nämlich bei den Megarern zügellose Demokratie, während welcher die Komödie bei ihnen durch Susarion aus Tripodiskos in Megaris, der um 576 nach Ikaria in Attika auswanderte, als lyrische Komödie zuerst entwickelt und aufgeführt worden sein soll.

33. Im sicilischen Megara dagegen lebte der Dichter Epicharmos aus Kos, welcher die sicilische Komödie durch Einführung einer Fabel in dieselbe zuerst ausbildete und in dorischem Dialekt und jambischen Trimetern Komödien mit stehenden Charakteren (z. B. einem Schmarotzer, παράσιτος) dichtete, worin er verschiedene Fehler und Thorheiten seiner Zeitgenossen geißelte. Er soll nach Suidas um 500 v. Chr. mit Tragödien in Syrakus aufgetreten sein und starb vor 450.

34. Von ihm unabhängig entwickelten athenische Dichter die alte attische Komödie, und zwar nach dem Schöpfer derselben Chionides, der nach Suidas i. J. 502 v. Chr. zuerst eine solche aufführte, Magnes, ein jüngerer Zeitgenosse Epicharms, u. a.; später Kratinos, Krates, Eupolis, Aristophanes.

35. ἔνιοι τῶν ἐν Πελοποννήσῳ. Herodot erzählt z. B. 5, 67, daß die Sikyonier bis auf Kleisthenes den Adrastos, später den Dionysos mit tragischen Chören zu verherrlichen pflegten.

τὰ ὀνόματα, nämlich Komödie und Drama.

37. ἀπὸ τοῦ κωμάζειν. Die Komödie hat nämlich ihren Namen von den lustigen schwärmenden Zügen (κῶμοι), welche an verschiedenen Orten zur Feier der Bacchusfeste üblich waren, vgl. 4. 1449a 11 f.

2. περὶ τῶν διαφορῶν καὶ πόσαι καὶ τίνες τῆς 1448b μιμήσεως. Um den Gattungsbegriff der Poesie, nämlich den der Kunstdarstellung (μίμησις) auf analytischem Wege zu finden, hatte der Philosoph die hauptsächlichsten poetischen und musikalischen Künste vergleichend zusammengestellt; dann führte er zur Erläuterung der Artunterschiede zwischen den einzelnen auch die wichtigsten zeichnenden und mimischen Künste an, so daß alle Hauptgebiete der Kunst von ihm berücksichtigt sind. Unter den drei von ihm aufgestellten Artunterschieden nun ist der erste: ἐν οἷς, welcher sich auf die Verschiedenheit der Darstellungsmittel gründet, allen Künsten gemeinschaftlich, und wir teilen nach demselben die Künste in bildende, musikalische und redende ein; die bildenden wieder in zeichnende (Zeichenkunst, Malerei, Gartenkunst oder Landschafterei), plastische (statuarische Plastik, Relief, Architektur) und mimische (Mimik im engeren Sinne, Schauspielkunst, Tanzkunst); die musikalischen in Musik und Deklamation, die redenden in Dichtkunst und Prosakunst. Der zweite Einteilungsgrund, nach dem ἅ oder Darstellungsobjekte, bezieht sich auf den sogenannten Kunststil, und nach demselben zerfällt die gesamte Kunst in drei Gebiete, nämlich in das der sogenannten hohen oder idealischen Kunst (βελτίονας ἢ καθ' ἡμᾶς), das der individuellen, auf das einzelne gerichteten Kunst oder einfachen Naturnachahmung (ὁμοίους), und das der karikierenden oder auf das Lächerliche und Scherzhafte gerichteten Kunst (χείρονας ἢ καθ' ἡμᾶς). Wie die erstere das Gebiet des Ernstes oder der höheren Lebensinteressen, so umfaßt die letztere das große Gebiet des Scherzes und der niederen Lebensinteressen, während die zweite zwischen beiden die Mitte hält. Jedoch auch die Poesie allein läßt sich nach dem ἅ einteilen, wenn man es auf den Inhalt des Kunstideales bezieht. Danach teilt sich die Poesie in dramatische oder Handlungspoesie im weiteren Sinne, welche die epische und dramatische im engeren Sinne umfaßt, in die Gedanken- oder sogenannte didaktische Poesie und in die Gefühlspoesie oder Lyrik. Der dritte Aristotelische Einteilungsgrund, das ὡς oder die Darstellungsweise liegt der gewöhnlichen Einteilung der Poesie in epische, lyrische und dramatische zum Grunde.

4 3 ff. Als Ursachen, welche die Poesie hervorgerufen haben, führt Aristoteles zwei in der Natur des Menschen be-

gründete er, nämlich den Nachahmungstrieb, welcher ein wichtiges Hülfsmittel ist, die im Kinde schlummernden geistigen Anlagen und Fähigkeiten zu entwickeln, und den Wißens- oder Erkenntnißtrieb, den Trieb das Wahre zu erkennen, auf welchem nach Aristoteles die Freude an gelungenen Nachbildungen beruht. Daß es außerdem noch andere Ursachen geben könne wie unser Wohlgefallen an dem wahrhaft Schönen, welches ebenfalls in der menschlichen Natur begründet ist, und das dem Menschen angeborene Streben, dieses Schöne zu verwirklichen, wird wenigstens durch das im Anfang des Kapitels stehende ἔοικασι nicht geleugnet. Außer diesen Ursachen bedurfte es zur Hervorbringung der Poesie noch der Darstellungsmittel, von welchen auch Harmonie und Rhythmus der Natur des Menschen gemäß sind, wie dies von der Rede als selbstverständlich vorausgesetzt wird.

20. Harmonie im weiteren Sinne, ein Hauptmerkmal des Schönen, ist die Zusammenstimmung eines vielen zur Einheit, weshalb Mannigfaltigkeit, Einheit, Verhältnismäßigkeit (Symmetrie, Proportion) und Regelmäßigkeit ihre Elemente sind. Der menschliche Geist sucht aber naturgemäß in dem vielen die Einheit, weil es ihm durch diese erst begreiflich wird. In der Musik ist Harmonie der Einklang der Töne.

21. Die kunstmäßige äußere Harmonie (im weiteren Sinne) wird bei den in der Zeit darstellenden, redenden, musikalischen und mimischen Künsten befördert durch den Rhythmus, d. h. die taktmäßige Gliederung der Töne, der Rede oder der Körperbewegungen, weshalb auch dieser der menschlichen Natur angemessen ist. In der Poesie wird die Art dieser taktmäßigen Bewegung der Silben durch die Versmaße bestimmt, welche daher auch von Aristoteles Arten oder Teile des Rhythmus genannt werden.

22. Endlich bedurfte es noch der reichen Naturbegabung der Dichter, um die Poesie, deren erste Anfänge aus Stegreifversuchen hervorgingen, von Stufe zu Stufe weiter zu entwickeln und auszubilden.

24. Während unter den frühesten Dichtern die ernsteren die Thaten der Götter und Heroen in Hymnen verherrlichten und die Handlungen edler Menschen in Lobgedichten darstellten, ahmten die leichtfertigeren die Handlungen schlechter und gemeiner Menschen zuerst in Spottgedichten nach. Aus den

ersteren Gedichten, welche wie die sogenannten Homerischen Hymnen epischen Charakter tragen, ging die Epopöe hervor, aus den letzteren die sogenannten Jamben, d. h. Spottgedichte (von ἰάπτειν = iacere, werfen, daher ἴαμβος eigentl. was man warf, der Spott, auf das entsprechende Metrum übertragen, der Jambus; davon ἰαμβίζειν, verspotten) und das parodische Epos. Ein solches war der Margites („der Thörichte," nach Eustathios von μαργαίνειν, thöricht reden und handeln), welches von den Alten dem Homer zugeschrieben wurde, die Alexandriner aber für das Werk eines Späteren hielten. Darin hatte sich nach Aristoteles Homer als Dichter ebenso groß gezeigt wie in seiner Ilias und Odyssee. Denn er hatte nicht mehr einzelne Menschen in Jamben verspottet, sondern allgemein das Lächerliche dramatisch dargestellt und seinem Gedichte eine einheitliche Handlung zu Grunde gelegt wie in seinen beiden Epopöen. Dadurch hatte er in dem Margites ebenso die Grundformen der Komödie vorgebildet wie in seinen heroischen Gedichten die der Tragödie. Von da war nur noch ein Schritt zur Tragödie und Komödie, welchen sich dann die Dichter, je nach ihren eigenen Charakteren der einen oder der anderen, mit Vorliebe zuwandten, weil diese Dichtungen jene älteren an Pracht und Ansehen bei dem Volk übertrafen.

7. Ob die Tragödie sich nicht noch vervollkommnen 1449a
lasse, will der Philosoph hier nicht untersuchen, sondern nur ihre allmähliche Entwickelung historisch betrachten. Die Tragödie und Komödie leiteten ihren Ursprung von verschiedenen Festgebräuchen bei der Dionysosfeier ab, jene von den Vorsängern der Dithyramben, diese von denen der phallischen Lieder. Daher waren sie auch von Anfang an streng geschiedene Arten. Bei jener Feier nämlich pflegten Chöre (sogenannte ἐγκύκλιοι χοροί) im musischen Wettstreite um den Siegespreis, im Kostüme von Satyrn und unter der Anführung eines Vorsängers, um den Altar des Dionysos zu tanzen und dabei Dithyramben zu Ehren des Gottes zu singen, welche dem dorischen Melos angehörten. Weil dabei ein Bock entweder dem Gotte geopfert, oder als Preis dem Sieger im Wettstreite zu teil wurde, hießen diese Gesänge auch Bocksgesänge, τραγῳδία. Thespis aus Ikaria um 550 trat zuerst neben dem Chore als Schauspieler (ὑποκριτής)

auf, indem er sich in eine Unterredung mit dem Chore einließ und den lyrischen Ergüssen desselben antwortete. Dadurch wurden die Mythen aus dem Sagenkreise des Dionysos, welche der Gegenstand jener Chorgesänge waren, anschaulicher gemacht, zumal Thespis bald in der einen, bald in der anderen Rolle und in wechselndem Kostüme auftrat; und die Chorgesänge selbst wurden durch Zwischenreden (ἐπεισόδια) in attischem Dialekt und trochäischen Tetrametern unterbrochen. Dieses Versmaß paßte nämlich wegen seines beweglichen, tanzmäßigen Rhythmus zu dem anfänglichen Satyrdrama. Allein bald wandte man sich ernsteren Stoffen aus der Götter- und Heroenmythologie, selten historischen zu; der Chor bestand nicht mehr aus Satyrn, die Fabeln wurden verlängert. Phrynichos um 510 und Chörilos um 500 entwickelten die Tragödie weiter. Jetzt erfand Pratinas aus Phlius, der auch Tragödien dichtete, um 500 das später sogenannte Satyrdrama, welches den Satyrchor beibehielt und bei scherzhaftem Charakter komische Fabeln wählte. Von nun an wurden bei den tragischen Wettkämpfen von jedem einzelnen dazu bestimmten Dichter je drei Tragödien und ein Satyrdrama aufgeführt. Von Äschylos aus Eleusis 525—456 ist dieses bekannt. Durch ihn erreichte die Tragödie schon einen hohen Grad von Vollkommenheit, indem er den zweiten Schauspieler und im Dialog den jambischen Trimeter einführte, die Chorpartien verminderte und den Dialog, eigentlich die Handlung, im Gegensatz zu den lyrischen Partien zur Hauptsache machte. Durch Sophokles von Kolonos endlich 495—406, welcher den dritten Schauspieler und die Ausschmückung der Bühne mit perspektivischer Malerei hinzufügte, erhielt die Tragödie ihre höchste Ausbildung und Blüte.

30. Die Komödie ist die poetische Darstellung der heiteren, rein scherzhaften Seite des Lebens in gegenwärtiger Handlung, deren eigentliche Form das Lächerliche ist. Dieses beruht immer auf einem gewissen Gegensatze dessen, was sein sollte, zu seinem Gegenteile. Verfehlung des Zweckes durch Wahl falscher Mittel und verkehrte Anwendung derselben, überhaupt Irrtum, Verkehrtheit und Thorheit sind seine Elemente, welche nur im Gebiete des gemeinen, d. h. auf die gewöhnlichen niederen Interessen und Bestrebungen gerichteten Lebens gefunden werden können, weil im Gebiete der höheren

Zwecke und Bestrebungen der Ernst und die Würde, die Charakterzüge des Ewigen und Unendlichen walten. Diese in der Wirklichkeit gegebenen Elemente vereinigt und verwandelt dann die Komödie zu einem phantastischen Idealbilde, einem verkehrten in die Tiefe. Dadurch erklärt sich, weshalb die Komödie eine Nachbildung von schlechteren Charakteren ist als die der Gegenwart, jedoch nicht in jeder Art der Schlechtigkeit, sondern in dem Lächerlichen, welches eine Art schmerzloser und unschädlicher Häßlichkeit ist. Denn das Häßliche gehört zu dem Schlechten, alles Schmerzhafte und Verderbliche aber ist nach Aristoteles mitleidswert.

37. Weil sich ferner die Komödie im Kreise der niederen Interessen des gemeinen Lebens bewegt, steht sie tiefer als die Tragödie und konnte daher auch lange keine besondere Berücksichtigung finden, bis sie sich zu einer vollkommenen Kunstform ausgebildet hatte. Ursprünglich kam sie von Sicilien, wo ihr Epicharm (vgl. zu 3. 1448 a 33) und Phormis aus Syrakus, ein Günstling des Tyrannen Gelon, zuerst mythische Fabeln zu Grunde gelegt hatten. In Athen, wo sie zur Zeit des peloponnesischen Krieges in vollständiger Ausbildung mit den Mitteln der Tragödie auftritt, werden als die bedeutendsten Dichter der älteren Komödie genannt: Kratinos 520—423, der sich der Komödie zu politischen Zwecken bediente und mit kühnem Freimut namentlich den Perikles angriff wie später Eupolis den Alkibiades u. a., Aristophanes 427—388 den Kleon u. s. w. Der von Aristoteles hier genannte Krates trat zuerst als Schauspieler in den Stücken des Kratinos auf. Als Komödiendichter enthielt er zuerst sich der Verspottung einzelner, indem er allgemeine Charakterschilderungen und teils der Mythe, teils dem gemeinen Leben entnommene Fabeln einführte.

9. Epos und Tragödie gehören beide der dramatischen 1449 b
Dichtungsgattung im weiteren Sinne an, d. h. sie stellen beide Handlung nachahmend dar; das Epos aber erzählt sie als *vergangene*, die Tragödie läßt sie als *gegenwärtig* vor den Augen der Zuschauer vorgehen. Beide ferner stellen die ernste Seite des Lebens dar, also edle Charaktere. Weiter hat das antike Epos ein gleichförmiges, einfaches Versmaß, den Hexameter; in der Tragödie dagegen wechselt dasselbe nach ihren verschiedenen Teilen. Ein anderer Unterschied liegt

nach Aristoteles in der Zeitdauer, welche die dargestellten Begebenheiten in beiden Dichtungsformen in Anspruch nehmen können. Denn da die Bühne bei den Alten den ganzen Tag über offen blieb, so sollte, um die poetische Illusion bei den Zuschauern nicht zu stören, die in der Tragödie dargestellte Handlung die Zeit eines scheinbaren Sonnenumlaufs nicht oder nicht bedeutend überschreiten. Das Epos dagegen war hinsichtlich des Zeitumfangs der dargestellten Begebenheiten unbeschränkt. Freilich hatten auch die frühesten athenischen Tragiker sich an jene Vorschrift nicht gebunden.

21. In den fünf ersten Kapiteln hat Aristoteles von 6
dem Wesen, den Eigenschaften und den Arten der Poesie im allgemeinen gehandelt; es folgt der erste besondere Teil, welcher die ernste Dichtungsgattung in ihren Hauptformen, Tragödie und Epopöe, betrachtet. Die gesonderte Behandlung der Komödie hatte in dem zweiten, der scherzhaften Poesie gewidmeten Teile der Poetik ihre Stelle. In dem ersten ist Hauptgegenstand der Erörterung die Tragödie als die bedeutendste unter allen Dichtungsformen, vgl. darüber K. 26.

24. Die Tragödie als Kunstwerk (μίμησις) unterscheidet sich nämlich von den Erzeugnissen der übrigen Künste durch ihr Hauptdarstellungsmittel, die geschmückte Rede; von denen der lyrischen und epischen Dichtung als Darstellung einer Handlung in gegenwärtiger Vollziehung (δρώντων καὶ οὐ δι᾽ ἀπαγγελίας), außerdem von dem Nomos und Dithyrambos dadurch, daß der Schmuck der Rede, Metrum und harmonischer Gesang, je nach ihren einzelnen Teilen (μόρια, d. h. den auf einander folgenden) gesondert (χωρὶς = κεχωρισμένως) ist; von der Komödie endlich durch den ernsten, würdevollen Charakter der dargestellten Handlung (πρᾶξις σπουδαία, d. h. eine Handlung, deren hohes Ziel des Eifers der Edlen wert ist). Als Kunstwerk muß sie ferner ein einheitliches Ganzes darstellen; daher darf der ihr zu Grunde liegenden Handlung nichts zu ihrer Vollständigkeit fehlen (τέλειος); und da sie zugleich eine Mannigfaltigkeit von Teilen enthalten muß, bedarf die Handlung, um ihr Ziel erreichen und ihre Wirkung äußern zu können, einer gewissen Größe (μέγεθος) und einer Verknüpfung mehrerer Begebenheiten.

27. Über die Katharsis belehrt uns Aristoteles in der Polit. 8, 7. 1341 b 32 ff., wo er von der heilenden und

verführenden Einwirkung gewisser Arten der Musik auf das Gemüt namentlich der von Leidenschaften beherrschten Menschen spricht, vorerst nur im allgemeinen: „sie sei eine Befreiung von gewissen Leidenschaften und eine mit Freude verbundene Erleichterung des Gemüts. Ebenso bereiteten die reinigenden Gesänge (τὰ μέλη τὰ καθαρτικά) den Menschen eine unschädliche Freude.“ Der Anonymus de com., welcher wahrscheinlich aus Aristoteles geschöpft hat, sagt in Betreff der Katharsis: ἡ τραγῳδία ὑφαιρεῖ τὰ φοβερὰ παθήματα τῆς ψυχῆς δι᾽ οἴκτου καὶ δέους καὶ ὅτι συμμετρίαν θέλει ἔχειν τοῦ φόβου. Aus den dunklen und geschraubten Spekulationen der Neuplatoniker Jamblichos aus dem 4. und Proklos aus dem 5. Jahrh. n. Chr., von welchen es nicht erweislich noch glaubhaft ist, daß sie mehr von der Poetik des Aristoteles vor Augen hatten als wir, läßt sich ebenfalls nichts weiter entnehmen. Wie nun die Tragödie durch Mitleid und Furcht eine Befreiung von diesen und derartigen Gemütsbewegungen und eine Zurückführung derselben auf das rechte Maß bewirken könne, will ich zu zeigen versuchen.

Die Wirkung der Tragödie ergiebt sich aus dem Charakter der von ihr dargestellten Handlung und Personen. Denn die erstere führt die Entscheidung über die wichtigsten Lebensinteressen des Menschen, über Glück und Unglück herbei, und durch ihre Teile, wie Glückswechsel, Erkennungen und Leiden, übt sie die erschütterndste Einwirkung auf das Gemüt des Zuschauers aus; die letzteren vertreten als edle Menschen, welche gleichwohl Fehlern und Irrtümern unterworfen sind, durch ihr Schicksal das der Menschheit überhaupt. Die Gemütsbewegungen, welche die Tragödie erweckt, sind daher zunächst Mitleid und Furcht. Denn Furcht entsteht nach Aristoteles Rhet. 2, 5 aus der Vorstellung eines drohenden schmerzhaften oder verderblichen Übels, besonders wenn es in der Nähe droht; Mitleid aber nach 2, 8, wenn ein solches Leiden denjenigen trifft, der es nicht verdient, wie es auch uns selbst oder einen der Unsrigen treffen könnte, und zwar wenn man es in der Nähe erblickt. Die Handlung der Tragödie enthält darum alle Elemente, durch welche diese Gemütsbewegungen hervorgerufen werden, um so mehr als die tragische Kunst die besonderen, individuellen Beziehungen des Leidens abstreift und den Blick des Zuschauers auf das all-

gemein Menschliche in denselben richtet. Aber es wirken gleichzeitig noch andere Momente auf den Geist des Zuschauers ein, welche die ersten Eindrücke der Furcht und des Mitleids allmählich verändern und zuletzt diese sowie die ihnen verwandten Affekte aus seinem Gemüte verbannen und dasselbe von ihnen befreien. Indem nämlich die Tragödie das Leiden im Zusammenhange mit seinen Ursachen und Wirkungen darstellt, läßt sie seine Bedeutung im Plane der göttlichen Weltregierung erkennen und die ersterweckten Gemütsbewegungen durch diese Erkenntnis nach und nach zurücktreten, ja sie befreit zuletzt ganz von ihnen, so daß statt derselben im Gegenteile Bewunderung, Zuversicht und Vertrauen das Gemüt des Zuschauers erfüllen, wodurch der Wiederkehr **jener** ersten Affekte überhaupt entgegengewirkt wird.

Wenn wir z. B. das **ungeheure** Leiden, welches einen Ödipus im Öd. Tyr. **oder einen Kreon** in der Antigone trifft, **mit** unseren **eigenen** Augen **aus** der Nähe betrachten, werden wir zuerst dadurch erschüttert und von der Furcht ergriffen, daß wir und unsere Angehörigen als Menschen wie sie leicht ebenso unglücklich werden könnten, und bemitleiden den Helden, weil er nach seinen sonstigen Vorzügen und Thaten sein Unglück nicht verdient zu haben scheint. Indem wir dann aber auch erkennen, daß dieses selbstverschuldet ist; daß Wahn, Trotz, Selbstüberhebung und Geringschätzung des göttlichen Rechts und Gesetzes dasselbe herbeigeführt haben, die göttliche Weltordnung dagegen den Sieg über jede Antastung durch menschliche Willkür davonträgt und demnach unser Glaube an die göttliche Gerechtigkeit und Allmacht unerschüttert bleibt, werden wir nicht nur in unserem gegenwärtigen Seelenleiden (πάθημα ist der leidende Zustand unserer Seele, daher auch dessen Ursache, die Leidenschaft) getröstet und nicht nur in diesem einzelnen Falle von unserer Furcht und unserem Mitleiden wieder befreit, weil wir jetzt ihre Grundlosigkeit einsehen und in dem Unglücke des Helden jetzt vielmehr eine Wiederherstellung der durch ihn verletzten göttlichen Weltordnung erblicken, sondern es erfolgt auch zugleich eine sittliche Erhebung unseres Gemütes über alle derartigen Seelenzustände, welche Furcht und Mitleid und ähnliche Gemütsbewegungen (wie z. B. Gram und Trauer über das Elend, in welches der Mensch sinken kann, vgl. Lessing Hamb. Dramat. St. 77

a. E.) überhaupt **in ähnlichen Fällen nicht so leicht mehr aufkommen** läßt.

Von der Wirkung der Poesie und der Kunst überhaupt hat Aristoteles bisher nicht gehandelt, nur indem er in Kap. 4 ihre Ursachen untersucht, führt er eine Wirkung derselben, nämlich die Freude an dem Dargestellten (τὸ χαίρειν ἐπὶ τοῖς μιμήμασι πάντας) an und findet deren Ursache in der Befriedigung unseres Dranges nach Erkenntnis, Wissen und Wahrheit. Weil nämlich die Wesensbestimmung der Kunst bei Aristoteles wie bei Platon als μίμησις zu enge ist und höchstens für die Anfänge und eine niedere Entwicklungsstufe derselben, die sogenannte individuelle, **auf** das einzelne gerichtete Kunst Geltung haben **darf, so konnte er** zu einer vollständigen Nachweisung ihrer **Wirkungen nicht** gelangen. Hätte er die Kunst als das betrachtet, was sie wirklich ist und sein soll, als eine Mittelstufe zwischen dem Menschlichen und Göttlichen, als **eine** annähernde Verwirklichung unseres Ideals vom Wahren und vollkommenen Schönen, so würde sich ihre Wirkung als eine stufenweise geistige Erhebung zu demselben, als eine teilweise Befriedigung unserer Sehnsucht nach dem höchsten und vollkommensten Wesen ergeben haben. Daraus mußte dann auch die besondere Wirkung der Tragödie abgeleitet werden. Nichtsdestoweniger hatte der Philosoph auf dem Wege der Empirie und der Analysis ihres Inhalts und ihrer Darstellungsweise eine genauere Ansicht von der Wirkung der Tragödie gewonnen, welche er in der kurzen Definition dieser letzteren niedergelegt hat, und die nur einer weiteren Ausführung bedurft hätte, als sie hier ausdrücklich stattfindet.

31. An die Definition schließt sich die Partition der Tragödie, auf welcher die Disposition der nachfolgenden Abhandlung von dieser Kunstdarstellung beruht. Für die Ausführung der Handlung bedarf es zunächst eines Schauplatzes, einer Schaubühne, welche geschmückt sein muß, weil Personen von hoher Geburt und Stellung die Handlung vollziehen, deren Umgebung, um ihrem Stande angemessen zu sein, eine reichliche Ausstattung derselben erforderlich macht. Zu dem äußeren Schmuck des Schauspiels gehören aber auch die Kostüme der Darsteller und alles, was dazu dienen kann, durch Einwirkung auf den Gesichtssinn die poetische Illusion bei den Zuschauern zu fördern und zu erhalten. Dessenun-

geachtet nimmt diese äußere Ausschmückung ihrem Kunstwerte nach erst die letzte Stelle unter den Bestandteilen der Tragödie ein, weil sie, wie Aristoteles am Schlusse des Kapitels sagt, der Poesie an sich fremd ist, da die Tragödie auch ohne Aufführung und Schauspieler schon beim Lesen ihre Wirkung üben kann und die theatralische Vollendung mehr das Geschäft des Maschinisten ist als das der Dichter.

Als nächstes Erfordernis ergeben sich dann die übrigen Darstellungsmittel der Tragödie, Gesangcomposition für die Chorpartien und die metrische Rede. λέξις, sonst die menschliche Rede überhaupt, ist nämlich hier in einer engeren technischen Bedeutung für die metrische Rede gebraucht, weshalb Aristoteles zur Erklärung der μελοποιία bemerkt, daß diese dem Wortsinne nach zu verstehen sei. Nach ihrem Kunstwerte stehen auch diese beiden Bestandteile der Tragödie hinter den drei übrigen zurück **und** nehmen **daher** erst die vierte und fünfte Stufe der Wichtigkeit ein.

26. Da die Handlungen aus dem Willen der Handelnden entspringen, und dieser durch Charakter und Gedanken bestimmt wird, auf welchen beiden die Verschiedenheit der Menschen, ihrer Thaten und deren Erfolg beruht, so sind Charaktere und Gedanken die Bestimmungsgründe der Handlungen. Wie nun die tragische Handlung selbst in der Fabel (μῦθος) ihre poetische Darstellung findet, so die Charaktere in den charakterzeichnenden, d. h. in denjenigen Partien, welche erkennen lassen, was einer begehrt oder verabscheut; die Gedanken in denjenigen, welche Beweise oder Darlegung einer Meinung enthalten.

1450a 10. Von diesen sechs Bestandteilen, von deren Beschaffenheit die der ganzen Tragödie abhängt, weil sie Form und Inhalt derselben umfassen, kommen zwei, nämlich die rhythmisch gegliederte Rede und die Gesangcomposition auf die Darstellungsmittel; einer, nämlich die äußere Ausstattung der Bühne, auf die Darstellungsweise; und drei, nämlich Fabel, Charakteristik und Gedankenentwicklung, auf die Darstellungsobjekte.

15. **Daß die Fabel als Verknüpfung der Begebenheiten der wichtigste unter den Bestandteilen der Tragödie, insbesondere für diese wichtiger sei als der an Bedeutung ihr zunächst stehende, die Charakterdarstellung, wird durch einen direkten Vernunftschluß aus dem Wesen der Tragödie und**

ihrem Endzweck, welcher ja **von allen** das Wichtigste ist, erwiesen. Die Tragödie ist nämlich Darstellung von Handlung, welche wieder den Hauptinhalt des menschlichen Lebens ausmacht, und von Glückseligkeit, welche nach Eth. Nik. I, 5—9 der Endzweck des Lebens ist und in tugendhaftem Handeln besteht; und auch das Unglück, welches sie darstellt, beruht auf Handlung. Ihr Endzweck ist eine bestimmte Handlung, nicht eine Beschaffenheit wie die der Charakterdarstellung; und aus ihrer Handlung erfolgt Glück oder das Gegenteil. An den direkten Beweis schließen sich zwei apagogische an: Ohne Fabel kann weder eine Tragödie entstehen noch ihre Wirkung erreicht werden; wohl aber ohne oder mit mangelhafter Charakterdarstellung u. s. w. Dagegen macht die Fabel durch ihre Teile Peripetie und Erkennung den allergrößten Eindruck auf das menschliche Gemüt. Auch aus dem Merkmal, daß die Verknüpfung der Begebenheiten für angehende Dichter das Allerschwerste ist, insbesondere schwieriger als die Charakterdarstellung, wie sie es auch für die ältesten Dichter war, wird auf die Wichtigkeit der Fabel geschlossen. Dazu kommt ihre Analogie mit der Malerei. Es verhält sich nämlich die Fabel der Tragödie zur Charakterzeichnung wie die Contouren eines Gemäldes zur Farbengebung. Endlich wird der wichtigste Satz aus dem direkten Vernunftbeweise kurz rekapituliert (vgl. b 2).

27. Ueber Polygnotos, den patriotischen **und uneigennützigen** Maler und Ausschmücker des Tempels **zu Delphi** und der Stoa Pöcile zu Athen vgl. zu K. 2, **5**.

28. Zeuxis aus Herakleia trat im J. 397 als Maler auf und erwarb sich durch seine idealschönen Figuren, welche darum, wie es scheint, der individuellen Charakteristik ermangelten, großen Ruhm und Reichtum. Er ist durch seinen Wettstreit in der Malerkunst mit Parrhasios bekannt.

4. Διάνοια als Reflexion, deren Behandlung nach 1450b
K. 19, 35 mehr in die Rhetorik gehört, wird hier nach derselben erklärt als die Fähigkeit, das der Natur der Sache nach Mögliche und das Angemessene zu sagen. Indessen bedarf die politische Beredsamkeit, um dieses zu können, auch der Einsicht in die staatlichen und ethischen Verhältnisse, welche die Politik den Redner zu lehren hat; und so ließen die alten Dichter ihre Personen sprechen, während die neueren

die ihrigen rhetorisch reden lassen, d. h. wie Redekünstler, die sich deklamierend in fingierten Prozessen üben.

12. Es folgt noch die Definition der λέξις in ihrer allgemeinen, für Prosa und Poesie gültigen Bedeutung. Über die λέξις vgl. oben zu 1449 b 35.

21. Die Lehre von den Bestandteilen der Tragödie im 7
einzelnen beginnt mit der Fabel als dem ersten und wichtigsten derselben. Da diese die Nachahmung der der Tragödie zu Grunde liegenden Handlung ist, so müssen ihr auch die in K. 6 Anf. festgesetzten Eigenschaften derselben zukommen, also Ganzheit, Vollständigkeit, und eine bestimmte Größe. Nicht jedes Ganze muß nämlich notwendig eine bestimmte Größe haben; vielmehr wird das Ganze definiert als das, was Anfang, Mitte und Ende hat, und aus diesen Begriffen werden die wichtigsten Bestimmungen für die tragische Fabel abgeleitet. Weil zunächst der Anfang nichts anderes zur notwendigen Voraussetzung haben kann, oder nach Metaph. IV, 1 von dem Anfange zuerst die Bewegung und Umwandlung ausgehen muß, so darf zwar vor dem Anfange dessen was in der Tragödie geschieht, etwas vorausgehen was großen Einfluß darauf ausübt, aber nichts was so beschaffen ist, daß aus ihm nur die tragische Handlung allein und nichts anderes entspringen kann. Sonst würde der Tragödie ihr Anfang fehlen. So sind in Sophokles' Öd. Tyr. die Aussetzung des Ödipus, die Ermordung des Laios, die Vermählung des Ödipus mit Jokaste, welche außerhalb der Tragödie liegen, zwar Voraussetzungen der in ihr dargestellten Handlung und von wesentlichem Einfluß auf dieselbe; aber die Art der Enthüllung jener Thaten, welche den Hauptinhalt der Fabel ausmacht, ist nicht eine notwendige Folge derselben, sondern die Pest und das Orakel des Apollon sind die einzigen sichtbar treibenden Ursachen (Motive), welche die tragische Handlung in Bewegung setzen und ihre Umwandlung herbeiführen. Dagegen ist die tragische Handlung geschlossen, wenn sie nicht eine andere zur notwendigen Folge hat. Im übrigen müssen die Begebenheiten welche die Fabel bilden, in einem solchen Zusammenhange stehen, daß die jedesmal nachfolgende aus der vorhergehenden den Gesetzen der Notwendigkeit oder Wahrscheinlichkeit nach (τὸ εἰκὸς = ὡς ἐπὶ τὸ πολύ, dem gewöhnlichen Gange der Dinge gemäß) sich entwickle.

34. Aus dem Begriffe des Schönen, welchen Aristoteles Rhet. I, 9. 1366 a 33 so definiert: „Schön ist, was um seiner selbst willen begehrenswert und zugleich löblich ist, oder was gut und vermöge seiner Güte zugleich auch angenehm ist," werden Größe und Ordnung als notwendige Attribute seines Wesens abgeleitet (vgl. Eth. Nik. IV, 7. Polit. VII, 4. Metaph. I, 3: ἐπεὶ τό γε καλὸν ἐν πλήθει καὶ μεγέθει εἴωθε γίνεσθαι). Da nun jedes Kunstwerk schön, also gut und vermöge seiner Güte erfreuend sein muß, sei es nun, daß es wie die Tragödie Schöneres darstellt als das Gewöhnliche, oder wie die Komödie weniger Gutes und Schönes, oder einfach das Naturschöne; so folgt, daß ihm auch Größe und Ordnung zukommen müsse. Diese notwendigen Eigenschaften aber sollen in einem einheitlichen Ganzen zur Anschauung kommen; also muß die Größe eines Kunstwerkes überschaulich und demnach die schöne Fabel leicht behaltbar sein. Dies wird durch die Analogie derselben mit einem schönen Naturobjekte, z. B. einem schönen Tiere oder irgend einem aus Teilen bestehenden schönen Dinge nachgewiesen.

3. Mit ὥστε beginnt der Nachsatz. σώματα = ἅπαν 1451 a
πρᾶγμα, ὃ συνέστηκεν ἐκ τινῶν. ἔχειν, nämlich τὸ σῶμα καὶ τὸ ζῷον.

6. Die Länge der tragischen Fabel darf nicht mit Rücksicht auf ihre Aufführung in Kunstwettstreiten oder auf die sinnliche Anschauung bestimmt werden, sondern nach den Regeln der Kunst. Wie viele Tragödien mit einander streiten sollen, ist eine Nebensache, welche die Kunst nichts angeht, sondern von dem Belieben der Behörden abhängt.

7. „Nach der Wasseruhr streiten," eine von dem Gebrauche bei Reden der Parteien vor Gericht hergenommene sprichwörtliche Redensart für „eine bestimmte Zeit einhalten" ist eine scherzhafte Äußerung, welche mit der Hyperbel ἑκατὸν τραγῳδίας im Einklange steht.

10. Zu ὁ μείζων will Vahlen μῦθος ergänzen, weil davon gehandelt werde. Der Stellung des μείζων hinter ὅρος und dem Inhalte des Satzes entsprechender scheint es, aus dem vorausgehenden Begriffe ὅρος den allgemeineren „des Umfanges" zu μείζων zu ergänzen.

13. Aus γεγονέναι ergiebt sich leicht als gedachtes Subjekt τὰ πραττόμενα.

15. Die der Tragödie als Kunstwerk notwendige Einheit macht auch die Einheit der Fabel erforderlich, welche zunächst negativ bestimmt wird: Aus der Einheit des Helden folgt noch nicht diejenige der Fabel, wie manche namentlich epische Dichter glauben und danach in ihren Gedichten verfahren. Diesen wird Homers Compositionsweise als die richtige gegenübergestellt. Die Einheit der Fabel beruht nämlich wie diejenige aller anderen Kunstwerke auf der Einheit des Dargestellten, also hier der dargestellten Handlung und auf dem organischen Zusammenhange aller Teile der Begebenheiten. 8

16. In diesem Vergleichungssatze entsprechen τὰ συμβαίνοντα, die Begegnisse, Schicksale, den πράξεις, Handlungen des einen.

20. Dieser Vorwurf trifft den Lakonen Kinäthon (um 750), den Peisandros aus Rhodos (um 645) und den Panyasis aus Halikarnaß (um die Zeit der Perserkriege), welche eine Herakleïs; den Zopyros, Diphilos u. a., welche eine Theseïs verfaßt hatten, sowie einige andere Dichter kyklischer Epen.

25. Die Verwundung des Odysseus auf dem Parnassos wird als Episode erzählt Odyss. 19, 428–466.

26. Als Agamemnon die ehemaligen Freier der Helena zum Kriegszuge gegen Troja versammelte, stellte sich, wie das verlorene Epos Kypria erzählte, Odysseus als wahnsinnig, um nicht mitziehen zu müssen. Aber Palamedes entdeckte die List und zwang ihn, seine Rolle aufzugeben und dem Zuge sich anzuschließen.

33. Dasjenige, dessen Vorhandensein oder Fehlen keine daraus entspringende Wirkung (μηδέν) bemerkbar macht, d. h.: was wirkungslos ist. Demnach müssen die Teile der Begebenheiten sich wie Ursache und Wirkung einander bedingen.

1451b 1. Der organische Zusammenhang aller Teile der Begebenheiten, auf welchem die Einheit der Fabel beruht, findet dann statt, wenn dieselben wie Ursache und Wirkung aus einander folgen. Dadurch nämlich werden die Begebenheiten, wie es die Aufgabe des Dichters ist, nach den Gesetzen der Notwendigkeit oder Wahrscheinlichkeit verknüpft. Diese Gesetze spiegeln sich zwar auch in der Weltgeschichte ab, aber nur im ganzen Verlaufe derselben. Im einzelnen scheint oft der Zufall zu herrschen, und Ursachen und Wirkungen sind vielfach durch 9

verschiedene andere Ereignisse weit von einander getrennt. Der Dichter aber stellt Begebenheiten dar, wie sie geschehen könnten und nach den Gesetzen der Notwendigkeit oder Wahrscheinlichkeit möglich sind, nicht dasjenige, was wirklich geschehen ist, wie der Historiker. Darum ist die Poesie auch der Philosophie näher verwandt und bedeutungsvoller als die Geschichte. Denn die Philosophie sucht im Besonderen das Allgemeine zu erkennen; die Poesie aber stellt das Allgemeine, Gattungsartige durch das Besondere dar; sie läßt ihre Personen so reden und handeln, wie die ganze Gattung so gearteter Menschen reden und handeln würde.

10. οὗ στοχάζεται κτλ. Diesen Zweck, nämlich τὰ καθόλου λέγειν, verfolgt die Poesie, indem sie eigene Namen beilegt, was dann durch das Verfahren der neueren und teilweise der mittleren Komödie erklärt und bewiesen wird. Erst stellen nämlich die Dichter derselben die Fabel aus Wahrscheinlichem zusammen, und dann geben sie den Charakteren die zutreffenden (τὰ τυχόντα, nämlich τοῦ ὀνόματος.) Namen, also charakteristische, z. B. Parasit u. s. w. 1451b

14. οὐχ ὥσπερ οἱ ἰαμβοποιοί. Krates gab nach K. 5 zuerst die Dichtungsweise der Jambendichter auf, welche einzelne Personen verspotteten.

21. Agathon war ein beliebter Tragödiendichter, Zeitgenosse und Freund des Platon.

24. αἱ τραγῳδίαι, die Tragödien im allgemeinen, d. h. die große Mehrzahl derselben.

29. Obgleich der Dichter in der Regel die Fabel selbst zu erfinden hat, so darf er doch geschichtliche Stoffe benutzen, wenn er die im Causalzusammenhang stehenden Teile einer Handlung richtig auszuwählen, anzuordnen und zu behandeln versteht. Vgl. Lessing, Hamb. Dramat. St. 89—91.

33. Das Gegenteil von dieser künstlerischen Verknüpfung der Begebenheiten zeigen diejenigen einfachen Fabeln, d. h. nach dem folgenden Kapitel Fabeln ohne Peripetie und Erkennung, in welchen die Episoden, d. h. Begebenheiten, nicht in ursächlichem Zusammenhang stehen. Denn dadurch werden sie zu einem bloßen Conglomerat oder einer Aneinanderreihung von Akten, und die Einheit wird aufgehoben. Aristoteles erhebt diesen Tadel nur gegen gewisse einfache Fabeln und die Gegenstände ihrer Nachahmung, die dargestellten Hand-

langen, weil bei verwickelten Fabeln dieser Fehler nicht leicht vorkommen wird. Die Dichter, welche so dichten, thun es entweder aus Unverstand oder den Schauspielern zu Liebe. Damit sich nämlich mehrere von diesen gleichzeitig auszeichnen können, nicht wie gewöhnlich der Protagonist allein, dehnen sie die Fabel wider die in ihrer Natur begründete Möglichkeit (δύναμιν) aus und zerreißen den Zusammenhang (τὸ ἐφεξῆς) durch Einschiebung fremdartiger Episoden.

1452 a 1. Der ursächliche Zusammenhang der Begebenheiten ist aber auch erforderlich, um das Furchtbare und Mitleidswerte hervorzubringen, welches die Tragödie darzustellen hat. Denn dieses findet seinen Grund hauptsächlich in dem Causalzusammenhange der Begebenheiten, und um so mehr, wenn man denselben nicht erwartet hat.

δι' ἄλληλα steht darum am Ende des zusammengesetzten Vordersatzes, weil es sowohl zu ταῦτα .. καὶ μάλιστα gehört, als auch zu ὅταν γένηται παρὰ τὴν δόξαν. Der Sinn ist also: „Wenn man die Ursache des Furchtbaren und Mitleidswerten nicht vorausgesehen hat, und dieselbe erst, nachdem es geschehen ist, erkennt, so wird es noch in höherem Grade furchtbar und mitleidswert erscheinen, weil das Staunenerregende der entdeckten Ursache seinen Eindruck verstärkt."

5. οὕτως, in diesem Falle, d. h. wenn man die Ursache des Furchtbaren ꝛc. nach seinem Eintreten unerwartet entdeckt — τὸ θαυμαστὸν ἕξει μᾶλλον: Es wird in höherem Grade zugleich das Staunen erregen, als wenn es von selbst und durch Zufall geschehen wäre, weil ja selbst unter dem Zufälligen das am staunenswertesten scheint, was den Eindruck macht, gleichsam absichtlich herbeigeführt zu sein.

8. Der Argiver Mitys wurde nach Plut.: De sera num. vind. 8, 553 d in einem Aufruhr getötet und ihm eine goldene Bildsäule auf dem Markte errichtet. Als nun bei einem öffentlichen Schauspiele der Mörder diese betrachtete, soll sie auf ihn gestürzt sein und ihn getötet haben.

10. τοὺς τοιούτους .. μύθους, nämlich in welchen das Furchtbare und Mitleidswerte aus ursächlichem Zusammenhange der Begebenheiten entsteht, besonders, wenn man denselben nicht erwartet hat.

12. Das Furchtbare und Mitleidswerte in der tragischen Handlung wird auch verstärkt durch das überraschende 10

der plötzlichen Schicksalswechsel und Erkennungen, welche nur der verwickelten Tragödie, nicht der einfachen angehören. Auch diese müssen sich aus der Verknüpfung der Begebenheiten in der Fabel ergeben, so daß sie aus dem, was vorausgegangen ist, nach der Notwendigkeit oder Wahrscheinlichkeit erfolgen.

15. ὥσπερ ὥρισται, im K. 7, 8, 9. — συνεχοῦς, wenn sie sich aus einer Ursache, die ihren Anfang bildet, in stetiger Folge entwickelt; μιᾶς, wenn aus ihren kunstmäßig verbundenen Teilen ein Ganzes (ὅλον) entsteht.

16. Die Umwandlung (ἡ μετάβασις) aus Glück in Unglück oder umgekehrt findet auch in den einfachen Fabeln statt, nur nicht plötzlich, vgl. 18. 1455 b 27.

18. ἐξ αὐτῆς τῆς συστάσεως τοῦ μύθου, nach K. 9 und 10 durch ursächliche Verknüpfung der Begebenheiten in der Fabel.

11 21. Plötzlicher Schicksalswechsel ist nämlich der Umschlag dessen was geschieht, in sein Gegenteil, und zwar nach dem 7. 1451 a 13 Gesagten ein doppelter, aus Glück in Unglück oder umgekehrt, jedoch in wahrscheinlicher oder notwendiger Entwickelung.

24. 33. Soph. Öd. Tyr. 1002 ff. Dind.

27. Der Lynkeus, eine Tragödie des Dichters und Rhetors Theodektes von Phaselis, eines Zeitgenossen des Aristoteles, wird auch 18. 1455 b 29 erwähnt. ὁ μὲν ἀγόμενος ὡς ἀποθανούμενος ist Lynkeus, der auf Befehl seines Schwiegervaters Danaos zum Tode geführt wird. Allein die darüber aufgebrachten Argiver bereiteten im Gerichte (ἐκ τῶν συμβάντων) diesem das Schicksal, das er seinem Schwiegersohne zugedacht hatte.

29. Dagegen ist Erkennung der Umschlag aus Unkenntnis in Kenntnis, so daß die von dem Dichter zu Glück oder Unglück bestimmten Personen sich entweder als Freunde oder als Feinde wiedererkennen. Am schönsten ist sie, wenn zugleich plötzliche Schicksalswechsel eintreten, wie diejenige im Öd. Tyr. beschaffen ist (ἔχει).

33. Es giebt freilich noch andere Erkennungen, welche nicht mit plötzlichen Schicksalswechseln verbunden sind.

34. ὥσπερ εἴρηται = τὰ εἰρημένα, nämlich ἐξ ἀγνοίας εἰς γνῶσιν μεταβολή, κτλ. Es ereignet sich nämlich bisweilen auch, daß man leblose und gefällige Dinge als sich selbst

oder befreundeten Personen liebe und werte, oder als feindlichen Personen angehörige wiedererkennt, und auch ob man eine zu Lob oder Tadel führende Handlung gethan oder nicht gethan hat, läßt sich erkennen. Aber am meisten der tragischen Fabel und der von ihr dargestellten Handlung eigen ist die 32 angeführte, in welcher mit der Erkennung von Personen zugleich plötzliche Schicksalswechsel eintreten, weil eine solche, indem sie Mitleid oder Furcht erweckt, den Zweck der Tragödie fördert; auch deswegen, weil sie Glück oder Unglück, also den Endzweck aller menschlichen Handlungen herbeiführt. Denn die Tragödie ist Darstellung einer Handlung, und zwar einer Mitleid oder Furcht erregenden.

1452b 4. Wie z. B. in Äschylos' Choephoren, wo **Orestes** allein sich seiner Schwester Elektra zu erkennen giebt.

6. Vgl. Eurip. Iphig. in Tauris V. 759—792 und 811—826.

9. περὶ ταῦτ' **ἐστί**. Peripetie und Erkennung haben nach 1452a die Wirkung, durch plötzliche Erschütterung des Gemüts den Eindruck der Furcht und des Mitleids zu verstärken. Plötzlicher Glücksumschlag und Erkennung sind aber nur der schönsten Tragödie, d. h. der verwickelten wesentlich und eigentümlich; allen dagegen der dritte Teil der Fabel, das Leidvolle, d. h. eine Verderben oder Schmerz verursachende Handlung. Denn die Tragödie soll Mitleid und Furcht erregen, und zwar durch gegenwärtige, vor den Augen der Zuschauer sich vollziehende Handlung. Als Beispiele solcher leidvoller Handlungen führt Aristoteles an die auf offener Bühne vollführten Tötungen, die übermäßigen Schmerzen, die Verwundungen und alles dergleichen; 14. 1454a 8 wird auch die im Momente der Ausführung befindliche Auslieferung der Mutter durch ihren Sohn in der Tragödie „Helle" hierzu gerechnet. Denn in der schönsten Tragödie werden nach 1454a 4 diese leidvollen Thaten im Momente der Ausführung durch Erkennung verhindert und nicht vollzogen.

15. πρότερον εἴπομεν. Aus der Definition der Tragödie 12
sind in 6. 1449b 31 ff. diejenigen Bestandteile derselben abgeleitet, auf welchen ihr Wesen und ihre Qualität beruht, und die darum als dichterische Formen (εἴδη) derselben zu betrachten und zu behandeln sind. Diejenigen abgesonderten Teile dagegen, welche zusammen den Umfang der Tragödie

ausmachen und ein äußeres Mannigfaltiges in ihr bilden, sind vier: Prolog, Epeisodion, Exodos und Chorgesang; dazu kommen noch Lieder von der Bühne und Wechselgesänge (κόμμοι).

17. κοινὰ μὲν ἁπάντων ταῦτα: Die genannten **vier** Hauptteile sowie die zwei angeführten Formen des Chorgesangs sind allen Arten von Tragödien (vgl. 6. 1450a 13: πᾶν = jede Art von Tragödie) gemeinschaftlich; einzelnen Arten derselben eigentümlich (ἴδια) sind die Lieder von der Bühne und die Wechselgesänge (κόμμοι). Die ersteren (τὰ ἀπὸ σκηνῆς) wurden von einem Schauspieler von der Bühne aus gesungen und hießen, wenn der Chor nicht antwortete, μονῳδίαι. Sie waren nach Photius' Lex. Klagegesänge wie auch die Kommoi (κόμμος von κόπτω, plango), die Wechselgesänge der Choreuten und der Schauspieler **von** der Bühne.

19. Prolog ist der von den meisten und besten Tragödien hergenommenen Regel gemäß der ganze Teil der Tragödie, welcher vor dem Eingange des Chors vorausgeht.

20. Das Epeisodion umfaßt denjenigen Teil der Handlung, welcher zwischen zwei Chorgesängen von den Schauspielern unter sich oder mit den Choreuten ausgeführt wird, also was wir Akt und Auftritt nennen. Der Name stammt von den Anfängen der tragischen Kunst her, wo die Zwiegespräche der Schauspieler gleichsam wie etwas Fremdartiges oder Untergeordnetes zwischen die Chorgesänge eingeschoben wurden.

21. Exodos (Ausgang) ist der Regel nach der ganze Teil der Tragödie, nach welchem ein Gesang des gesamten Chores nicht mehr stattfindet. Kleinere Gesänge einzelner Choreuten und von dem Koryphäos recitierte Anapäste sind demnach von diesem Abschnitte nicht ausgeschlossen.

22. Parodos ist der erste Vortrag (λέξις) des ganzen Chores, d. h. was der Chor singt oder der Koryphäos als Vertreter desselben vorträgt, während der Chor durch die Apsiden von der rechten oder linken Seite her in die Orchestra einzieht. Stasimon, Standlied, ist ein Lied, welches der Chor stehend singt, nachdem er sich um die Thymele, den Opferaltar des Bacchus, in der Orchestra aufgestellt hat. Es kann daher weder anapästische noch trochäische Systeme enthalten, weil die ersteren unter taktmäßigem Auf- und Abschreiten des

Chores in der Orchestra von dem Koryphäos vorgetragen, fortlaufende Trochäen hingegen, ein zum Tanz, nicht für das Stehen geeignetes Metrum (τροχαῖος = μέτρον τροχερόν), von dem tanzenden Chore gesungen werden.

28. Nachdem der Philosoph die wichtigsten Bestimmungen 13
für die Gestaltung der Fabel aus dem Erfordernis der Ganzheit und Einheit der tragischen Handlung abgeleitet hat, will er dem angehenden Dichter noch einige wichtige Fingerzeige geben: worauf dieser bei der Verknüpfung der Begebenheiten sein Hauptaugenmerk zu richten habe und was er zu vermeiden suchen müsse, endlich wodurch die Wirkung der Tragödie erreicht werden könne.

34. Da das Glück der Menschheit auf Gerechtigkeit und Menschenliebe beruht, und deshalb auch diese Forderungen durch das göttliche Gesetz jedem Menschen ins Herz geschrieben sind; die Gerechtigkeit aber darin besteht, daß jedem das Seine (Suum cuique), d. h. das ihm Gebührende zu teil wird, so würde es unser menschliches Gefühl (τὸ φιλάνθρωπον) empören (μιαρόν ἐστιν), wenn der Gerechte und Menschenfreund ins Unglück oder der Ungerechte und Bösewicht ins Glück geriete; die Poesie aber soll durch Verwirklichung des Idealen, d. h. des Göttlichen in uns erfreuen. Wenn dagegen der ganz Schlechte einen Umschlag seines Glückes in Unglück erfährt, so wird dieses zwar unser Gerechtigkeitsgefühl und unsere Menschenliebe (τὸ φιλάνθρωπον) befriedigen, aber es wird weder Mitleid noch Furcht erregen, was die Tragödie erfordert. Denn Mitleid empfinden wir mit dem, der unverdient leidet, Furcht aber, wenn ein solcher unseres Gleichen ist. „Es bleibt also nur der zwischen diesen in der Mitte Stehende übrig, nämlich derjenige, welcher weder durch Tugend und Gerechtigkeit sich auszeichnet, noch auch durch Schlechtigkeit und Bosheit ins Unglück stürzt, sondern durch einen Fehler, einer von denen, welche in großem Ansehen und Glück stehen wie Ödipus und Thyest und die berühmten Männer aus diesen und ähnlichen Geschlechtern.“ Denn wenn uns auf der einen Seite seine übrigen Tugenden und Verdienste gezeigt werden, auf der anderen das hohe Ansehen und Glück, in welchem er selbst und seine Vorfahren standen, so sind wir geneigt, seinen Fehler um deswillen für geringer anzusehen als er ist, oder ihn ganz zu übersehen; und wenn ein solcher Mann nun aus dem höchsten Glück ins tiefste Elend stürzt, so fühlen wir Mitleid mit ihm, weil er sein Unglück nicht zu verdienen scheint, und fürchten für uns selbst und unsere Angehörigen, daß uns dasselbe Unglück treffen könnte, weil er als Mensch unseres Gleichen ist. Allein dieser Widerstreit in unserem Gemüte kann nicht fortdauern. Denn die Aufregung, in welche alle unsere Seelenkräfte durch den Vorgang versetzt worden sind, läßt unsere Einsicht den Zusammenhang des Unglücks mit seinen Ursachen erkennen, und daß das Unrecht gesühnt werden muß, damit die verletzte göttliche Weltordnung wiederhergestellt werde, wodurch dann unsere widerstreitenden Gefühle versöhnt und unser Gemüt beruhigt wird.

30. ἐπειδὴ οὖν . . μὴ ἁπλῆν ἀλλὰ πεπλεγμένην. Die verwickelte Tragödie ist nach 9. 1452a ff. deshalb schöner als die einfache, weil in derselben der Eindruck der Furcht und des Mitleids durch das Erschütternde eines plötzlichen, meist an Erkennung geknüpften Schicksalswechsels verstärkt wird, während in der einfachen der Übergang von Glück zu Unglück nicht plötzlich stattfindet.

33. τῆς τοιαύτης, d. h. τραγικῆς, aus τραγῳδίας 31.

34. ὁ ἐπιεικής, der Gerechte.

36. μιαρόν, gräßlich, vgl. Lessing Hamb. Dramat. St. 82.

7. Vgl. Less. a. a. O. 1453a

13. Die einfache Fabel im Gegensatze zu der zweifachen bedeutet diejenige, in welcher nur ein einfacher Übergang von Glück zu Unglück oder umgekehrt stattfindet; zweifach dagegen ist diejenige, welche eine zweifache Verknüpfung der Begebenheiten enthält, so daß die Glücklichen unglücklich, die Unglücklichen glücklich werden, vgl. unten 30. Daß die einfache schöner sei, was durch ἄρα aus dem Vorhergehenden geschlossen wird, gründet sich also nicht bloß auf die größere Einheit derselben nach K. 8, sondern hauptsächlich darauf, daß der 1453a 7 bezeichnete Fall des Überganges von Glück zu Unglück überhaupt der einzige wahrhaft tragische ist, weil er allein im höchsten Grade Furcht und Mitleid in dem Zuschauer erregt, während der Übergang von Unglück in Glück mehr der Komödie eigen ist.

16. δι᾽ ἁμαρτίαν μεγάλην. Groß muß der Fehler oder das Vergehen sein, weil sonst das dafür eintretende

große Leiden nicht im rechten Verhältnisse zu ihm stände. [illegible] ἁμαρτία: 1453 a 7 ff. Der Held der Tragödie soll eher besser sein als schlechter wie der dort bezeichnete, weil wir mit dem durchaus Schlechten kein Mitleid empfinden können, wenn er Strafe erleiden muß. vgl. Lessing a. a. O.

17. σημεῖον. „Einen (Wahrscheinlichkeits-)Beweis dafür liefert auch die Geschichte der Poesie der Gegenwart."

18. τοὺς τυχόντας, die ersten besten, die ihnen in die Hände fielen; ἀπηριθμοῦντο, sie leierten dieselben der Reihe nach ohne Auswahl herunter.

20. Alkmäon, Sohn des Amphiaraos und der Eriphyle, und Orestes, Sohn des Agamemnon und der Klytämnestra, rächten ihre Väter durch Muttermord, wurden aber dafür beide von den Furien in Wahnsinn und in allen Ländern ruhelos umhergetrieben. Ödipus erschlug seinen Vater Laios, den er nicht kannte, im Zorn und heiratete dann seine ihm ebenfalls unbekannte Mutter, obgleich vom Orakel vorher gewarnt. Dafür erhenkte sich seine Mutter; er selbst blendete sich und wanderte dann blind als Bettler aus dem Lande. Meleagros, Sohn des Königs Öneus von Kalydon und der Althäa, ward für die Ermordung der Brüder seiner Mutter von dieser dem Tode geweiht und verursachte dadurch auch den Tod seiner Mutter und Gemahlin. Dem Thyestes ward wegen Verführung der Gemahlin seines Bruders Atreus von diesem das Fleisch seiner geschlachteten Söhne als Speise vorgesetzt. Telephos, Sohn des Herakles und der Auge, wurde nach seiner Geburt ausgesetzt aber gerettet. Im Jünglingsalter zog er aus seine Mutter zu suchen, kam nach Mysien und ward König daselbst. Von Achilles mit dem Speere verwundet, wurde er einem Orakelspruche zufolge von seinem ehemaligen Feinde mit Rost und etwas Eisen von demselben Speere, der ihn verwundet hatte, wieder geheilt.

22. κατὰ τὴν τέχνην καλλ. Eine Tragödie, deren Fabel nach den Regeln der Kunst am schönsten gestaltet ist, kann dessenungeachtet durch andere Fehler die schlechteste sein.

24. τὸ αὐτὸ gehört zu ἐγκαλοῦντες, nicht zu ἁμαρτάνουσιν, und es wird durch den folgenden Objektsatz ὅτι κτλ. erklärt.

30. Euripides ist trotz seiner Fehler im übrigen der im Tragischen ausgezeichnetste Dichter, weil er am besten

Furcht und Mitleid zu erregen weiß und seine Tragödien größtenteils einen unglücklichen Ausgang nehmen.

31. ἡ διπλῆν τε τὴν σύστασιν ἔχουσα, d. h.: Es verschlingen sich eigentlich zwei verschiedene Handlungen mit einander, welche erst am Ende in eine einzige zusammenlaufen und einen doppelten Ausgang nehmen, einen unglücklichen für die Schlechteren wie für die Freier in der Odyssee, welche ermordet werden, und einen glücklichen für die Besseren wie für Odysseus, welcher mit seinen Angehörigen und Freunden die Herrschaft wiedererlangt.

34. Die Schwäche des Theaterpublikums besteht darin, daß es lieber einen glücklichen als einen unglücklichen Ausgang der tragischen Handlung sehen will. Dieser Schwäche wird durch Veranstaltung eines doppelten Ausgangs von Seiten der Dichter teilweise nachgegeben.

14 1. Wenn nun ein Dichter das Furchtbare und Mit- 1453b
leiderregende, welches die Tragödie darzustellen hat, in die theatralische Aufführung verlegte, so wäre dies unkünstlerischer und der äußeren Hülfsmittel bedürftig. Der bessere Dichter wird dieses durch die Verknüpfung der Begebenheiten hervorbringen, was vorzüglicher ist. Denn man muß schon beim Hören oder Lesen einer Tragödie in Folge der Begebenheiten Schauder und Mitleid empfinden, wie dies beim Lesen des Sophokleischen Ödipus (Tyr.) der Fall ist. Wer aber durch die Aufführung gar nur das Wunderbare zu bewirken sucht, nicht das Furchtbare ꝛc., hat überhaupt nichts mit der Tragödie gemein. Was Furcht und Mitleid erwecken soll, darf also nicht von außen erst hinzukommen, sondern muß, weil der eigentliche Zweck der Tragödie ist, durch Erregung von Furcht und Mitleid zu erfreuen, in die Begebenheiten hineingedichtet werden. Es gilt daher zu bestimmen, was für Begebenheiten furchtbar und welche mitleidswert erscheinen, damit der Dichter bei der Aufsuchung solcher nicht fehlgehen könne. Wenn schreckliche Thaten unter Feinden oder solchen Menschen, die weder Freund noch Feind sind, verübt werden, so sind sie, abgesehen von dem Leiden selbst (πλὴν κατ' αὐτὸ τὸ πάθος) — denn Greuelthaten werden uns immer mit Entsetzen und Abscheu erfüllen, und der Leidende, sei er schuldig oder unschuldig, wird wegen seines Leidens immer menschliches Mitgefühl erwecken — weder mitleidswert noch furchterregend.

Wenn z. B. der Feind den Feind tötet oder töten will, so ist Haß die Ursache; Haß ist aber unmenschlich und daher weder mitleidswert noch auch furchterregend, weil wir uns nicht als Gleiche solcher Menschen fühlen (φόβος περὶ τὸν ὅμοιον 1453a 5). Sind die Beteiligten aber weder feind noch freund, so können sie, abgesehen von dem Leiden an sich, ebenso wenig auf das Mitgefühl anderer Anspruch machen, noch Furcht für uns selbst erregen. Wenn aber unter Verwandten oder Freunden solche Unthaten vorkommen, so geschieht es aus Leidenschaft und Irrtum, und dieses ist mitleid- und furchterweckend. Nun dürfen zwar die überlieferten Mythen in ihren Grundzügen nicht abgeändert werden, ebensowenig wie in geschichtlichen Stoffen die historische Wahrheit verletzt werden darf, weil die poetische Illusion bei dem Zuschauer zerstört wird, wenn er weiß, daß die Handlung historisch unwahr ist. Dennoch bleibt dem Dichter Spielraum genug; denn er kann die Fabel entweder selbst erfinden, oder die nur in den Grundzügen überlieferten Stoffe auf schöne Weise behandeln. Die schreckliche That kann z. B. mit Wissen dessen was man thut und mit Kenntnis derjenigen Personen, gegen die man es thut (εἰδότας καὶ γιγνώσκοντας), verübt werden, wie die früheren Dichter und noch Euripides seine Medea gedichtet haben. Diese Wildheit und Grausamkeit muß jedes gebildete Gefühl abstoßen. Noch schlechter ist aber eine Composition, wo ein solcher Bösewicht aus Feigheit zaudert, die von ihm mit Bewußtsein beabsichtigte Handlung zu vollbringen und sie unterläßt. Denn das Empörende der Absicht ist dann vorhanden, das tragische Leiden aber fehlt. Besser ist die Composition, wo einer unwissend die That ausführt, und nach der Ausführung die Personen erkennt wie der Ödipus des Sophokles u. a. Denn das Gräßliche ist dann nicht vorhanden, die Erkennung aber ist erschütternd. Am besten jedoch ist die Composition, wo derjenige welcher im Begriffe ist eine nicht wieder gut zu machende That aus Unkenntnis zu vollbringen, die Personen vor der Ausführung erkennt.

1453b 2. ἐκ τῆς ὄψεως, d. h. durch Vorführung von Mord und Wunden, von ehemals glücklichen Menschen in Schmutz und Trauer u. dgl. m.

9. διὰ τῆς ὄψεως, ἀλλὰ τὸ τερατῶδες μόνον, z. B.

Giganten, Titanen, Cyclopen, Blitz und Donner bei heiterem Himmel u. dgl. m.

12. τὴν ἀπὸ ἐλέου καὶ φόβου ἡδονήν. Die aus Mitleid und Furcht entspringende Lust ist nicht die Empfindung des Mitleids und der Furcht selbst, denn diese ist schmerzlich, also das Gegenteil von Lust, sondern die Versöhnung des Mitleids und der Furcht durch die aus dem Leiden gewonnene Erkenntnis eines höheren Waltens und einer gerechten Weltregierung.

17. ἂν . . . ἐχθρὸν, erg. ἀποκτείνῃ — μέλλων, erg. πράττειν.

21. μέλλει, erg. ἀποκτείνειν — δρᾶν, näml. μέλλει.

28. εἰδότας καὶ γιγνώσκοντας, erg. πράττειν τὴν πρᾶξιν.

29. ἀποκτείνουσαν τοὺς παῖδας τὴν Μήδειαν. Eurip. Med. V. 1236—1250 und 1271—1292.

33. Ἀστυδάμας, ein Schwestersohn des Äschylos, einer der fruchtbarsten tragischen Dichter, dessen Tragödien verloren gegangen sind, trat zuerst auf 399 v. Chr.

Telegonos, Sohn des Odysseus und der Circe, zog als Jüngling aus seinen Vater zu suchen, landete auf Ithaka und plünderte die Insel. Von Odysseus und Telemach angegriffen, verwundete er seinen Vater, den er nicht kannte, tötlich mit einem Pfeile, dessen Spitze eine Fischgräte war, nach Tiresias' Weissagung.

34. „Der verwundete Odysseus" war nach Athenäus eine Tragödie des Chäremon. Auch Sophokles hatte eine Tragödie Ὀδυσσεὺς ἀκανθοπλήξ verfaßt.

ἔτι δὲ τρίτον. Diese drei Fälle sind die bei den Dichtern üblichen. Ein vierter ergiebt sich aus der logischen Division 36: μὴ πρᾶξαι εἰδότας und wird für den schlechtesten erklärt, der nur selten vorkomme.

36. ἄλλως, erg. πρᾶξαι.

2. ὁ Αἵμων, vgl. Soph. Antig. 1231 ff. τὸ δὲ πρᾶξαι, 1454a erg. γιγνώσκοντα.

5. „Kresphontes", eine berühmte Tragödie des Euripides, von welcher nur Fragmente übrig sind. Kresphontes' Gemahlin Merope erhebt schon die Axt, ihren aus der Fremde zurückgekehrten Sohn, den sie nicht kennt, zu töten, weil er seiner Sicherheit wegen vorgab, diesen selbst getötet zu haben — als sie von einem alten Diener daran verhindert wird. Vgl.

über die Sage vom dorischen Könige Kresphontes von Messenien Lessing, Hamb. Dramat. St. 37 und 40.

7—8. Eurip. Iph. Taur. V. 600—830. Die „Helle," eine sonst weiter nicht bekannte **Tragödie**, wahrscheinlich von Euripides.

9. πολλάκις εἴρηται 13, **1453a 17 f.**

14. „Über die Gestaltung und notwendige Beschaffenheit der Fabel ist hinlänglich gesprochen." Dies schließt aber nicht aus, daß aus den im Vorhergehenden festgestellten Grundsätzen nicht im Folgenden gelegentlich noch wichtige Schlußfolgerungen für die Beschaffenheit einzelner Teile der Fabel gezogen und namentlich in K. 17 eine Anleitung zu einem richtigen Verfahren bei der Abfassung des dramatischen Gedichtes gegeben wird. Der wichtigste Teil desselben nach der Fabel sind die Charaktere, über deren Begriff in K. 6, ihre Einteilung in K. 2 und ihre von dem Wesen der Tragödie bedingte Beschaffenheit in K. 13 das Nötige bereits gesagt ist, worauf sich Aristoteles hier bezieht, indem er die aus dem Wesen der Poesie sich ergebenden vier notwendigen Eigenschaften eines für dieselbe geeigneten Charakters kurz erklärt und durch Beispiele ihres Gegenteils erläutert.

17. πρῶτον. Warum die sittliche Güte des poetischen Charakters das Wichtigste ist, ergiebt sich aus der Idealität der Poesie und Kunst überhaupt, insbesondere für die Tragödie aus K. 13. 1453a 8 f. **und** 15 f.

18. ἐλέχθη 6. 1450b **8 ff.**

20 f. προαίρεσίν **τινα**, irgend einen sittlichen Lebensvorsatz, d. h. einen guten oder bösen Willen. Die sittliche Güte des Charakters ist unabhängig von Geschlecht und socialer Stellung. Zu der Idee der religiös-sittlichen Gleichberechtigung aller Menschen als solcher und vermöge ihrer ewigen Bestimmung konnte sich das Heidentum aus sich selbst nicht erheben. Diese Gleichstellung ist erst das Werk des Christentums. Daher wird **die** obige Behauptung von Aristoteles eingeschränkt durch **das** folgende καίτοι κτλ., wodurch dieselbe einen nur relativ allgemeinen Sinn erhält, so daß z. B. ein Sklave nach ihm gut ist, soweit er als Sklave gut sein kann. Doch hegt auch er noch einige Zweifel an der Richtigkeit dieser Einschränkung, weshalb er ἴσως, „vielleicht" hinzufügt.

22. δεύτερον δὲ τὰ ἁρμόττοντα, d. h. δεύτερον, οὗ δεῖ στοχάζεσθαι, τὰ ἁρμόττοντα ἤθη ἐστίν. Vahlen. — Vgl. Horaz' Dichtkunst V. 114—124.

ἔστιν γὰρ ἀνδρεῖον μὲν τὸ ἦθος. Hier läßt sich εἶναι oder, wie Vahlen will, ποιῆσαι ergänzen, vgl. 25: χρηστὸν τὸ ἦθος καὶ ἁρμόττον ποιῆσαι. Allein das folgende ἀλλ' οὐκ weist darauf hin, daß aus dem Vorigen ἐν ἑκάστῳ γένει zu ergänzen ist, vgl. oben 20. — οὕτως, nämlich ὡς ἀνδρί. Der Zusammenhang wird erklärt durch die von Vahlen angeführte Stelle Polit. 3, 4. 1277b 20: ὥσπερ ἀνδρὸς καὶ γυναικὸς ἑτέρα σωφροσύνη καὶ ἀνδρία. δόξαι γὰρ ἂν εἶναι δειλὸς ἀνήρ, εἰ οὕτως ἀνδρεῖος εἴη ὥσπερ γυνὴ ἀνδρεία.

23. τὸ ὅμοιον. Der Charakter muß ähnlich sein dem der durch Nachahmung dargestellten Person, vgl. 1454b 10 f. Weil diese Eigenschaft mit den beiden zuerst angeführten verbunden sein kann, hebt Aristoteles ihren Unterschied hervor.

25. ὥσπερ weist auf den Hauptgedanken τοῦτο γὰρ ἕτερον κτλ. zurück; εἴρηται, nämlich in den Worten: τρίτον δὲ (ἐστι) τὸ ὅμοιον. Denn indem Aristoteles diese Eigenschaft als drittes Erfordernis des poetischen Charakters bezeichnet, unterscheidet er sie ebendadurch von den vorhergenannten beiden. Mit ὥσπερ εἴρηται wird also das vor τοῦτο zu ergänzende εἴρηται, d. h.: „Ich habe die Ähnlichkeit als dritte erforderliche Eigenschaft genannt," auf welchen Gedanken das folgende γὰρ sich bezieht, nachgeholt.

26. τὸ ὁμαλόν, vgl. Horaz' Dichtkunst V. 119 u. 125 ff.

28 f. In seiner Tragödie „Orestes" hatte Euripides den Lakonier Menelaos seinen Landsleuten, welche die Lakonier haßten, zu gefallen, ohne Not, d. h. weder durch die Gestaltung der Fabel noch durch **die mythische** Überlieferung gezwungen, als Bösewicht dargestellt.

30 f. Wider die Würde und Angemessenheit **hat Euripides** in der „Skylla", wahrscheinlich einem Satyrdrama, vgl. 26. 1461b 32 gefehlt, indem er den Odysseus einen unmännlichen Klagegesang anstimmen ließ; ferner in der Tragödie Melanippe, welche man ἡ σοφή nannte, indem er Melanippe eine für eine Jungfrau unnatürliche philosophische Rede an ihren Vater halten ließ; wider die Konsequenz endlich in der Iph. in Aulis, vgl. V. 1213 ff. mit 1368 ff.

33. Ein Haupterfordernis für die richtige Behandlung der Charaktere aber ist, daß in ihren Bethätigungen die Notwendigkeit oder Wahrscheinlichkeit ebenso streng beobachtet werde wie in der Gestaltung der Fabel; daß also die Personen so reden und handeln, wie sie ihrem Charakteren gemäß notwendiger- oder wahrscheinlicherweise reden und handeln müssen, und die zeitliche Folge der Handlungen so geordnet wird, wie sie die Charaktere mit Notwendigkeit oder Wahrscheinlichkeit bedingen. Daraus erhellt, daß auch die Lösungen des Knotens in der Fabel aus dem Causalzusammenhang der Begebenheiten hervorgehen müssen, und daß man sich hierzu keines deus ex machina bedienen darf; ebenso, daß die Begebenheiten der Fabel etwas Unbegreifbares nicht enthalten dürfen.

1454b 1 f. Vgl. Eurip. Med. V. 1310 f., Hom. Il. 2, 155 ff. In der ersteren entflieht Medea nach Ermordung ihrer Kinder der verdienten Strafe im Sonnenwagen durch die Luft, also durch Maschinerie, aus Korinth. Dadurch wird der notwendige Gang der Ereignisse, welcher ihre Bestrafung erfordert, verletzt. Ebenso wird in der Ilias die Abfahrt der Achäer durch das Erscheinen der Athene und ihre Anfeuerung des Odysseus verhindert, während dies durch die Fürsten selbst ihrem Charakteren gemäß hätte geschehen können. Freilich ist das weniger auffallend im Epos, wo man die Maschinerie nicht sieht, als in der Tragödie. Aristoteles erlaubt die Anwendung der Maschinerie, d. h. die Lösung einer Verwicklung durch Dazwischenkunft einer Gottheit, nur für das was außerhalb der Tragödie liegt, also entweder vor der dargestellten Handlung geschehen ist und Menschen nicht wissen können, oder was später geschehen soll und dessen Vorherverkündigung erforderlich ist. Auch das Undenkbare wird nur bei solchen Begebenheiten gestattet, welche außerhalb der Tragödie liegen, wie es im „Ödipus“ der Fall ist, wo derselbe welcher den Laios erschlagen hat, erst nach vielen Jahren von Jokaste erfährt, wie und wo der Ermordete umgekommen ist, vgl. Soph. Öd. Tyr. 715 ff. 15

7. ἄλογον δὲ μηδὲν εἶναι κτλ. nach Vahlen als Fortsetzung des Satzes φανερὸν οὖν ὅτι ... bei κτλ. zu betrachten.

8. Die Forderung der Idealisierung in der Poesie zieht sich wie natürlich durch die ganze Abhandlung hindurch und

wird für das Thatsächliche ausgedrückt durch οὐ τὰ γενόμενα, ἀλλ' οἷα ἂν γένοιτο καὶ τὰ δυνατὰ κατὰ τὸ εἰκὸς ἢ ἀναγκαῖον 9. 1451a 36, ferner durch τὰ καθόλου λέγειν, vgl. dessen Erklärung 1451b 6 f.; für die Verknüpfung der Begebenheiten durch σύστασις τῶν πραγμάτων κατὰ τὸ εἰκὸς ἢ ἀναγκαῖον 1452a 18 und oft; für die Charaktere durch βελτίονας ἢ καθ' ἡμᾶς 2. 1448a 4 und sonst, wie auch hier, wo die schöne Vergleichung mit der Porträtmalerei die Sache erklärt, vgl. auch εἰκὼν bei 25. 1460b 33 f. und für die Reden und Handlungen der Personen λέγειν ἢ πράττειν κατὰ τὸ ἀναγκαῖον ἢ τὸ εἰκός 1454a 33 ff., vgl. 1451b 6 f.

10. ὁμοίους wie τὸ ὅμοιον 1454a 24.

12. „Wenn z. B. der Dichter Zornmütige und Leichtsinnige und Menschen mit ähnlichen Charakterfehlern darzustellen hat, so muß er sie bei aller Ähnlichkeit doch dabei als gerecht und edelgesinnt erscheinen lassen, wie Homer und nach ihm Agathon in Achilles ein Beispiel von unversöhnlicher Härte geschaffen haben.“ Der Zorn des Homerischen Achilles ist zwar in seinem Ursprunge berechtigt, steigert sich aber zur Unversöhnlichkeit und Härte; dies ist eine μεγάλη ἁμαρτία, wofür Achilles durch den Verlust seines besten Freundes büßen muß. Aber sein Zorn geht nicht soweit, daß Achill, um ihm zu fröhnen, das Heer der Fürsten wirklich hülflos zu Grunde gehen ließe, oder daß er dem Flehen des greisen Priamos, nachdem er sich freiwillig in seine Gewalt gegeben hatte, den Leichnam des Feindes versagt hätte. Denn wenn er so handelte, so wäre er nicht mehr ἐπιεικής, sondern würde alles Recht und alle Humanität verleugnen. Vielmehr giebt er den Bitten seines Freundes Patroklos nach und läßt ihn in seiner eigenen Rüstung und mit seinen Myrmidonen den bedrängten Landsleuten zu Hülfe ziehen, ja er überwindet zuletzt auch seinen Zorn gegen Hektor, der ihm den besten Freund erschlug. Aus dieser Stelle läßt sich auch auf die Fabel der Tragödie „Telephos“ des berühmten Dichters Agathon schließen, von welchem uns leider nur wenige Fragmente erhalten sind. Wahrscheinlich stellte sie den Kampf des Telephos als Königs von Mysien mit Achilles, dem Verwüster seines Landes dar, seine Verwundung durch diesen, seine übermäßigen Schmerzen und die einzige Möglichkeit der Heilung durch den Feind selber, den Urheber der Schmerzen; darauf seine Ankunft bei

diesem, seine Verletzung der Gastfreundschaft desselben und die endliche Erweichung und Nachgiebigkeit des Achilles.

15 ff. „Diese Vorschriften also“, d. h. die in diesem Kapitel über die Beschaffenheit der Charaktere gegebenen, „muß man beobachten und außerdem noch diejenigen Erkenntnisse, Wahrnehmungen oder Begriffe, welche sich neben den mit Notwendigkeit aus dem Wesen der Poesie erschlossenen noch als der Dichtkunst eigentümlich (παραδεχόμενα) aus derselben ergeben. Denn auch in Bezug auf sie“, d. h. gegen diese letzteren Vorschriften, „kann man vielfach fehlen. Es ist aber über sie in den bereits herausgegebenen Vorträgen hinlänglich gesprochen.“ Da diese Vorträge ebenfalls von der Poesie gehandelt haben müssen, so ist wahrscheinlich der Dialog über die Dichter (περὶ ποιητῶν) in drei Büchern gemeint, von welchem nur einige Fragmente auf uns gekommen sind. Aristoteles erwähnt dieselben unter diesem Titel nicht.

1454b 19. Das Wichtigste von der Erkennung (ἀναγνώρισις) als einem Teile der Fabel in der verwickelten und daher schönsten Tragödie, worunter auch ihre Einteilung nach ihrem Wesen in einseitige und gegenseitige Erk., ist 11. 1452a 29 ff. gesagt. Ebenda 32 ff. ist auch erwähnt, daß die schönste Erkennung Peripetie zur Folge habe, also wie diese selbst der Notwendigkeit oder Wahrscheinlichkeit nach aus der Verknüpfung der Begebenheiten hervorgehen müsse, vgl. 1452a 18: ταῦτα δὲ δεῖ κτλ., und warum diese am meisten der Fabel und der von ihr dargestellten Handlung eigen sei, vgl. 1452a 36 ff. Endlich ist das. 34 gesagt, daß man sich auch an leblosen Dingen und an zufälligen Umständen wiedererkennen könne, und auch ob man eine gewisse Handlung gethan oder nicht gethan habe, lasse sich erkennen. Da die nähere Betrachtung dieser letzteren Arten der Erkennung im einzelnen, ob sie gleich jener ersten an Kunstwert nachstehen, für den angehenden Dichter von Nutzen sein kann, so werden sie hier zusammengestellt und mit Beispielen belegt. Die kunstloseste und doch aus Ratlosigkeit von den Dichtern am meisten benutzte ist die durch die äußeren Kennzeichen bewirkte. Von diesen sind die einen angeborene (σύμφυτα), am Körper haftende, sogenannte Muttermäler; die anderen später erworbene (ἐπίκτητα), teils am Körper haftend wie z. B. die Narben, teils umgehängt wie die Halsbänder u. dgl. 16

22. λόγχην κτλ., eine Dichterstelle. Die durch die Drachensaat des Kadmos aus der Erde aufgesproßten bewaffneten Männer sollen als Zeichen ihrer Geburt das Mal einer ihrem Körper aufgeprägten Lanze getragen haben; ebenso die Pelopiden ein wie Elfenbein glänzendes Stück an ihrer Schulter als Mal von der elfenbeinernen Schulter ihres Ahnherrn Pelops, welches der athenische Tragödiendichter Karkinos der Jüngere (um 400 v. Chr.) in seiner Tragödie „Thyestes“ metaphorisch „Sterne“ genannt hatte. σίδηρος, erg. ἐπιόντων.

25. διὰ τῆς σκάφης, erg. ἀναγνώρισις γίγνεται. In der gleichnamigen Tragödie des Sophokles hatte Tyro ihre beiden mit Neptun erzeugten Kinder in einer Wanne ausgesetzt, durch welche diese zuletzt wiedererkannt wurden. Solche Dinge meinte Aristoteles 1452a 34 mit den ἄψυχα, an denen man sich bisweilen erkenne.

27. In der Odyssee 19. 386—475 wird Odysseus von der Amme Eurykleia bei der Fußwaschung, nach welcher dieser Abschnitt νίπτρα heißt, an der Narbe von der Wunde erkannt, die ihm einst der parnassische Eber geschlagen hatte. Diese Erkennung war mit einem plötzlichen Glücksumschlag (Peripetie) verbunden, indem der vermeintliche Bettler sich plötzlich in den Gebieter verwandelte. Eine solche Art der Erkennung kommt derjenigen, welche aus dem inneren Zusammenhang der Begebenheiten hervorgeht und darum am schönsten ist (vgl. 1455a 16), unter den aus äußeren Kennzeichen erfolgenden am nächsten und ist deshalb besser als diejenigen, welche um der Beglaubigung willen daß einer der und der ist, durch äußere Zeichen absichtlich herbeigeführt werden, z. B. wie sich Odysseus 21. 207—227 den Hirten Eumäos und Philötios durch Vorzeigung ebenderselben Narbe zu erkennen giebt. Die letztere Erkennungsweise ist kunstloser als die erstere, und so sind alle derartigen.

32. In Eurip. Iph. in Tauris V. 752—792 erkennt zuerst Orestes seine Schwester durch den Brief, welchen sie ihm zur Bestellung übergiebt, und dessen Inhalt sie ihm für den Fall eines Unglücks mündlich mitteilt. Diese Erkennung wird unten 1455a 18 zu den besten gerechnet, weil sie der Wahrscheinlichkeit gemäß aus dem Verlauf der Begebenheiten hervorgeht. In V. 811—826 giebt sich darauf auch Orestes

seiner Schwester zu erkennen, indem er an Dinge erinnert, welche die mythische Geschichte nicht enthielt, sondern der Dichter erfunden hatte. Darum ist diese zweite Art der Erkennung fast ebenso fehlerhaft als die erste (διὰ σημείων). Denn ebensogut als Orestes sich durch von dem Dichter erfundene Reden zu erkennen giebt, konnte er dies auch durch Vorzeigung einiger äußerer Merkmale an seinem Körper.

36. Gleichfalls von dem Dichter erfunden war die Art, wie in der Sophokleischen Tragödie „Tereus“ die ihrer Zunge beraubte Philomela ihrer Schwester Prokne, der Gattin des Tereus, durch in ein Tuch gewebte Zeichen zu erkennen gab was sie von jenem erlitten hatte. Diese Art war wahrscheinlich in der Tragödie selbst bildlich „die Sprache des Weberschiffchens“ genannt. Hier wurde also erkannt, ob einer etwas gethan habe oder nicht, vgl. 11. 1452 a 35 f.

1455 a 1. Nach Welckers Vermutung sind die Cyprier die Begleiter des Teukros auf seiner Heimkehr von Cypern nach Salamis. In der gleichnamigen Tragödie des uns wenig bekannten Tragikers und Dithyrambendichters Dikaiogenes brach Teukros bei dem Anblicke des Bildes seines Vaters Telamon in Thränen aus, wodurch er von seinem Neffen Eurysakes erkannt wurde.

2. Ἀλκίνου ἀπόλογος hießen bei den Griechen die Bücher 9—12 der Odyssee, weil in denselben Odysseus dem Alkinoos zu gefallen seine Schicksale erzählt. Als er nämlich den Gesang des Demodokos von der Zerstörung Trojas in Folge der Einführung des trojanischen Pferdes vernahm, weinte er, was zur Erkennung beider führte. Vgl. Odyss. 8, 521 ff., 9, 1 ff.

5. In Äschylos' Choephoren V. 166—234 erkennt Elektra ihren Bruder Orestes durch Schlußfolgerung daraus, daß der Ankömmling ihr ähnlich sei; denn sein Haar und seine Fußstapfen waren den ihrigen ähnlich.

6. Der Tragödiendichter Polyeidos mit dem Beinamen „der Sophist“ ist wahrscheinlich derselbe mit dem berühmten Dithyrambendichter, Maler und Musiker dieses Namens, welcher nach Diodor um 398 v. Chr. blühte. Er ließ in seiner Iphigenie nach 1455 b 10 den Orestes, als dieser geopfert werden sollte, der Wahrscheinlichkeit gemäß ausrufen: „Also mußte nicht nur meine Schwester geopfert werden,

sondern auch ich!“ — wodurch er von seiner Schwester erkannt und gerettet wurde. Hier schloß also Orestes aus dem Fluche, der auf seinem Hause lastete, und aus dem ähnlichen Tode seiner Schwester, daß auch ihm bestimmt sei den Opfertod zu sterben.

9. Über Theodektes und dessen Tragödie „Lynkeus“ vgl. zu 11. 1452 a 27. Von seiner Tragödie „Tydeus“ ist uns nichts bekannt. Tydeus, der Sohn des Oeneus und Teilnehmer am Zuge der Epigonen gegen Theben, fand bei der Belagerung dieser Stadt der Sage nach seinen Tod. Τυδεῖ, erg. ἐν συλλογισμῷ, vgl. oben 4.

10. Eine Tragödie „Die Phiniden“ gab es sowohl von Äschylos als von Sophokles; auch einen berühmten Dithyrambos dieses Namens von Timotheos. Die Söhne des Phineus, Königs von Salmydessos in Thracien und der Kleopatra, Plexippos und Pandion, welche nach Verstoßung ihrer Mutter von ihrer Stiefmutter geblendet und eingekerkert wurden, sind uns aus Soph. Antig. V. 966—987 und aus Diodor 4, 44 bekannt. Von Töchtern des Phineus jedoch wissen wir nichts. Als sie den Ort erblickten, wo sie ausgesetzt worden waren, schlossen sie daraus, daß ihnen bestimmt sei dort zu sterben.

12. An die aus einer Schlußfolgerung hervorgehende Erkennung knüpft Aristoteles eine andere, auf einem Fehlschlusse des Theaterpublikums beruhende und deshalb falsche an (σύνθετος = erdichtet, erlogen, wie Äsch. Prom. 686). So hatte in „dem Trugboten Odysseus“, einem uns nicht näher bekannten Stücke, der falsche Odysseus behauptet, er werde den Bogen des wahren Odysseus erkennen. Das Theaterpublikum wurde dadurch zu dem Trugschlusse verleitet, daß jener Odysseus sein müsse, was sich nachher als falsch erwies.

16. Die verschiedenen Arten der Erkennung sind hier ihrem poetischen Werte nach geordnet, nur die Unterarten der ersten beruhen auf logischer Division. Von allen diesen Arten sind Erkennungen an leblosen Dingen (ἄψυχα, vgl. 1452 a 34) die durch äußere, dem Körper umgehängte oder mitgegebene Wahrzeichen wie durch Halsketten, Wannen u. s. w. und die durch den Anblick von Oertlichkeiten u. ä. bewirkten; Erkennungen durch zufällige Umstände (τὰ τυχόντα) die durch dem Körper eingeprägte oder anhaftende Wahrzeichen wie

z. B. durch Narben u. s. w. veranlaßten, ferner die meisten von dem Dichter willkürlich gemachten, endlich die durch Schlußfolgerungen herbeigeführten; Handlungen (εἰ πέπραγέ τις ἢ μὴ πέπραγεν 1452a 35 f.) werden erkannt z. B. wie die des Tereus oder wie Ödipus erkennt, daß er seinen Vater erschlagen hat. Es ist noch übrig, auf die schönste und beste Art der Erkennung von Personen, welche schon 1452a 32 ff. ausführlicher besprochen ist, wiederholt aufmerksam zu machen. Es ist diejenige, bei welcher die plötzliche Überraschung aus dem inneren Zusammenhange der Begebenheiten der Wahrscheinlichkeit gemäß hervorgeht. So ist die des Sophokleischen Ödipus und der Euripideischen Iphigenie beschaffen. Dieser Art steht die durch Schlußfolgerung eintretende Erkennung am nächsten, weil sie derselben am ähnlichsten und von allen übrigen Arten die am wenigsten zufällige ist.

22. Für das Verfahren bei der Composition der 17
Fabeln und bei der sprachlichen Ausführung derselben giebt Aristoteles folgende Regeln: Der Dichter muß sich den Gang der Begebenheiten möglichst lebhaft vergegenwärtigen, so daß er bei dem was vorgeht, selbst anwesend zu sein scheint. Auf diese Weise kann er das Schickliche finden und vermeiden was diesem zuwider ist. Ferner soll sich der Dichter möglichst selbst in die Gemütsbewegungen versetzen, welche er darstellen will; denn so wird er der Naturwahrheit am nächsten kommen und am meisten überzeugen. Dies erklärt auch, warum für die Poesie entweder Genialität oder eine enthusiastische Natur erforderlich ist. Die letztere nämlich versetzt sich leicht in jede Gemütsstimmung, die erstere ist geschickt die Naturwahrheit in allem zu erforschen. Endlich muß der Dichter, ehe er an das Besondere geht, sich den allgemeinen Inhalt seiner Fabel vor Augen stellen. Was hierbei das Allgemeine und was das Besondere ist, wird an der Fabel der Iphigenie gezeigt, wo sogar das Orakel (Eurip. Iph. in Taur. 77 ff.), daß der Bruder der Priesterin aus irgend einem Grunde dorthin gehen solle und zu welchem Zweck, zu dem Besonderen gehört. Erst dann hat der Dichter die Personen und Örtlichkeiten mit bestimmten Namen zu bezeichnen, Akte einzufügen und die Fabel weiter auszuführen. Diese Akte müssen zur Sache gehören und im Drama kurz, in dem Heldengedichte länger sein, was durch die Fabel der Odyssee erläutert wird.

26. Über den Tragiker Karkinos vgl. zu 16. 1454b 23.

29. ὅσα δὲ δυνατὸν κτλ. ist eine Fortsetzung von 23: τιθέμενον. Die äußere Haltung und der Ausdruck des Körpers einerseits und die entsprechende Gemütsarbeit anderseits rufen nach Aristot. Physiognom. 4. 808b 12 einander wechselseitig hervor, können daher auch mit demselben Namen (σχῆμα) bezeichnet werden.

30. πιθανώτατοι κτλ. In Folge derselben Naturbeschaffenheit, d. h. desselben Affekts, stellen diejenigen Künstler Gemütsbewegungen am naturwahrsten dar, welche selbst von diesen ergriffen sind.

34. τούς τε λόγους = τοὺς μύθους, vgl. oben 22.

8. Sonst, τὸ ὅτι ὁ θεὸς ἀνεῖλεν ἐλθεῖν ἐκεῖ διά τινα 1455b
αἰτίαν ἔξω τοῦ καθόλου (ἐστίν) καὶ ἐλθεῖν ἐκεῖ ἐφ' ὅ τι ἔξω τοῦ μύθου. Unter dem Zweck seines Kommens ist der angebliche, die Wegführung des Bildes der Artemis, zu verstehen.

10. κατὰ τὸ εἰκὸς εἰπών κτλ., nämlich nach der Fabel des Polyidos, vgl. zu 1455a 6.

14. ἡ μανία, die Ursache der Gefangennahme, Iph. in Taur. 274 ff.; die Reinigung, die Veranlassung zur Rettung, das. 1130 ff.

18 24. Wie in K. 12 die Lehre von den äußeren Teilen der Tragödie sich an die vorhergehende Erörterung der inneren Teile der Fabel knüpft, so an die in K. 17 enthaltenen Regeln für die Abfassung und Ausarbeitung der Fabel in K. 18 die Lehre von den äußeren Abschnitten, Arten, der Identität und Verschiedenheit der Tragödien, von dem Unterschiede der Stoffe, welche für Epos oder Drama geeignet sind, und von der Aufgabe des Chores in der Tragödie; womit die Anleitung des angehenden Dichters sich schließt.

29. Über den Lynkeus des Theodektes vgl. zu 1452a 27. ἡ τοῦ παιδίου λῆψις scheint die Gefangennahme des kleinen Abas, Sohnes des Lynkeus, durch seinen Großvater Danaos zu bedeuten.

32. τοσαῦτα γὰρ καὶ τὰ μέρη (τῆς τραγῳδίας) ἐλέχθη. Wenn Aristoteles hier von den vier Teilen spricht, auf welchen die Unterscheidung der Tragödie in vier Arten beruht, so meint er die von ihm der Reihe nach besprochenen wichtigsten Bestandteile derselben, von denen ihr Wesen und ihre Beschaffen-

heit hauptsächlich abhängig ist, nämlich die einfache oder verwickelte Fabel (10. 1452a 11 ff.), das Leidvolle (11. 1452b 10 ff.) und die **Charaktere** (15. 1454a 15 ff.). Die einfache Fabel **stellt eine** einfache, d. h. ohne plötzliche Schicksalswechsel und Erkennungen aus Glück in Unglück oder umgekehrt übergehende Handlung **dar** und bildet die einfache Tragödie; die verwickelte Fabel **ist mit** Peripetie **oder** Erkennung oder beiden zusammen verbunden **und** giebt der verwickelten Tragödie ihren Namen und ihre Eigentümlichkeit. Das Leidvolle ist ein Bestandteil jeder tragischen Fabel und macht, wenn es den Hauptinhalt derselben darstellt, die Tragödie zur pathetischen. Die Charaktere sind nächst der Fabel der wichtigste Bestandteil der Tragödie (vgl. 6. 1450a 39). Wiegt also die Charakterdarstellung den übrigen inneren Bestandteilen des Trauerspiels vor, so entsteht die ethische (oder Charakter-) Tragödie.

34. Αἴαντες. Sophokles hatte außer dem Telamonischen Aias, welcher sich selbst tötet, auch noch den lokrischen, den Sohn des Oileus, welcher von Minerva getötet wird, zum Gegenstande einer Tragödie gemacht. Die erstere ist noch vorhanden, die letztere nicht. Aiastragödien hatten ferner Äschylos, Astydamas der Jüngere und Theodektes verfaßt.

1456a 1. Eine Tragödie „Ixion“ hatte jeder der drei großen griechischen Tragiker geschrieben. Ixion, der Sohn des Phlegyas und Enkel des Mars, ward für seine auf der Oberwelt verübten Freveltaten im Tartarus an die Speichen eines sich unaufhörlich drehenden Rades gefesselt. Eine Tragödie „Die Phthiotinnen“ hatte Sophokles, den „Peleus“ Euripides gedichtet.

2. Unter den Beispielen von der einfachen Tragödie waren „Die Phorkiden“ („Töchter des Phorkys,“ die Gräen und Gorgonen) ein Werk des Äschylos aus der Perseustrilogie und enthielten den Kampf des Perseus mit der Gorgone Medusa. Ein „Gefesselter Prometheus“ ist **uns** von Äschylos übrig.

3. Tragödien, die **im** Hades spielten, konnten ein „Sisyphos“, wie ihn Äschylos, und ein „Peirithoos“, wie ihn Euripides oder Kritias und Achäos geschrieben haben sollen, gewesen sein.

μάλιστα μὲν [illegible] κτλ. Von den die Arten der Tragödie begründenden Bestandteilen derselben, der Fabel und deren Teilen, Peripetie, Erkennung und Leiden, ferner der Charakterzeichnung, sowie auch von den noch übrigen vier, nämlich der Gedankenentwicklung oder Reflexion, dem sprachlichen Ausdruck, der Gesangcomposition und dem Schmuck der Bühne soll nun der Dichter versuchen, wo möglich alle, wo nicht, wenigstens die wichtigsten und meisten zu vereinigen. Dies sei um so nötiger wegen der unbilligen Kritik des damaligen Publikums, welches dies von dem Dichter forderte. Nachdem es nämlich in jeder Art der Tragödie ausgezeichnete Dichter gegeben hatte, verlangte man, daß jeder folgende Trauerspieldichter die Vorzüge seiner Vorgänger in der Tragödie vereinigen solle.

7. Die Identität oder Verschiedenheit zweier Tragödien hängt **von** ihrer Übereinstimmung oder Verschiedenheit in der Schürzung und Lösung des Knotens, nicht von derjenigen in Namen und Mythus ab. Ebenso müssen Schürzung und Lösung vereinigt den Ausschlag bei dem Siege im Wettstreite geben, nicht etwa eine von beiden allein.

11. Nicht geeignet für die Tragödie sind die epischen Stoffe, d. h. die Verknüpfungen vieler Fabeln, wie derjenige der Ilias, vgl. 26. 1462b 3 und 8 f., weil in der Tragödie für solche kein Raum vorhanden ist, und die Einheit der Kunstdarstellung darunter leiden würde.

εἴρηται πολλάκις 5. 1449b 12 ff., 17. 1455b 15.

16. Als Tragiker, welche eine „Zerstörung Trojas“ gedichtet haben, werden angeführt: Kiophon, Jophon, Nikomachos. Euripides bearbeitete diesen Stoff teil für teil, so z. B. einen Abschnitt in dem Ορest.

17. Die Niobefabel hatten Sophokles und Meleton zu Tragödien benutzt. Äschylos hatte diesen Stoff unter die drei Stücke einer Trilogie verteilt.

18. ἐκπίπτουσιν κτλ.: **Sie können das Stück nicht zu** Ende spielen, oder **werden nur an zweiter oder dritter Stelle** genannt.

19. ἐν τούτῳ μόνῳ ἐκ durch diesen einzigen Fehler. Auch Agathon (vgl. über ihn zu 9. 1451b 21) scheint in einem seiner Stücke den ganzen Fabelstoff von der Zerstörung Ilions zum Gegenstande seiner Dichtung gemacht zu haben. So gut diese Tragödie im übrigen sein mochte, so fiel sie doch wegen dieses einzigen Fehlers durch. Dagegen erreichen die Tragödiendichter mit denjenigen Stoffen ihr Ziel in erstaunlicher

Weise, welche plötzliche Schicksalswechsel oder einfache Übergänge von Glück zu Unglück und umgekehrt (einfache Handlungen ohne plötzliche Schicksalswechsel) enthalten. „Denn darin liegt das Tragische und Menschenfreundliche," nämlich wonach sie streben (οὗ στοχάζονται). Tragisch ist, was Mitleid und Furcht erweckt; menschenfreundlich, was das Wohl der Menschheit fördert. Solches findet aber statt, wenn der Kluge, der mit Schlechtigkeit behaftet ist, überlistet wird, wie Sisyphos, der schlaue Bösewicht, der selbst den Gott der Unterwelt zu betrügen wußte; und wenn der Tapfere, aber Ungerechte unterliegt. Dies ist ein wahrscheinlicher Vorgang, weil er den ewigen Moralgesetzen entspricht.

24. Agathons Worte sind:

τάχ' ἄν τις εἰκὸς αὐτὸ τοῦτ' εἶναι λέγοι
βροτοῖσι πολλὰ τυγχάνειν οὐκ εἰκότα.

25. Sollte der Chor überhaupt in der Tragödie auftreten — und dies war wegen des religiösen Ursprungs und Charakters dieser Dichtung notwendig — so mußte er, um die Einheit des Kunstwerks nicht aufzuheben, ein organisches Glied des Ganzen sein, also bei der Handlung mitwirken und die Stelle eines Schauspielers vertreten, wie es auch noch Horaz „Von der Dichtkunst" V. 193 verlangt. So ließ Sophokles in seinen Tragödien den Chor mithandeln; aber schon Euripides wich in der Verwendung des Chores von dem guten und richtigen Brauch bald mehr, bald weniger ab. Die Späteren vollends ließen den Chor eingeschaltete Lieder singen, welche mit der gerade vorgehenden Handlung außer jeder Beziehung standen. Der Tragiker Agathon, ein jüngerer Zeitgenosse des Euripides, hatte das Beispiel dazu gegeben. Aristoteles tadelt dies Verfahren mit Recht als der Einheit zuwider.

33. περὶ μὲν οὖν τῶν ἄλλων, nämlich μερῶν τραγῳδίας, 19
vgl. 6. 1450 a 9 f. Den Grund, weshalb von der Gesangcomposition und von der theatralischen Darstellung nicht weiter die Rede ist, hat Aristoteles das. 19 angegeben: weil nämlich das Wesen der Tragödie von der Aufführung und Schauspielern unabhängig ist. Damit werden jene beiden Teile der Tragödie als äußere Hülfsmittel aus der Poetik verwiesen. Auch die Lehre von der Gedankenentwicklung gehört mehr in die Rhetorik. Darum wird nur kurz angeführt, was sie in

der Tragödie zu leisten hat. Es stimmt dies aber zunächst mit den Aufgaben der prosaischen Rede überein. Gemäß den Regeln der Gedankenentwicklung (κατὰ τὴν διάνοιαν 36) hat nämlich alles zu geschehen, was von der Rede hervorgebracht werden muß ꝛc. ἔστι — es findet statt, ist möglich.

2. Aber aus denselben Topen (ἰδεῶν), aus welchen die 1456 b
Rede die Mittel nimmt, ihre Aufgaben zu erfüllen, müssen auch die entsprechenden Begebenheiten, nämlich mitleidswerte, furchtbare, große, wahrscheinliche hergenommen werden. Denn wer in der Rede Mitleid, Furcht, Größe, Wahrscheinlichkeit hervorzubringen weiß, wird solches auch in Handlung zu setzen verstehen. Nur der Unterschied ist zwischen beiden, nämlich dem Furchtbaren ꝛc. in der Rede und in der Handlung, daß es in der letzteren ohne alle Belehrung darüber vor Augen tritt, in der Rede aber alles von dem Redenden und wegen der Rede geschehen muß. Denn wenn dies in der Rede so ohne weiteres erfolgte wie in der Handlung, so wäre der Redende selbst dabei überflüssig. Ein Unterschied zwischen der prosaischen und der poetischen Rede wird hier nicht gemacht.

8. ἤδη, vgl. „Kritische Beilage" zu 1456 b 8.

Der gesamte sprachliche Ausdruck (λέξις) besteht aus Sätzen (einfachen, zusammengesetzten, Perioden), deren verschiedene Form von der Modalität der auszudrückenden Urteile abhängt, insofern der Satz ein in Worten ausgedrückter Gedanke ist. Die Formen der Sätze für diese Modalitäten sind der Poesie und der Prosa gemeinschaftlich und werden von der ersteren aus der letzteren nur entlehnt, nicht umgeformt oder verändert. Die Lehre von denselben gehört daher auch nicht in die Poetik, sondern in die Rhetorik. Da insbesondere von der Kenntnis derselben die richtige Betonung und der richtige Vortrag der Rede abhängt, so rechneten die Alten dieselbe zu dem Zweige der Rhetorik, welchen sie Deklamations- und Vortragskunst (ὑποκριτική) nannten.

15. Protagoras aus Abdera (um 440) bezeichnete sich selbst als Sophist, lehrte zuerst um Lohn auf Sicilien und in Athen, wurde jedoch aus dieser Stadt als Gottesleugner vertrieben und sein Buch über die Götter auf dem Marktplatze vom Herold öffentlich verbrannt. Er behauptete, der Mensch sei das Maß aller Dinge, und lehrte junge Leute die Kunst, eine schlechte Sache zu verteidigen. Als Grammatiker und

Rhetor ist er nicht ohne Verdienst. Er unterschied zuerst vier Arten von Aussagen (τοῦ λόγου): Bitte, Frage, Antwort, Befehl, und schrieb ein Werk Ὀρθοέπεια. Plato machte ihn zur Hauptperson in seinem Dialoge Protagoras.

20. Die Lehre von den Redeteilen hingegen ist, soweit sie die poetischen Wortformen und den tropischen Gebrauch einzelner Wortarten betrifft, allerdings ein Teil der Poetik. Aristoteles stellt die Definitionen derselben nach dem damaligen Stande der grammatischen Kenntnisse zusammen. Nach Dionys von Halikarnaß zur Zeit des Augustus (De comp. Verb. c. 2) und Quintilian unter den Flaviern und Trajan (I. O. I. 4, 18) hätte Aristoteles und Theodektes nur drei Redeteile unterschieden, nämlich Nomina, Verba und Conjunktionen (σύνδεσμοι); die späteren Philosophen und namentlich die Stoiker hätten zuerst die Artikel hinzugefügt, dann die Präpositionen. Ob beide obigen Schriftsteller diese Notiz aus derselben Quelle geschöpft haben und aus welcher, läßt sich nicht mehr ausmachen; nach Val. Rose's Vermutung (Aristot. Pseudep. S. 144) wäre dieselbe die vielleicht von Aristoteles überarbeitete und herausgegebene Rhetorik des Theodektes gewesen. Aber schon Boethius, Konsul 510 n. Chr., führt die Redeteile nach Aristoteles' Poetik in derselben Zahl an, wie wir sie jetzt lesen (Boeth. in Ar. de interpret. ed. II p. 293, 2 Ven. 1566). Aristoteles unterscheidet demnach als Teile des gesamten sprachlichen Ausdrucks: Sprachelement (nicht bloß den geschriebenen Buchstaben), Silbe, Bindewort, Nennwort, Aussagewort, Artikel, Flexions- oder Abwandlungsform, Satz.

22. οὐ ποιεῖ δὲ κτλ. Aristoteles unterscheidet hier zwischen artikuliertem und unartikuliertem Laut.

29. προσβολῆς, Anstoß der Zunge oder der Lippen.

31. Diese Sprachelemente unterscheiden sich nach den Stellungen des Mundes als verschiedene Vokale, nach den Örtlichkeiten desselben, wo sie hervorgebracht werden, als verschiedene Konsonanten, z. B. Lippen-, Gaumen-, Kehl- und Zungenlaute, nach Stärke und Schwäche des Hauchs als aspirierte und nicht aspirierte Vokale und Konsonanten, nach Länge und Kürze als lange und kurze Vokale, nach hohem, tiefem und mittlerem Tone als mit dem Akutus, Gravis oder Circumflex ausgesprochene Vokale.

34. ἐν τοῖς μετρικοῖς, vgl. 37: τῆς μετρικῆς ἐστιν. Auch nach Platon Kratyl. 424, 87, c lernten diejenigen, welche sich mit den Rhythmen beschäftigen wollten, zuerst die Natur der Sprachelemente und Silben kennen.

36. Ob die Lautverbindung γρ eine Silbe bildete, hing von der griechischen Aussprache des ρ ab, die wir nicht kennen. Wenn γρ lautete wie γρα, so konnte es für sich allein eine Silbe zu stande bringen. Aus der obigen Definition des Halbvokals und derjenigen der Silbe folgt, daß γρ für sich allein eine Silbe darstellte. In unsern Schriftstellertexten freilich bewirkt es eine solche nur mit einem Vokal.

38. σύνδεσμος. Unter den oben 20 angeführten Teilen des sprachlichen Ausdrucks kommen nur vier grammatisch sogenannte Redeteile vor, nämlich Nennwort, Zeitwort, Artikel und Verbindungswort. Da nun das Nennwort Substantiva und Adjectiva und deshalb auch Pronomina und Numeralia umfaßt, sofern sie Substantiva und Adjectiva sind; da ferner nach den beiden oben zu 20 angeführten Stellen des Dionys von Halikarnaß und des Quintilian die Artikel zuerst von den Verbindungswörtern getrennt und diesen beigefügt werden, nachher die Präpositionen, so müssen in den Verbindungswörtern an unserer Stelle die Conjunctionen und Präpositionen enthalten sein. Denn daß der Artikel auch die Präpositionen mitbegreife, läßt sich aus der Definition desselben nicht beweisen, und daß man den Namen Artikel (ἄρθρον) schon zu Aristoteles' Zeit in dem jetzt üblichen Sinne gebrauchte, zeigt die von einem Zeitgenossen des Aristoteles verfaßte Rhetorik an Alexander 26. 1435a 35 ff, vgl. 1435b 11. Die Adverbia aber werden von Aristoteles, soweit sie von Substantiven oder Adjectiven abgeleitet sind, unter den Flexionsformen (πτώσεις) mitverstanden, die übrigen unter den Conjunctionen.

ἄσημος = unbezeichnend, d. h. kein sinnlich wahrnehmbares oder Gedankending bezeichnend. Die Verbindungswörter deuten nämlich bloß Beziehungen, Verbindungen und Verhältnisse zwischen bezeichnenden Wörtern (σημαντικῶν), Wortverbindungen und ganzen Sätzen an.

1. Hier bezieht sich die erste Definition bloß auf die 1457a
Conjunction, als deren Beispiele μέν, zwar, ἤτοι, oder, δέ, aber, angeführt werden. Von diesen soll, wie schon G. Hermann gesehen hat, μέν den Anfang, ἤτοι die Gliederung, δέ das Ende einer Rede bezeichnen. Keine Conjunction kann

unabhängig von einem Vorhergehenden oder Folgenden (καθ' αὑτόν), d. h. ohne Beziehung auf ein solches an den Anfang einer Rede gestellt werden. Die Verbindung mehrerer eine Einheit bildender Wörter, z. B. „der Garten des Vaters" oder „das Gemälde an der Wand" wird aber durch Dazwischensetzung einer Conjunction weder gehindert noch bewirkt, z. B. „der Garten aber des Vaters," „das Gemälde jedoch an der Wand."

4. Die zweite Definition bezieht sich auf die Präposition. Diese kann aus mehr als einem bezeichnenden Worte einen einheitlichen bezeichnenden Ausdruck bilden, z. B. „die Liebe zu Gott", „am Boden liegen", „gegen den Feind kämpfen."

6. Der Artikel giebt entweder den Anfang, oder das Ende einer Rede, oder eine Begrenzung und Bestimmung an, bezeichnet aber an und für sich weder ein bestimmtes Einzelding noch ein Gedankending; dazu werden drei Beispiele angeführt, in welchen der Artikel τό und τὰ vor je einem der drei übrigen Redeteile, nämlich dem Zeitworte φημί, dem Verbindungsworte περί und dem Nomen ἄλλα steht und deren Begriff substantiviert und begrenzt. Den Anfang einer Rede bezeichnet der Artikel dann, wenn er einen Satz oder eine Wortverbindung zum Substantiv erhebt, das Ende einer Rede wie eben die Conjunktion, wenn er einen neuen Satz beginnt. Die zweite Definition sagt analog derjenigen der Conjunction, zu welcher der Artikel ja früher, und wenn man dem Dionys und Quintilian Glauben schenken soll, noch von Aristoteles selbst gerechnet wurde: daß der Artikel, wenn er zwischen mehreren zu einer Einheit verbundenen Wörtern stehe, diese Verbindung weder hindere noch bewirke und daß er an den beiden Enden und in der Mitte einer Rede stehen könne.

11. συνθετή, nämlich zusammengesetzt aus Sprachelementen, Silben oder Wörtern.

13. Der Name Θεόδωρος bezeichnet nicht etwa ein beliebiges Geschenk (δῶρον) Gottes, sondern einen Menschen dieses Namens.

16. „Mensch" und „weiß" sind Nomina (ὀνόματα).

18. Unter πτῶσις verstand Aristoteles die Flexions- und Abwandlungsformen (nicht blos Endungen) des Nomens und Verbums nach Kasus, Numerus, Person, Modus. Auch

die von Substantiven und Adjectiven abgeleiteten Adverbien müssen hierher gerechnet werden.

21. τὰ ὑποκριτικά, Darstellungs- oder Vortragsformen, sind die durch den Modus des Verbs, durch Wortstellung und Ton bedingten verschiedenen Satzformen, vgl. zu 1456 b 10: τῆς ὑποκριτικῆς.

23. λόγος, Rede, ist nach Aristoteles sowohl eine Verbindung von Begriffswörtern ohne Verbum, z. B. die Definition des Menschen ζῷον πεζὸν δίπουν, als auch ein vollständiger oder verkürzter Satz oder eine Verbindung von Sätzen. Der Satz kann zwar aus einem einzigen Verbum bestehen, z. B. „λέγε, sprich," wo dann das Subjekt zu ergänzen ist; es kann aber auch umgekehrt das Verbum „ἐστί, ist" ausgelassen sein, z. B. ἄνθρωπος ζῷον πολιτικόν. Aber dann ist doch wenigstens das Subjekts- und Prädikatsnomen ein Begriffswort.

27. μέρος δὲ ἀεί τι σημαῖνον ἕξει, nämlich ein Subjekt der Aussage.

29. Die Ilias ist eine lange Rede aus vielen Rhapsodien, welche verbunden, in einer Haupthandlung ihre Einheit finden, nämlich in dem Zürnen des Achilles; ohne Verbindung würden alle diese Teilhandlungen nur getrennte Glieder eines Ganzen bilden.

21 31. Hinsichtlich des Nennwortes ist für die Poesie wichtig zunächst dessen Unterscheidung in das einfache, von welchem kein Teil für sich eine Bedeutung hat, z. B. γῆ, und in das zusammengesetzte, insbesondere das aus einem bezeichnenden und einem unbezeichnenden Teile wie in ἄμουσος, [illegible], oder aus zwei bezeichnenden Wörtern bestehende, z. B. Θεόδωρος, dann in das dreifache, vierfache und vielfache, z. B. die meisten der großartigen, pomphaften Wörter, von welchen Hermokaikoxanthos als Beispiel erwähnt wird. Der Hermos, Kaikos und Xanthos sind nämlich drei Flüsse Kleinasiens. Wichtiger ist die zweite Einteilung des Nomens nach seiner Verwendung in der Poesie. In dieser Beziehung ist es entweder der gewöhnliche oder der ungewöhnliche Ausdruck. Der letztere begreift das Fremdwort, den metaphorischen und den schmückenden Ausdruck, ferner die Neologismen, das verlängerte, verkürzte und veränderte Wort.

4. ἕκαστοι, jegliche, jedes einzelne Volk, die Einheimischen; ἕτεροι, andere als die jeweiligen Einwohner, bezieht 1457 b

sich nicht nur auf fremde Völker, sondern auch auf dialektisch verschiedene Sprachgenossen und selbst auf die früheren Einwohner. γλῶσσα bedeutet daher sowohl Fremdwort als Provinzialismus und veraltetes, ungebräuchliches Wort.

6. σίγυνον, ein bei den Cypriern übliches Wort für Speer.

7. Die Lehre von dem tropischen Ausdruck ist bei Aristoteles, so scharfsinnig er sie auch entwickelt, dennoch ebensowohl noch in ihrer Entstehung wie diejenige von den Redeteilen. So weiß Aristoteles sehr wohl, daß die Metapher auf der Vertauschung ähnlicher Vorstellungen beruht, vgl. Top. 6, 2. 140a 10: πάντες γὰρ οἱ μεταφέροντες κατά τινα ὁμοιότητα μεταφέρουσιν. Er rechnet aber zu den beiden Arten der Metapher, der Übertragung von der Art auf die Art und derjenigen nach der Analogie, welche schon Cicero De orat. 3, 38 und Quintilian allein mit diesem Namen bezeichnen, auch die Übertragung von der Gattung auf die Art und umgekehrt, welche wir συνεκδοχή nennen, zur Metapher. Von der Metonymie endlich, welche Quintilian ὑπαλλαγή nennt, ist bei ihm gar nicht die Rede. Ein Beispiel derselben: τὸν ἱερέα ἀρητῆρα führt er unten 35 unter den Neubildungen auf. Daß unter κόσμος oben 2, hier im engeren Sinne, das schmückende Beiwort verstanden wird, geht zunächst aus der etymologischen Bedeutung des Wortes hervor, weshalb es auch hier nicht weiter erklärt wird. Es bezeichnet nämlich ein Wort, welches nicht wie die Metapher für den zu benennenden Gegenstand gesetzt werden, sondern demselben zum Schmucke beigefügt werden soll. Der Schmuck ist ja nicht der Gegenstand selbst. Auch unterscheidet Aristoteles dieses Beiwort anderwärts unter dem Namen Epitheton, vgl. Rhet. 3, 7. 1408b 11. Endlich geht aus der Stelle das. a 15: μηδ' ἐπὶ τῷ εὐτελεῖ ὀνόματι ἐπῇ κόσμος, wozu er das Beispiel aus Kleophon anführt: πότνια συκῆ, deutlich hervor, was Aristoteles unter κόσμος im engeren Sinne versteht. Im weiteren Sinne freilich kann κόσμος und κοσμεῖν von allem gesagt werden, was zum Schmucke der Rede dient.

10. Odyss. 1, 185. 24, 308. Im Hafen sein (ὁρμεῖν) ist eine Art des Stehens (ἑστάναι τι).

11. Il. 2, 272. Die Tausende sind eine Art des Vielen.

14 f. Die beiden Stellen sind wahrscheinlich von Empedokles, bei welchem die letztere so angeführt wird: κρηνάων ἀπὸ πέντ' ἀνιμῶντα ἀτειρέι χαλκῷ. In dieser bedeutet χαλκός metonymisch den ehernen Becher, in jener dagegen das Schwert. Schöpfen und Schneiden sind beides Arten des Wegnehmens.

20. καὶ ἐνίοτε κτλ. Die Stelle ist nach den folgenden Beispielen mit Vahlen zu erklären: προστιθέασι τινὲς πρὸς ὅ ἐστιν ἀνθ' οὗ λέγει τὴν μεταφοράν: Man setzt manchmal zur Metapher den Gegenstand hinzu, zu welchem der metaphorisch ausgedrückte im Verhältnisse steht.

21. Nach Athenäus hat diese Metapher der Dithyrambendichter Timotheos gebraucht.

25. Die Metapher δυσμαὶ βίου findet sich bei vielen nicht bloß Dichtern, sondern auch Prosaikern, nicht allein bei Empedokles.

ὄνομα steht hier im gewöhnlichen Sinne von „Namen, Bezeichnung“, und daher auch für das Verbum.

27. Für das Aussenden der Strahlen (φλόγα) von der Sonne giebt es im Griechischen kein eigenes Wort, wie man das Aussenden der Saatfrucht „Säen“ nennt. Es verhält sich aber dieses (Aussenden) zu den Sonnenstrahlen (φῶς) wie das Säen zur Saatfrucht. Demnach ist kein Zweifel, daß φῶς hier wie vorher φλόξ kollektiv die Sonnenstrahlen bezeichnet.

29. Die Form θεοκτίσταν läßt darauf schließen, daß dieses Fragment aus einer lyrischen Dichtung stammt.

31. In dem Beispiele „die weinlose Trinkschale“ ist zwar dem Schilde ein von einem andern Dinge entlehnter Name, nämlich „Trinkschale“ beigelegt (προσαγορεύσαντα τὸ ἀλλότριον), aber dadurch daß dem durch letzteren bezeichneten Gegenstand die ihm eigentümliche Bestimmung für den Wein abgesprochen wird (ἀποφῆσαι τῶν οἰκείων τι), ist angedeutet, daß der Ausdruck nicht im eigentlichen Sinne zu verstehen sei.

34. ἔστω κτλ. Aristoteles zweifelt, ob solche Wörter nicht vielleicht früher üblich gewesen seien.

35. ἐρνύγες = ἔρνος, Sproß, Zweig; ἀρητήρ von ἀράομαι, der Beter. Das letztere Beispiel steht Il. 1, 11.

5. κρῖ = κριθή, δῶ = δῶμα, ὄψ = ὄψις. Die 1458a
Stelle ist aus einem Gedichte des Empedokles.

6 f. τὸ ὠνομασμένον, das gebräuchliche Wort, z. B.

δεξιόν, woraus δεξιτερόν verändert ist. Die Dichterstelle findet sich Il. 5, 393.

8. Eine dritte Einteilung der Nennwörter ist diejenige nach ihrem grammatischen Geschlecht in männliche, weibliche und sächliche, deren Hauptklassen nach ihren Endungen ohne Rücksicht auf die Ausnahmen angeführt sind. Als eigentliche Gattungen werden nur die männlichen und weiblichen betrachtet. Die zwischen beiden liegende (τὰ μεταξύ) nimmt auch ihre Endungen teils aus denen der männlichen Gattung, nämlich N, Σ und P, teils aus denen der weiblichen, A nur als kurzen Vokal. Auf I und Y endigen nur wenige, auf einen stets kurzen Vokal (E und O) sowie auf einen stummen Konsonanten gar keine Nennwörter. Nach den Gesetzen der Sprachwissenschaft sind freilich die kurzen Vokale die ursprünglichen.

17. λέξεως δὲ ἀρετή. Die poetische Diktion, von 22
welcher hier die Rede ist (vgl. Rhet. III, 1 ff. und 2. 1404 b 1) erreicht nur dann ihren Zweck, wenn sie Deutlichkeit mit Würde und Schönheit vereinigt; denn für den idealen Inhalt der Poesie kann der niedrige, gemeine Ausdruck nicht das angemessene Darstellungsmittel sein. Die gewöhnlichen (eigentlichen) Ausdrücke nun machen die Rede deutlich, aber niedrig.

20. Über den Dichter Kleophon vgl. zu 2. 1448 a 12.

21. Der Tragiker Sthenelos lebte zur Zeit des Aristophanes, von welchem er wegen seiner niedrigen Ausdrucksweise verspottet wurde.

26. Wenn man die Worte eines Rätsels im eigentlichen Sinne nimmt, erhält man Unmögliches, im bildlichen Sinne aber wird es verständlich.

28. Durch die Verbindung eigentlicher Ausdrücke läßt sich das nicht ausführen, daß man zugleich Mögliches und Unmögliches aussagt, wohl aber durch Metaphern.

29. χαλκόν, Erz, ist metonymisch zu verstehen von dem ehernen Schröpfkopfe.

31. κεκρᾶσθαι, eig. τὴν λέξιν τούτοις, d. h. aus gewöhnlichen und ungewöhnlichen Ausdrücken.

1458b 4. Der Singular συμβάλλεται faßt die Subjekte in 2 gattungsartig zusammen.

7. Eukleides der Ältere, vielleicht ein Parodiendichter. Die beiden Verse in prosaischem Ausdruck sollen jambisch gelesen werden, was lächerlich klang.

11. Wenn es zum Vorschein kommt, daß man verlängerte, verkürzte und veränderte Wortformen auf diese Weise, nämlich wie Eukleides der Ältere in den angeführten Versen thut, irgendwie, d. h. absichtlich, z. B. zur Verspottung, oder unabsichtlich, aus Unwissenheit, anwende, so ist dies nun freilich lächerlich. Aber auf dieselbe Weise, nämlich durch Mißbrauch der dichterischen Formen, kann man sich auch lächerlich machen, wenn man Metaphern, ungebräuchliche Wörter und die übrigen Formen ungeschickt und absichtlich um Lachen zu erregen gebraucht. Denn das rechte Maß ist bei der einen wie bei der andern dieser Arten anzuwenden.

15. τὸ δὲ ἁρμόττον. Dem Mißbrauche wird der angemessene Gebrauch gegenübergestellt.

16. ἐπὶ τῶν ἐπῶν, weil in den epischen Gedichten Verlängerungen ꝛc. vorzugsweise ihre Stelle finden. ἐντιθεμένων κτλ.: wenn man die üblichen Wörter anstatt ihrer Verlängerungen, Verkürzungen und Veränderungen in den Vers bringt.

24. Euripides setzte die Art θοινᾶται statt der Gattung ἐσθίει, Homer die Art ὀλίγος statt der Art μικρός — ὀλίγος wird nämlich von der Zahl, μικρός von der Größe gebraucht — und die Gattung οὐτιδανός statt der Art ἀσθενικός.

25. Der Vers steht Odyss. 9, 515 mit der Variante ἄκικυς statt ἀειδής.

29. Odyss. 20, 250, wo ἀεικέλιος die Art ist statt der Gattung μοχθηρός.

31. Il. 17, 265. Hier steht die eine Art für die andere, βοόωσιν für κράζουσιν, welches in dieser Verbindung niedrig wäre. βοᾶν wird nämlich vom Brüllen der Rinder, κράζειν = κρώζειν, kreischen, vom Geschrei der Raben gebraucht. — Ariphrades, ein unbekannter Grammatiker.

34. ἐγὼ δέ νιν steht bei Soph. Öd. Kol. V. 987.

9. Die Doppelwörter sind malerisch und emphatisch, 1459a
z. B. Speerkampf, Mondnacht, Himmelsstrahl u. dgl., daher für den hohen Schwung des Dithyrambos geeignet. Das Epos ist feierlich und selbstgefällig, vgl. Rhet. 3, 3. 1406 b 1, daher bedient es sich gern ungebräuchlicher Wörter und Wortformen; doch kann es alle Arten des ungewöhnlichen Ausdrucks mit Nutzen aufnehmen. Die jambische Poesie aber strebt soviel als möglich die gewöhnliche Rede darzustellen, weshalb für sie nur das passend ist, was auch in prosaischen

Reden seine Stelle finden kann: der gewöhnliche Ausdruck, die Metapher und der Schmuck.

16. Nachdem Aristoteles die Lehre von den vier Be- 23 standteilen der Tragödie, deren Behandlung in die Poetik gehört, zu Ende geführt hat, geht er zur Betrachtung des Epos über, welches sich von den übrigen Arten der nicht mit Gesang und Tanz verbundenen Poesie, von den in Prosa verfaßten Mimen und den Sokratischen Reden durch die gebundene Sprache, von der Tragödie nach 5. 1449b 11 durch die erzählende Darstellungsweise und das große, einfache Metrum unterscheidet. In der Darstellung der ernsten Seite des Lebens und in allen Bestandteilen stimmt das Epos mit der Tragödie überein, vgl. das. 16 ff. Wie die letztere ist es Nachahmung einer ernsten, vollständigen Handlung, deren Inhalt und Gestalt in der Fabel sich niedergelegt findet. Da man über die letztere, sowie auch über die Charaktere bei der Tragödie ausführlich gesprochen ist, so kann sich der Philosoph über das Epos kürzer fassen und der Hauptsache nach nur an das bereits Gesagte erinnern.

17. ἐν μέτρῳ μιμ. zum Unterschiede von den Mimen und Sokratischen Reden.

20. ἀρχὴν καὶ μέσα καὶ τέλος, die Definition des Ganzen, vgl. 7. 1450b 26.

21 ff. Die Einheit der gewöhnlichen Geschichtserzählungen besteht in der Einheit der Zeit, in welche die Ereignisse fallen, und der Personen, welchen diese begegnet sind, nicht wie diejenige der epischen Fabel in der Einheit der Handlung.

25 ff. Nach Herodot 7, 166 sollen an demselben Tage, an welchem die Perser in der Seeschlacht bei Salamis besiegt wurden, auf Sicilien Gelon und Theron einen großen Sieg über die Karthager unter Hamilkar davongetragen haben. Wie nun diese beiden Schlachten, obschon sie gleichzeitig stattfanden, nicht auf dasselbe Ziel hinarbeiteten, so begiebt sich auch in der Zeitfolge manchmal ein Ereignis nach dem andern, ohne daß durch sie ein einheitlicher Zweck zu stande kommt. Aber so sind nicht nur die gewöhnlichen Geschichtserzählungen beschaffen, sondern auch die meisten Dichter verfahren so. Hier sind die kyklischen Dichter gemeint und die, von welchen 7. 1451a 20 die Rede ist, vgl. d. Anm. zu d. St.

30. ἐπιχειρῆσαι 8. 1451a 23—29. Der trojanische Krieg war ein Ganzes und doch hat ihn der geniale Dichter nicht in seinem ganzen Umfange zum Gegenstande seiner Ilias gemacht; aber ebensowenig drängte er die Begebenheiten desselben in einen mäßigen Umfang zusammen, wobei das Epos durch bunte Mannigfaltigkeit verwickelt geworden wäre, während es jetzt die Einheit mit der Mannigfaltigkeit harmonisch vereinigt.

34. ἢ τῷ, erg. ἐπεχείρησε ποιεῖν ὅλον.

35. αὐτοῦ, erg. τῶν τοῦ πολέμου (πραγμάτων).

2. Als Verfasser des kyklischen Epos Kypria, welches 1459b die dem trojanischen Kriege vorausgehenden Begebenheiten erzählte, wird der Cyprier Stasinos im 8. Jahrh. v. Chr. genannt. Die kleine Ilias des Lesches aus Mitylene im 7. Jahrh. v. Chr. umfaßte die Begebenheiten, welche denen der Ilias nachfolgten, bis zur Zerstörung Trojas und der Abfahrt der Griechen. Allen diesen Gedichten mangelte es an der nötigen Einheit.

3. Vgl. den allgemeinen Inhalt der Odysseefabel 17. 1455b 17—23.

4. Diese Gedichte zerfielen in verschiedene selbständige Abschnitte, von welchen jeder den Stoff zu einer Tragödie enthielt. Die Inhaltsangaben der ersten vier Bücher der kleinen Ilias und deren Fortsetzungen aus andern kyklischen Gedichten in Proklos' Chrestom. S. 450, 9 Gaisf. belehren uns über die Hauptbegebenheiten, um welche sich die Tragödien bewegten, deren Titel hier Aristoteles anführt. Die kleine Ilias enthielt nämlich zuerst den Streit des Odysseus und des Aias um die Waffen des Achilles und die Entscheidung derselben zu Gunsten des ersteren nach dem Willen der Athene, worauf Aias im Wahnsinn die Herden der Achäer anfällt und sich dann selbst entleibt. Hierauf bringt nach dem Seherspruch des von Odysseus gefangenen Helenos Diomedes den Philoktet aus Lemnos zurück; dieser wird von Machaon geheilt und erlegt im Einzelkampfe den Alexandros, dessen von Menelaos beschimpften Leichnam die Troer wegführen und begraben. Über das einzelne in diesen beiden Tragödien kann uns der „Aias“ und der „Philoktetes“ des Sophokles Aufschluß geben. Nachher holt Odysseus des Achilles Sohn Neoptolemos aus Skyros herbei und giebt ihm die Waffen seines Vaters; dessen Wider-

streben wird wahrscheinlich ähnlich wie in Sophokles' Philoktet durch das Erscheinen des Achilles überwunden. Dann kommt Eurypylos, der Sohn des Telephos, Königs von Mysien, den Troern zu Hülfe, wird aber nach Verrichtung verschiedener tapferer Thaten von Neoptolemos getötet, worauf die Griechen zur Belagerung Trojas schreiten und Epeos auf Athene's Geheiß das hölzerne Pferd zimmert. Odysseus hüllt sich in Bettlergewand, kommt als Späher nach Ilion, wird von Helena erkannt und verabredet mit ihr die Einnahme der Stadt; nachdem er dann noch einige Troer getötet hat, kehrt er siegreich zu den Schiffen zurück. Hierauf führt er mit Diomedes das Palladium aus Ilion weg, wobei ihm wahrscheinlich die lakonischen Dienerinnen der Helena behülflich waren. Die Griechen lassen darauf ihre Tapfersten ins hölzerne Pferd steigen, die übrigen verbrennen ihre Zelte und gehen nach Tenedos in See. Die Troer wähnen von ihren Leiden befreit zu sein, reißen einen Teil ihrer Mauer nieder, nehmen das hölzerne Pferd in ihre Stadt auf und geben sich der Festlust über den vermeintlichen Sieg hin. Die Fortsetzung teilt Proklos nach des Milesiers Arktinos „Zerstörung Iliums" mit. Sinon, der durch seine Verstellung in die Stadt gedrungen war, giebt den Achäern Feuerzeichen; diese fahren von Tenedos herbei, überfallen mit denen aus dem hölzernen Pferde die Feinde, töten viele und nehmen die Stadt mit Gewalt ein. Von dem Inhalte einer Tragödie „Sinon", wie sie Sophokles geschrieben hatte, können wir nach Virgil's Aeneide urteilen. Aias, des Oileus Sohn, erregt durch seine Gewaltthat gegen Kassandra, die er samt dem Bilde der Göttin von dem Altare reißt, den Zorn der Athene. Von der unglücklichen Heimfahrt der Griechen erzählt Nestor dem Telemachos Odyss. 3, 130—198. Eine Tragödie „Troerinnen" hat Euripides geschrieben. Es handelte sich um das Schicksal der bei der Eroberung Trojas gefangenen, von welchem die Inhaltsangabe einer anderen vielleicht von Stesichoros gedichteten „Zerstörung Trojas" einige Nachrichten enthält. Andromache wird, nachdem Odysseus ihren Sohn Astyanax getötet hat, dem Neoptolemos als Ehrengeschenk zu teil. Demophon und Akamas finden die Aithra und führen sie mit sich fort. Nach Verbrennung der Stadt wird noch Polyxena dem Achilles auf dessen Grabhügel zum Opfer geschlachtet.

24 7 ff. Da ferner das Epos außer der Gesangcomposition und der theatralischen Aufführung dieselben Bestandteile hat wie die Tragödie und auch seine Fabel wie die jener in ihrer vollkommensten Gestalt Peripetie und Erkennung und außerdem das Leidvolle enthält, so versteht sich, daß die auf diese Bestandteile gegründeten Arten ebenfalls beiden gemeinschaftlich sein müssen. Zugleichen müssen Gedankenentwicklung und sprachlicher Ausdruck in dem einen wie in der anderen schön sein. Als Muster in allen diesen Stücken und zugleich früher als alle steht Homer da, dessen beide Epopöen zugleich die Gattungen des Epos umfassen. Denn die Ilias ist einfach und pathetisch, die Odyssee, als Erkennung und Charakterdarstellung von Anfang bis zu Ende, verwickelt und ethisch. Im sprachlichen Ausdruck und im Gedankeninhalt vollends hat er alles übertroffen.

17. Es unterscheiden sich **aber** das Epos von der Tragödie in der Länge der Fabel **und** im Metrum. Für die Länge der Fabel gilt auch hier die **Bestimmung**, daß man Anfang und Ende gleichzeitig muß überschauen **können**. „Dies würde aber stattfinden, wenn die Fabeln der älteren Epen kleiner wären und in der Zahl der Tragödien derjenigen sich näherten, welche man für eine öffentliche Aufführung zu bestimmen pflegt." Unter den älteren Epen sind hier die fehlerhaften kyklischen verstanden, welche eine Unzahl von Tragödien enthielten. Für eine Aufführung aber wurden in der Regel drei Tragödien und ein Satyrspiel bestimmt, zu Äschylos' Zeit eine Tetralogie, zu Sophokles' Zeit und später vier einzelne Stücke. Von der Verszahl kann hier nicht die Rede sein. Denn während z. B. Ilias und Odyssee nach Aristoteles nur je eine bis zwei Tragödien enthalten, ist doch ihre Verszahl mehr als viermal so groß als die einer Tragödie von gewöhnlicher Länge.

24 ff. Hinsichtlich der Dehnungsfähigkeit aber hat das Epos dadurch viel vor der Tragödie voraus, daß es die gleichzeitige Ausführung vieler Teilhandlungen zuläßt, was bei der Tragödie nicht möglich ist, weil man auf der Bühne immer nur eine Handlung darstellen und verfolgen kann. Sind nun diese Teilhandlungen zur Sache gehörig, so erhöhen sie die Pracht des Epos, und bereiten durch Mannigfaltigkeit dem Zuhörer Abwechslung, während die Tragödie durch Einerlei leicht Überdruß und Mißerfolg verursacht.

31 ff. Das heroische Metrum aber hat sich durch Natur und Erfahrung als das passendste erwiesen, denn es ist das würdevollste und erhabenste und läßt deshalb ungebräuchliche Wörter und Metaphern im höchsten Grade zu, wie ja auch die erzählende Dichtungsform alle übrigen an Großartigkeit übertrifft.

1460a 2. Über Chäremon vgl. zu 1. 1447 b 21.

5 ff. Da ferner das Epos als erzählende Dichtung nachahmende Darstellung einer Handlung ist, so soll der Dichter nach Homers Beispiel so wenig wie möglich in eigener Person sprechen, weil er in demjenigen, was er so spricht, nicht nachahmend darstellt; vielmehr soll er den Homer sich zum Vorbilde nehmen, welcher nach kurzer Einleitung sogleich einen Mann oder eine Frau oder sonst eine Person, und zwar mit eigenem Charakter und niemand ohne Charakter, auftreten läßt.

6. ὁ δεῖ ποιεῖν αὐτόν, d. h. welche Rolle er selbst in dem Gedichte zu übernehmen hat.

10. ἢ ἄλλο τι ἦθος, z. B. ein Kind, einen Greis, einen Gott u. s. w.

11 ff. Während ferner die Tragödie nach 9. 1452 a 7 durch Peripetie und Erkennung, wenn diese aus dem Zusammenhang der Begebenheiten hervorgehen, das Erstaunliche zu bewirken sucht, durch welches der Eindruck des Furchtbaren und Mitleidswerten erhöht wird, findet im Epos mehr das Unbegreifliche seine Stelle, welches am meisten zum Erstaunlichen beiträgt, weil man seinen Grund nicht einsieht. Denn weil es im Epos nicht sinnlich wahrgenommen wird, bleibt es verborgen. In der Tragödie dagegen kann das Unbegreifliche, wenn es nicht glaubhaft ist, nur in dem was außerhalb der dargestellten Handlung liegt, vorkommen. Daß das Erstaunliche aber erfreut, geht nach Aristoteles daraus hervor, daß alle, wenn sie etwas erzählen, übertreiben, weil sie dadurch zu gefallen meinen.

15. Il. 22, 205. G. Hermann sagt zu d. St., es scheine allerdings fast unglaublich, daß in dem Augenblicke der wichtigsten Entscheidung ein großes Heer untätig zusehe, während Achilles, im raschesten Laufe begriffen, jenem durch Winken mit dem Kopfe Befehle gebe.

19 ff. Dahin gehört auch, daß Homer die späteren Dichter gelehrt hat, Erdichtetes wahrscheinlich zu machen.

Dies beruht auf dem Fehlschlusse παρὰ τὸ ἑπόμενον, von welchem Aristoteles in den „Sophistischen Beweisen" 5. 167 b 1 spricht. Wenn nämlich eine bestimmte Ursache notwendig eine bestimmte Wirkung zur Folge hat, so schließen wir aus dem Dasein der Wirkung von selbst auf das Dasein dieser bestimmten Ursache, auch wenn dieselbe nicht vorhanden ist; so daß man auf den besagten Fehlschluß hin Erdichtetes für wahr ausgeben kann, ohne diese Wahrheit erst zu behaupten. In dem aus den Niptra, Odyss. 19, 164—260 entnommenen Beispiel schließt Penelope aus der Kenntnis der Kleidung des Odysseus und seiner Gefährten, welche der Fremdling beweist, daß seine Behauptung, jenen bewirtet und beschenkt zu haben, wahr sei, obgleich sie erdichtet ist.

Zu 23 vgl. I. „Kritische Anmerkungen."

26 ff. Überhaupt ist bei der Wahl zwischen dem Möglichen und Unmöglichen die Glaubhaftigkeit entscheidend. Darum muß der Dichter sich hüten, die Fabel aus vernunftwidrigen Teilen zu bilden, wenn sie nicht außerhalb der dargestellten Handlung fallen wie im Ödipus (Tyr.).

30. ὥσπερ Οἰδίπους, erg. ἔξω τοῦ μυθεύματος ἄλογον ἔχει τὸ μὴ κτλ.

31. Sophokles' Elektra 681 ff., wo der Bote von Orestes' Wettkämpfen bei den olympischen Spielen erzählt, obgleich diese zu Orests Zeiten noch nicht gegründet waren. Ebenso unglaublich war die Begebenheit in den Mysern des Äschylos, wo Telephos einer Sühnung halber den Weg von Tegea nach Mysien zurücklegte, ohne ein Wort zu reden.

34. ἂν δὲ θῇ, erg. ποιητής — φαίνηται εὐλογωτέρως, erg. ἔχειν — ἐνδέχεσθαι = δέχεσθαι, ἀποδέχεσθαι, erg. δεῖ.

35 ff. Jedoch ist auch das Unbegreifliche in der Fabel dann erlaubt, wenn es so wahrscheinlicher zu sein scheint. So z. B. Odyss. 13, 119 ff., wo die Phäaken den schlafenden Odysseus ans Land setzen, ohne ihn vorher zu wecken. Hätte dies ein schlechter Poet gedichtet, so würde es unerträglich sein. Homer aber hat es durch das übrige Treffliche der Ausführung verdeckt und das Unbegreifliche angenehm gemacht. Indessen darf der Dichter eine glanzvolle Diktion nur an unwirksamen Stellen anwenden, die weder charakter- noch gedankenvoll sind, sonst verdunkelt der allzu glänzende Vortrag das Charaktervolle und den Gedankeninhalt.

1460b 6. Das folgende Kapitel hat zum Gegenstande die Rechtfertigung der Poesie und der Dichter gegen gewisse Vorwürfe, die ihnen von den Philosophen späterer Zeit gemacht worden waren. So hatte Zoilos aus Amphipolis kurz vor Aristoteles' Zeit neun Bücher über Homer herausgegeben, worin er vermeintliche Fehler in dessen Gedichten nachzuweisen suchte. Zoilos fand teils Nachahmer teils Widerleger in Aristoteles selbst und dessen Schüler Herakleides Pontikos, in Sosibios, dem Stoiker Zenon und Athenodoros, dem Bruder des Dichters Aratos; ja in dem Museum zu Alexandria war es unter Lehrern und Schülern derselben Sitte, solche Streitfragen aufzuwerfen und deren Widerlegungen aufzuschreiben. Aus dieser Schule mögen die sechs oder sieben Bücher homerischer Streitfragen hervorgegangen sein, welche in den Verzeichnissen unter den Aristotelischen Schriften figurieren, und von welchen Fragmente in den Scholien zur Ilias von Porphyrios angeführt werden, die sicher dem Aristoteles untergeschoben sind. Wenn solche Streitfragen auch oft nur zur Übung des Scharfsinnes, oder um damit großzuthun, aufgeworfen worden waren, so gaben sie doch Veranlassung, das Wesen und die Gesetze der Poesie tiefer zu ergründen, wiewohl vielfach unnütze Spitzfindigkeiten und allerhand Kunstgriffe dabei zum Vorschein kamen. 25

7. εἴδη. Diese sind hier **wieder die** Topen, aus welchen die wissenschaftlichen Aufgaben und deren Lösungen genommen werden. Diese Topen, oder Gesichtspunkte, sind zunächst die drei Modalitäten des Seins, nach welchen der Dichter die Dinge nachahmend darstellen kann; entweder nämlich nach ihrer Wirklichkeit, oder nach ihrer Möglichkeit (Wahrscheinlichkeit), oder endlich nach ihrer Notwendigkeit, d. h. wie die Dinge sein sollten, nicht wirklich sind. Diese Topen betreffen den Inhalt der Poesie, ihre Form aber der sprachliche Ausdruck, welcher entweder der gewöhnliche (λέξις) ist, oder der ungewöhnliche (ungebräuchliches Wort, Metapher u. s. w.); dazu kommen die verschiedenen Satzformen je nach der Modalität des ausgedrückten Gedankens.

12. Unter πολλὰ πάθη τῆς λέξεως sind alle Abweichungen von der gewöhnlichen Rede außer der Metapher und dem ungebräuchlichen Worte, also die verlängerten, verkürzten und veränderten Wörter und die Figuren der Rede verstanden.

13. ἄλογον κτλ. Nicht nur alles dieses ist den Dichtern gestattet; sondern auch was in der Staatskunst oder einer anderen Kunst unrichtig ist, kann in der Poesie richtig sein, sofern es bloß Idealisierung, d. h. Vervollkommnung und Veredlung des Wirklichen ist.

15. Wer also so etwas der Poesie zum Vorwurfe macht, der fehlt selbst; die Poesie aber kann auf zweierlei Art fehlen: entweder gegen ihr eigenes Wesen, wenn sie sich einen Gegenstand zur Nachbildung gewählt hat, welcher nicht nachgebildet werden kann (ἀδύνατα, vgl. die „Krit. Anm." zu d. St.), oder in zufälligen Dingen (κατὰ συμβεβηκός), welche ihr Wesen nicht berühren. Solche der letzteren Art sind Fehler gegen die Naturwahrheit, oder Verstöße gegen die Regeln einer anderen Kunst, oder Unmöglichkeiten in einer anderen Kunst, wie sie auch beschaffen sein mag.

29. Der Fehler gegen ihr eigenes Wesen ist gerechtfertigt, wenn sie durch Darstellung des Unmöglichen (ἀδύνατα, ἀδύνατον 17) ihren eigenen Zweck erreicht, d. h. wenn sie dadurch den Gegenstand selbst oder einen anderen Teil erstaunlicher macht. Über das Beispiel vgl. 24. 1460a 15. Nicht gerechtfertigt ist der Fehler, wenn er nicht nötig war.

30. Ist das Unmögliche in der Poesie nicht ein wesentlicher Teil der Fabel, sondern ein zufälliger Umstand, wie z. B. ein Fehler gegen die Naturwahrheit, so ist er geringer, als wenn z. B. das poetische Prinzip der nachbildenden Darstellung nicht beobachtet ist.

31. Der hier angeführte Fehler findet sich bei Pindar Olymp. 3, 52 und bei Kallimachos, Hymnus an Diana 102.

32. ἀμιμήτως = ἄνευ μιμήσεως.

33. Was nicht der Wirklichkeit entspricht (τὰ μὴ ἀληθῆ) ist darum noch nicht unmöglich, sondern entweder wie es sein sollte, oder wenn auch dieses nicht (εἰ μηδετέρως), der Wahrscheinlichkeit gemäß (ὡς φασιν).

34. ταύτῃ λυτέον, nämlich mit dem Einwurfe: ἀλλ' ἴσως δεῖ κτλ.

1. Xenophanes aus Kolophon wanderte in die phokäische 1461a
Pflanzstadt Elea in Lukanien ein und ward der Begründer der eleatischen Philosophie. Er behauptete die Einheit und Unveränderlichkeit Gottes und polemisierte gegen den Anthropomorphismus der Volksreligion und der Dichter. Das

hier Aristoteles von ihm sagt, entspricht einem Fragment aus einer Dichtung desselben bei Sext. Emp. S. 71. βέλτιον = οἷα εἶναι δεῖ 1460 b 10.

2. οὕτως εἶχεν. Es entspricht der Wirklichkeit = οἷα ἦν das.

3. Aus Il. 10, 152. Porphyrios kannte die Lösung des Aristoteles, vgl. die Venet. Schol. B. 279 b 42 Bekk. Eustathios 795, 30.

4 ff. Zu dem in der Poesie Unmöglichen gehört auch unartige Schlechtigkeit, vgl. 1461 b 19. Wird diese zum Vorwurf gemacht, so ist zu berücksichtigen, daß die Güte oder Schlechtigkeit einer Handlung oder Rede sich nicht immer aus dieser selbst allein beurteilen läßt, sondern daß man dabei auch die Umstände der Personen, Zeit und Absicht, in welcher einer handelt oder spricht, ins Auge fassen muß. Denn auch durch alle diese Beziehungen kann eine That oder Rede gerechtfertigt werden.

9 ff. In anderen Fällen ist der Vorwurf der Unrichtigkeit und Unmöglichkeit durch Erklärung des sprachlichen Ausdrucks zu heben, so z. B. in der Stelle Il. 1, 50 οὐρῆας als ungebräuchlichen Ausdruck für „die Wächter", nicht „die Maultiere."

12. καὶ τὸν Δόλωνα, erg. λέγει: Il. 10, 316.

14. Ζωρός von ζῶ, ζωός, statt ζωρότερον, wird gewöhnlich in der Bedeutung „rein, lauter, ungemischt" gebraucht. Weil diese aber hier unpassend schien, so erklärte man das Wort nach seiner Etymologie als „feuriger, rascher, eigentlich: lebendiger," welche Bedeutung man als die älteste für das Wort in Anspruch nahm. Die Stelle findet sich Il. 9, 202.

16 f. In dieser Form steht das Fragment Il. 2, 1. Indessen ist die ähnliche Stelle das. 10, 1 gemeint, welche lautet: ἄλλοι μὲν παρὰ νηυσὶν ἀριστῆες Παναχαιῶν κτλ. Offenbar nahm man ἄλλοι für das spätere οἱ ἄλλοι, die übrigen = alle übrigen, weshalb auch Aristoteles in seiner Ausgabe πάντες gelesen zu haben scheint. Wegen der folgenden Verse nun konnte dieses πάντες seinen gewöhnlichen Sinn nicht behalten, sonst würde sich der Dichter widersprochen haben. Aristoteles erklärt daher das Wort metaphorisch oder nach unserer Terminologie als Synekdoche für „viele", weil die Allheit eine Art der Vielheit ist.

20. In der Stelle Il. 18, 489, wo von dem Bärengestirn gesagt wird, daß es allein nicht untergehe, während doch auch noch andere Gestirne in unserer Hemisphäre nicht untergehen, erklären die Venet. Scholien οἴη mit Bezug auf die vorhergenannten Gestirne, also: „von den genannten allein." Aristoteles faßt das Wort metaphorisch, oder nach unserer Terminologie als Hyperbel, welche eine Art der Synekdoche ist, indem das „Einzige" für das „Bekannteste, Vornehmste" stehe, also der höchste Grad für einen hohen.

22. Die Worte δίδομεν δέ οἱ ergänzt Aristoteles in den „Sophistischen Beweisen" 4. 166 b 1: δίδομεν δέ οἱ εὖχος ἀρέσθαι, welche ähnlich Il. 21, 297 stehen, von ihm aber auf den Traum des Agamemnon im 2. Buch der Ilias bezogen werden, wo sie sich nicht finden. Aristoteles las also in seinem Texte Il. 2, 15 anstatt Τρώεσσι δὲ κήδε' ἐφῆπται die obigen Worte, welche dann Hippias, um den Zeus von dem Vorwurfe der Lüge zu befreien, durch die Betonung διδόμεν als Infinitiv anstatt des Imperativs erklärte: „Gewähre ihm Ruhm zu erwerben!"

23. Il. 23, 328 las man früher unrichtig οὗ, dessen Ursprung schon Hippias auf falsche Aussprache der Negation οὐ zurückführte.

25. Das Fragment aus Empedokles wurde durch Trennung der Worte ζωρά τε mittelst eines Kommas von dem folgenden πρίν, welches man dann als Conjunction faßte, unverständlich.

26. Il. 10, 252 nahm man die Worte παρῴχηκεν δὲ πλέων νὺξ mit den folgenden τῶν δύο μοιράων zusammen und faßte δύο als Genetiv, woraus dann der unmögliche Sinn hervorzugehen schien, daß mehr als zwei Dritteile der Nacht vorüber, und doch das dritte noch übrig sei. Diesen Widerspruch hebt Aristoteles durch die zweifache Bedeutung des πλέων, „mehr und größer", indem er vermittelst der letzteren richtig erklärt: „Der größere Teil der Nacht ist vorüber."

27. Daß man sagt, gewisse gemischte Getränke, z. B. dasjenige aus Wein und Wasser, seien Wein, ist eigentlich logisch ebenso unrichtig, als daß man eherne Beinschienen, welche mit Zierraten aus Zinn oder mit zinnernen Platten belegt sind, „zinnerne Beinschienen" nennt, wie der Dichter

sagt: Beinschienen von künstlich gearbeitetem Zinn, Il. 21, 592. Aber der Sprachgebrauch hat beides geheiligt, weil man im ersten Falle den Wein gewöhnlich mit Wasser gemischt trank, und weil mit Zinn belegtes Erz wie Zinn aussah. Erz oder Kupfer war ferner das erste Metall, das man bearbeitete; daher nannte man auch später alle Metallarbeiter Erzschmiede, insbesondere, seitdem man das Eisen kannte, die Eisenarbeiter.

30. εἴρηται. Bei Homer Il. 20, 234, verglichen mit Il. 5, 341, wo es heißt, daß die Götter weder Brot essen, noch Wein trinken. Will man nun den Ausdruck οἰνοχοεύειν nicht auf den Sprachgebrauch zurückführen, so kann man ihn nach Aristoteles auch metaphorisch erklären, insofern Nektar und Wein beides Getränke sind und demnach eine Art für die andere gesetzt wäre.

31. Das anscheinend Unmögliche in einer Dichterstelle kann auch darin bestehen, daß der Verfasser sich selbst zu widersprechen scheint. In diesem Falle muß man untersuchen, in wievielfachem Sinne das betreffende Wort in dem Ausspruche verstanden werden könne.

33. Die Stelle ist nach Il. 20, 270, wie es scheint, aus dem Gedächtnisse citiert, indem dort die Lanze nicht χάλκεον, sondern μείλινον genannt wird. Äneas schleudert seine Lanze nach dem durch seinen Schild gedeckten Achilles. Dieser Schild war ein Werk des Hephästos und darum undurchdringlich. Nun sagt Homer, daß er aus fünf Schichten bestand: „auf je eine eherne folgte eine zinnerne und die eine war von Gold, und von dieser wurde die Lanze aufgehalten." Der Speer durchbrach zwar den Schild nicht, aber durch zwei Schichten ging er hindurch, drei waren noch übrig. Da man nun annahm, daß die goldene Schicht oben lag, nicht zwischen den andern, so schien sich der Dichter zu widersprechen. Man erklärte daher die Stelle so: Die Lanzenspitze ging nicht durch die goldene Schicht hindurch, sondern drang, von ihr umgeben, in die darunter liegenden tief hinein; erst dann wurde sie von ihr aufgehalten. Bei dieser Erklärung hatte ἔσχετο nicht die gewöhnliche Bedeutung: „sie blieb stecken", sondern: „sie wurde aufgehalten oder gehemmt."

34. ἀλλ', ἢ ὡς κτλ. nämlich λυτέον. „So muß man den anscheinenden Widerspruch erklären," nämlich wie hier

geschehen ist, „oder wie man die Stelle am besten verstehen oder auffassen kann." Das heißt also: Man muß sich Mühe geben, den Dichter zu verstehen und eher annehmen, daß der Fehler an dem Leser selbst liege, wenn er sich etwas nicht erklären kann, was der Dichter gesagt hat, als an dem Dichter.

35. Gerade entgegengesetzt ist das Verfahren, welches Glaukon tadelt. Dieser Glaukon ist wahrscheinlich der Teïer, welcher nach Rhet. 3, 1. 1403 b 26 über den Vortrag geschrieben hat; nach anderen Glaukon von Tarsos, der nach dem Schol. Il. 1, 1 eine Abhandlung über Fremdwörter verfaßt hatte, vgl. Athen. 11. 480 F.

4. Vgl. darüber die Schol. zur Odyss. 15, 16. S. 604, 1461 b
14 Dind.

8. δι' ἁμάρτημα, durch die fehlerhafte Annahme der Leser, daß Ikarios ein Lakone, der Bruder des Tyndareos gewesen sei, während er wahrscheinlich aus Messene in Kephallenia stammte. — Durch diesen abschließenden Satz wird das Beispiel auf die oben von Glaukon getadelte Regel zurückgeführt.

9. Hiermit ist die Lehre von der Erklärung des anscheinend real Unmöglichen in der Poesie beendigt, welches als Unterarten auch das Schädliche, Widersprechende und mit dem Wesen der Kunst nicht Vereinbare (vgl. unten 23) in sich begreift. Es ist nach 25. 1460 b 10 f. zurückzuführen auf die poetische Wahrheit (πρὸς τὴν ποίησιν), d. h. auf dasjenige, was der dichterischen Illusion gemäß ist — diese wird aber mehr befördert durch Unmögliches, wenn es nur glaubhaft erscheint, als durch Mögliches, welches keinen Glauben findet — ferner auf die Idealität in der Kunst (πρὸς τὸ βέλτιον, d. h. was besser ist als das Wirkliche, Gewöhnliche); endlich auf die Wahrscheinlichkeit (πρὸς τὴν δόξαν).

12. In Bezug auf den zweiten Gesichtspunkt, die Darstellung des Notwendigen, Idealen in der Poesie erinnert Aristoteles an die Weise der guten Maler wie 15. 1454 b 8 ff. und verweist auf den höheren Zweck der Kunst, das vollkommene Schöne darzustellen, welches sich in der Natur in einzelnen Gegenständen nicht findet. Über Zeuxis, den Maler der hohen Schönheit vgl. zu 6. 1450 a 28.

14. πρὸς ἅ φασιν τἄλογα. Auf den Vorwurf, daß

etwas grundlos, daher unbegreiflich oder vernunftwidrig sei, ist so zu antworten, wie eben gesagt ist, nämlich entweder es gehöre zu dem ἀδύνατον πιθανόν, d. h. es scheine der Wirklichkeit gemäß zu sein, oder daß es das Bessere sei, oder auch, daß es in gewissen Fällen nicht vernunftwidrig ist. — ἃ φασιν τἄλογα, was die Tadler dafür halten oder als solches ausgeben.

15. εἰκὸς γὰρ κτλ, vgl. 18. 1456 a 24 und die dort vorausgehenden Beispiele.

16. ὥσπερ οἱ ἐν τοῖς λόγοις ἔλεγχοι, nämlich σκοπεῖσθαι. Hier folgen die Gesichtspunkte, welche der Dialektiker oder Redner bei seinen Widerlegungen ins Auge zu fassen hat, nämlich: ob der zu Widerlegende dasselbe bejaht und auch verneint hat; ob er das, worin er sich widersprochen zu haben scheint, in Bezug auf denselben Gegenstand; endlich ob er es in demselben Sinne gesagt hat, in welchem der Widerlegende es versteht, vgl. 1461 a 31 ff.

18. ὥστε καὶ αὐτόν, erg. δεῖ σκοπεῖν, so daß man auf die Person zu sehen hat, welche spricht, d. h. ob dieselbe Person sich widersprochen hat, wie oben εἰ τὸ αὐτό; oder in Bezug auf welchen Gegenstand sie es sagt, d. h.: ob sie dasselbe in Bezug auf denselben Gegenstand behauptet, wie oben πρὸς τὸ αὐτό; oder was ein Verständiger unter dem Gesprochenen verstanden hat, wie oben εἰ ὡσαύτως.

19. ὀρθὴ δ' ἐπιτίμησις (ἐστιν) — ὀρθῶς δ' ἐπιτιμᾶται.

21. τῷ Αἰγεῖ. Das Auftreten des Ägeus in Euripides' Medea V. 663—755 ist unmotiviert (ἄλογον) und wird daher mit Recht getadelt. Ebenso der schlechte Charakter des Menelaos in Euripides' Orestes, worüber vgl. 15. 1454 a 29.

23. Das ἀδύνατον ist das real Unmögliche, ἄλογον das logisch Unmögliche; das übrige läßt sich unter beides unterordnen. Denn nicht nur das Schädliche (βλαβερά), unter welchem die μοχθηρία, das Schlechte, verstanden wird, von welchem 1461 a 4 die Rede ist (vgl. das. b 19), ist in der Poesie als Selbstzweck sowohl real als logisch unmöglich; sondern auch das Widersprechende (vgl. 1461 a 32 und b 15) und das mit dem Wesen der Kunst nicht Vereinbare (1460 b 23) kann bald unter das real, bald unter das logisch Unmögliche gehören. Von den zwölf Widerlegungsgründen aber sind sechs aus dem sprachlichen Ausdruck zu schöpfen: das unge-

bräuchliche Wort, die Metapher, die Prosodie, die Trennung, der Doppelsinn, der Sprachgebrauch; sechs liegen außerhalb desselben: 1. Das Unmögliche hilft der Poesie ihren Zweck erreichen. 2. Der Fehler trifft nicht das Wesen der Kunst, sondern einen zufälligen Umstand. 3. Das Nichtwirkliche, Ideale, darzustellen ist der höchste Kunstzweck. 4. Das Nichtwirkliche ist wenigstens wahrscheinlich. 5. Es war früher so Brauch, also wirklich. 6. Wenn Schlechtigkeit in Reden und Handlungen ohne Not und Zweck aufzutreten scheint, so sind die Umstände der Personen, der Zeit und der Absicht, in welcher einer spricht oder handelt, zu berücksichtigen.

26 26. Vergleichung des Epos mit der Tragödie hinsichtlich ihres Kunstwertes. Dem Anscheine nach ist das Epos die vorzüglichere Dichtungsart, weil es der theatralischen Aufführung und damit jeder übertriebenen äußeren Bewegung entbehrt. Es scheint darum eine weniger grobe Kunstdarstellung zu sein und deshalb gebildetere Leser oder Hörer vorauszusetzen als die Tragödie.

27. διαπορήσειεν ἄν τις. Der Gegenstand, um welchen es sich handelt, ist die Lösung einer wissenschaftlichen Streitfrage, eines ἀπόρημα oder πρόβλημα, wie die des vorigen Kapitels, so daß dieses Kapitel sich als eine Fortsetzung des vorhergehenden darstellt.

29. αἰσθανομένων, nämlich τῶν θεατῶν.

30. αὐτός, nämlich ὁ ὑποκριτής — ἐὰν μὴ προσθῇ, wenn er es nicht übertrieben hätte, vgl. προστιθέντες 24. 1460 a 18.

31. κυλιόμενοι. Sich im Kreise herumdrehen ist eine Hyperbel für „den Körper hin- und herwerfen, starke drehende Bewegungen machen." Solche Flötenspieler glaubten, daß ihre Töne nicht genügten, den Diskoswurf darzustellen, und daß sie denselben deshalb auch mit ihrem Körper darstellen müßten. — καὶ ἕλκοντες κτλ. Aus demselben Grunde zerren sie den Koryphäos, ihren Anführer, am Gewande, wenn sie die Skylla darstellen sollen, als ob der Chorführer der Skylla zu entrinnen suche. Die „Skylla", wahrscheinlich ein Satyrdrama von Euripides, ist 15. 1454 a 31 erwähnt, wo auch von einem unmännlichen Klagelied des Odysseus in demselben die Rede ist.

32. ἡ μὲν οὖν τραγῳδία τοιαύτη ἐστίν, d. h.: sie will

alles durch Bewegungen darstellen, und deshalb verhält sie sich ebenso zu dem Epos wie die tiefer stehenden jüngeren Schauspieler zu den höher stehenden älteren, z. B. Mynniskos. Mynniskos aus Chalkis, älter als Kallippides, war Schauspieler des Äschylos.

35. Kallippides, ein berühmter Tragödienspieler zur Zeit des Sokrates, war so ausgezeichnet in der Darstellungskunst, daß er im Stehenbleiben zu laufen schien, wodurch er sprichwörtlich wurde. Plutarch zählt ihn mit Mynniskos, Nikostratos, Theodoros und Polos unter die großen Tragöden. Daß auch Pindaros, von welchem weiter nichts bekannt ist, in der Nachahmung zu weit zu gehen schien, deutet die vorliegende Stelle an.

1462a 1. οὗτοι, nämlich Kallippides, Pindaros u. ähnl.; αὐτοὺς bezieht sich auf die älteren besonnenen und gemäßigten Schauspieler.

ἡ ὅλη τέχνη, erg. τραγική.

3. σχημάτων, vgl. 1. 1447a 27: σχηματιζομένων ῥυθμοί τῶν ὀρχηστῶν, durch welche diese Charaktere, Leiden und Handlungen darstellen.

5 f. Widerlegung des im vorhergehenden der Tragödie gemachten Vorwurfs der groben, übertriebenen Darstellung. Der erste Gegengrund ist folgender: Übertreibung in den Bewegungen ist auch bei dem Vortrag des Epos und der lyrischen Poesie möglich und fällt daher nicht der Poesie, sondern der Schauspielkunst zur Last.

6. σημεῖα sind hier die Gestikulationen der Darsteller.

7. Sosistratos, von welchem wir nichts weiter wissen, muß nach dieser Stelle ein Rhapsode gewesen sein, der epische Gesänge mit übertriebener Gestikulation vortrug; ebenso scheint der sonst unbekannte Mnasitheos aus Opus lyrische Gesänge in musikalischen Wettstreiten vorgetragen zu haben.

9. Der zweite Gegengrund lautet: Edle Bewegungen sind nicht verwerflich, sondern nur gemeine — wozu Beispiele angeführt werden. Der dritte Gegengrund ist: Nicht einmal irgend eine Bewegung überhaupt ist für die Tragödie ein notwendiges Erfordernis, sondern sie erreicht auch ohne eine solche wie das Epos bei dem bloßen Lesen ihr Ziel.

11. Vgl. 6. 1450b 18.

13. τοῦτό γε, nämlich τὸ φορτικόν, vgl. 1462a 6.

Mit diesem Satze schließt die Widerlegung des der Tragödie gemachten Vorwurfes ab. Es folgt der positive Beweis, daß die Tragödie in allem übrigen den Vorzug vor dem Epos verdiene. Anstatt aber fortzufahren: ἀλλ' ἔστι κρείττων, und dann die Beweise dafür vorzubringen, zieht der Verfasser das analytische Verfahren vor und reiht daher die einzelnen Gründe anscheinend an den im vorhergehenden bewiesenen Satz: „Kein Tadel kann die Tragödie treffen." Als Vorzüge derselben vor dem Epos werden nämlich angeführt: daß sie außer durch ihre übrigen Bestandteile, welche sie mit dem Epos gemein habe, auch noch durch die Musik und die Darstellung fürs Auge das Gemüt der Zuschauer am wirksamsten erfreue; ferner ihre größere Anschaulichkeit, d. h. die stärkere Illusion, welche sie sowohl bei dem Lesen als bei der Aufführung bewirke. Ihr Erfolg werde verstärkt durch das gedrängtere Zusammenwirken der Ursachen, als in dem Epos seiner größeren Länge wegen möglich sei; ferner durch ihre größere Einheit; endlich durch die ihr eigene stärkere Kunstwirkung, welche in der Definition der Tragödie 6. 1449b 27 f angegeben ist.

14. ἔπειτα, erg. ὑπάρχει, vgl. 1462b 12.

15. τῷ μέτρῳ, nämlich τῆς ἐποποιίας, d. h. des Hexameters, und zwar in den lyrischen Partien der Tragödie.

16. τὴν μουσικήν, ebenfalls in den lyrischen Teilen — δι' ἧς, nämlich διὰ τῆς μουσικῆς καὶ τῆς ὄψεως, vgl. 6. 1450b 16 f.

18. ἐπὶ τῶν ἔργων, bei der theatralischen Aufführung.

3. ἡ μία μιμ. Die durch das Wesen des Kunstwerks 1462b
geforderte Einheit desselben.

5. μιμήσεως, nämlich ἐποποιίας. Aus der Ilias und Odyssee können nach 23. 1459b 2 ff. nur je eine oder höchstens je zwei Tragödien gebildet werden, aus den kyklischen Epen aber mehrere, aus der kleinen Ilias mehr als acht. — ὥστε ἐὰν μὲν κτλ. Vgl. über die Konstruktion des Folgenden „Krit. Anm." zu 1462b 7.

8. ἐὰν ἐκ πλειόνων πράξεων ᾖ συγκειμένη κτλ. Eine Handlung muß zwar auch im Epos vorherrschen, aber daneben kann es viele Episoden und der Haupthandlung untergeordnete Teilhandlungen enthalten, vgl. 23. 1459a 35 und 17. 1455b 23.

12. τῷ τῆς τέχνης ἔργῳ, d. h. durch die stärkere Wirkung, welche die tragische Kunst hervorbringt als die epische. Daß die Kunstwirkungen beider in der Art nicht verschieden sein können, versteht sich aus dem bisher Gesagten von selbst. Die Tragödie hat nämlich dieselben wesentlichen Bestandteile wie das Epos. Fabel, Charaktere, Gedankeninhalt und sprachlicher Ausdruck sind beiden gemeinschaftlich und ebenso auch die Teile der Fabel: Peripetie, Erkennung und Leiden, weshalb auch das Epos dieselben Arten hat wie die Tragödie; ferner gelten für alle diese Teile des Epos im wesentlichen dieselben Regeln wie für die betreffenden der Tragödie. Darum kann auch die Kunstwirkung beider nicht dem Wesen, sondern nur dem Grade nach verschieden sein. Denn wenn oben 1462 a 14 ff. gesagt wird, daß die Tragödie durch zwei ihr eigentümliche Kunstmittel, durch die Musik und die Darstellung fürs Auge, am wirksamsten erfreue, so ist doch ihr Wesen und demnach die demselben entsprechende besondere Kunstwirkung nach 1462 a 12 unabhängig von beiden. Eine Verschiedenheit in der Art der Wirkung des Trauerspiels können sie daher nicht hervorbringen, sondern nur eine Verstärkung des Grades derselben. Nun besteht die besondere Wirkung der Tragödie nach der Definition dieser Dichtungsart im 6. Kap. in der durch Mitleid und Furcht zu stande gebrachten Befreiung von diesen und derartigen Gemütsbewegungen; und die von ihr hervorgebrachte eigentümliche Freude (ἡδονή (13), vgl. 13. 1453 b 10 f.) kann deshalb keine andere sein als die endliche Versöhnung der im Gemüte des Zuschauers hervorgerufenen entgegengesetzten Gemütsbewegungen, wodurch eben jene Befreiung zu stande kommt, vgl. darüber den Commentar zu 6. 1449 b 27 f. Die Kunstwirkung des Epos kann hiernach von dieser der Art und dem Wesen nach nicht verschieden sein, wohl aber dem Grade nach, wie von 1462 a 13 an nachgewiesen worden ist.

Daß diese besondere Kunstfreude dem Texte gemäß für beide Dichtungsarten dem Wesen nach eine und dieselbe sei, zeigt auch der Singular nach αὐτῆς (13), nämlich τὴν εἰρημένην (14), nicht τὰς εἰρημένας. Endlich heißt es nachher zusammenfassend, daß die Tragödie näher zum Ziele, τοῦ τέλους, treffe als die epische Dichtung, d. h. daß sie den Zweck der beiden Dichtungsarten besser und mehr erreiche als das Epos. Wäre

auch hier von verschiedenen Zwecken die Rede, so hieße es wenigstens zum Unterschiede von dem der epischen Dichtung τοῦ ἐκείνης (15), was aber deshalb überflüssig war, weil beide dasselbe Ziel verfolgen und sich nur in der mehr oder weniger sicheren Erreichung desselben unterscheiden.

Anhang

Nachtrag zum „Ödipus Tyrannos",
für den Schulgebrauch erklärt
von
Friedrich Brandscheid.
(Wiesbaden, [illegible], 1882.)

[illegible]

[illegible]

und Gegenstrophe genau entspricht, daß ferner eine größere Übereinstimmung, wie aus unzähligen Stellen der Chorlieder ersichtlich ist, nicht gefordert werden kann, und daß die [illegible] lange Silbe die erste einer iambischen Tripodie ist, endlich daß sich [illegible] zu [illegible] und [illegible] aus dem Zusammenhang ergibt — [illegible] Herr Gl. mit Kraftausdrücken um sich, welche ich, weil sie unbewiesen sind, einfach zurückweise. — Auch gegen meine Herstellung von V. 1100: [illegible] hat Herr Gl. eine Einwendung. Ich erkläre S. 83 schon wegen des ersten Verses und der sich anschließenden Dactylen das Metrum der Strophe für [illegible]; Herr Gl. erklärt es für [illegible], ist dann so gnädig, uns anderen, was er nicht sagt, abzuziehen und behauptet [illegible], diese Auflösung der Länge (in [illegible]) widerspreche dem im [illegible] Metrum herrschenden Gebrauch. Den Beweis aber für diese Behauptung ist er wie immer schuldig geblieben! — Hinsichtlich dessen, was Herr Gl. in dem Abschnitt „Verskunst“ vermißt, bemerke ich ihm, daß ich nicht für [illegible] erachtet habe, die Theorie der [illegible] Metrik ausführlicher zu behandeln, weil die Zeit dazu in der Schule fehlt. Den Vorwurf der [illegible] einzelner Verse nach meiner Anordnung muß ich ihm zurückgeben: denn was könnte wunderlicher sein, als den V. 196: [illegible], die 3 [illegible] Tetrapodien zu erklären, wie Herr Gl. thut? Wenn ferner Herrn Gl. die Ausdrücke Basis und Anakrusis [illegible] sind, so kann er sich ja [illegible] derselben an die betreffenden [illegible] halten. Auf seinen Vorwurf der Zerstückelung des Verses erwidere ich ihm, daß eben die Zerlegung desselben in Kola [illegible] die Erkenntnis von der Einheit desselben befördert. So ist aus dem Schema des von ihm als Beispiel angeführten V. 900 resp. 913 und dessen [illegible] Erklärung doch sogleich die Analogie der Glieder und die Verbindung zweier correspondierender Hälften des Verses von dem Maße: [illegible] und [illegible] ersichtlich. Ferner kann nichts mehr dem Verständnis die Erkenntnis von der Einheit der Strophe, ihrer Perioden und der einzelnen Verse erleichtern als das laute Vorlesen des Gesanges mit Beobachtung des Metrums, und wenn dieses mit V. 900 resp. 913 geschieht, so empfängt das Ohr den Eindruck eines [illegible], für sich bestehenden Ganzen mit abschließendem Ausgange. — In Bezug auf den Ursprung meines Commentars bemerke ich, daß der größere Teil meiner Arbeit auf Grund der griechischen Scholien und der lateinischen Commentare G. Hermanns u. a. schon niedergeschrieben war, ehe die Wolffsche und Nauck'sche Ausgabe erschienen und ehe mir die Schneidewinsche Ausgabe bekannt wurde, was ich nötigenfalls beweisen kann; daß aber bei wissenschaftlichen Arbeiten die Berücksichtigung des bereits Geleisteten unerläßlich ist, wodurch allein ein Fortschreiten in den Kenntnissen und eine Vervollkommnung der Wissenschaft ermöglicht wird. Die Ausstellungen, welche Herr Gl. an meinen Erklärungen einzelner Stellen gemacht hat, sind gänzlich wertlos, weil er seine Behauptungen wie z. B. „[illegible] richtig“ zu beweisen vergessen hat. Die Richtigkeit der Auffassung und Erklärung einer einzelnen Textstelle kann aber nur unter Berücksichtigung des Zusammenhangs, in welchem sie vorkommt, erwiesen werden, was aber Herrn Gl. keine Sorge zu machen scheint. Die poetische Übersetzung einer Dichterstelle scheint Herrn Gl. sehr [illegible], und die Sprache derselben ihm wenig [illegible] zu sein, weil er sie für nicht [illegible] hält. Daß ich in der Erklärung namentlich der schwierigen Chorgesänge, ausführlicher gewesen bin, hat zum Teil den Zweck, die Richtigkeit meiner Auffassung aus dem Zusammenhang zu erweisen, hauptsächlich aber, bei der äußerst beschränkten Zeit, welche im Gymnasium auf die Lektüre des Sophokles verwendet werden kann, dem Primaner seine Präparation zu erleichtern, ihn beständig auf den Zusammenhang und die Schönheit des Ganzen hinzuweisen und

so sein Interesse an der Lektüre des Sophokles wach zu erhalten. Darum ist der Commentar von dem Texte getrennt, weil der erstere nur für die häusliche Präparation bestimmt ist.

Was Herr Gl. von der Fehlerhaftigkeit des Druckes sagt, ist übertrieben. Zum Beweise habe ich alle Druckfehler, welche sich nach genauer Durchsicht in meiner Ausgabe des griechischen Textes von Sophokles' Öd. Tyr. gefunden haben, nachstehend zusammengestellt.

V.	165	lies	[illegible] —	statt	[illegible] —.
„	337	„	[illegible]	„	[illegible].
„	358	„	[illegible]	„	[illegible].
„	394	„	[illegible]	„	[illegible].
„	446	„	ὄχλοῖς	„	ὄχλοῖς.
„	529	„	κατηγορεῖτο	„	κατηγορεῖτο.
„	1068	„	[illegible]	„	[illegible].
„	1072	„	[illegible]	„	[illegible].
„	1073	„	[illegible]	„	[illegible].
„	1135	„	ὅ	„	ὅ.
„	1236	„	πρὸς	„	πρὸς.
„	1445	„	θεοῦ	„	θεοῦ.
„	1501	„	δηλαδὴ	„	δηλαδή.

Damit vergleiche man, was Herr Gl. darüber äußert — und ziehe die Schlußfolgerung daraus! Nach dem bisher Gesagten muß ich Herrn Gl. die Befugnis absprechen, ein Urteil über meine Schulausgabe des „Oidipus Tyrannos“ vor dem Publikum abzugeben.

H. V.

und Gegenstrophe genau entspricht, daß ferner eine größere Übereinstimmung, wie aus unzähligen Stellen der Chorlieder ersichtlich ist, nicht gefordert werden kann, und daß die [illegible] lange Silbe die erste einer jambischen Tripodie ist, endlich daß sich κακὰ καὶ κακοῖς zu τάδ' und τὰ πρὸς ὀργὴν von selbst aus dem Zusammenhang ergiebt — wirft Herr Gl. mit Kraftausdrücken um sich, welche ich, weil sie unbewiesen sind, einfach zurückweise. — Auch gegen meine Herstellung von V. 1100: [illegible] hat Herr Gl. eine Einwendung. Ich erkläre S. 93 schon wegen des ersten Verses und der sich anschließenden Dactylen das Metrum der Strophe für [illegible]; Herr Gl. erklärt es für [illegible], ist [illegible], was anderes, weil er nicht sagt, [illegible] und behaupten läßt, diese Auflösung der Länge ([illegible]) widerspreche dem im [illegible] Metrum herrschenden Gebrauch. Den Beweis aber für diese Behauptung ist er wie immer schuldig geblieben: — Hinsichtlich dessen, was Herr Gl. in dem Abschnitt „Metrische" vermißt, bemerke ich ihm, daß ich nicht für nothwendig erachtet habe, die Theorie der alten Metriker ausführlicher zu behandeln, weil die Zeit dazu in der Schule fehlt. Den Vorwurf der Wunderlichkeit einzelner Verse nach meiner Anordnung muß ich ihm zurückgeben; denn was könnte wunderlicher sein, als den V. 193: [illegible], εἴτ' ἐς μέγαν [illegible], für 2 jambische [illegible] zu erklären, wie Herr Gl. thut! Wenn ferner Herrn Gl. die Ausdrücke Basis und Anakrusis unklar sind, so kann er sich ja dann derselben an die betreffenden Handbücher halten. Auf seinen Vorwurf der Zerstückelung des Verses erwidere ich ihm, daß eben die Zerlegung desselben in Hälfte resp. Glieder die Erkenntniß von der Einheit desselben befördert. So ist aus dem Schema des von ihm als Beispiel angeführten V. 200 resp. 213 und dessen metrischer Erklärung doch sogleich die Analogie der Glieder und die Verbindung zweier correspondirender Hälften des Verses aus dem Maße: [illegible] und [illegible] ersichtlich. Ferner kann nichts mehr den Lernenden die Erkenntniß von der Einheit der Strophe, ihrer Perioden und der einzelnen Verse erleichtern als das laute Vorlesen des Gesanges mit Beobachtung des Metrums, und wenn dieses mit V. 200 resp. 213 geschieht, so empfängt das Ohr den Eindruck eines zweitheiligen, für sich bestehenden Ganzen mit abschließendem Ausgange. — In Bezug auf den Ursprung meines Commentars bemerke ich, daß der größere Teil meiner Arbeit auf Grund der griechischen Scholien und der lateinischen Brunck, G. Hermann u. a. schon niedergeschrieben war, ehe die Wolff'sche und [illegible] Ausgabe erschienen und ehe mir die Schneidewin'sche Ausgabe bekannt wurde, was ich selbstverständlich [illegible] kann; daß aber bei wissenschaftlichen Arbeiten die Berücksichtigung der bereits Gelehrten unerläßlich ist, wodurch allein ein Fortschreiten in den Kenntnissen und eine Vervollkommnung der Wissenschaft ermöglicht wird. Die Ausstellungen, welche Herr Gl. an meinen Erklärungen einzelner Stellen gemacht hat, sind gänzlich verfehlt, weil er seine Behauptungen wie z. B. „unzweifelhaft richtig" zu beweisen vergessen hat. Die Richtigkeit der Auffassung und Erklärung einer einzelnen Textstelle kann eben nur unter Berücksichtigung des Zusammenhangs, in welchem sie vorkommt, erwiesen werden, was aber Herrn Gl. keine Sorge zu machen scheint. Die poetische Übersetzung einer Dichterstelle scheint Herrn Gl. sehr anstößig, und die Sprache derselben ihm wenig [illegible] zu sein, weil er sie für nicht mustergültig hält. Daß ich in der Erklärung namentlich der schwierigen Chorgesänge, ausführlicher gewesen bin, hat zum Teil den Zweck, die Richtigkeit meiner Auffassung aus dem Zusammenhang zu erweisen, hauptsächlich aber, bei der äußerst beschränkten Zeit, welche im Gymnasium auf die Lektüre des Sophokles verwendet werden kann, dem Primaner seine Präparation zu erleichtern, ihn beständig auf den Zusammenhang und die Schönheit des Ganzen hinzuweisen und

so sein Interesse an der Lektüre des Sophokles wach zu erhalten. Darum ist der Commentar von dem Texte getrennt, weil der erstere nur für die häusliche Präparation bestimmt ist.

Was Herr Gl. von der Inkorrektheit des Druckes sagt, ist übertrieben. Zum Beweise habe ich alle Druckfehler, welche sich nach genauer Durchsicht in meiner Ausgabe des griechischen Textes von Sophokles' Oe. Tyr. gefunden haben, nachstehend zusammengestellt.

V.	163	lies	[illegible] —	statt	[illegible] —,
„	327	„	[illegible]	„	[illegible].
„	356	„	ἄκοντα	„	ἄκοντα.
„	384	„	εἰσεχείρισεν	„	εἰσεχείρισεν.
„	446	„	ὀχλεῖς	„	ὀχλεῖς.
„	529	„	κατηγορεῖτο	„	κατηγορεῖτο.
„	1068	„	μήποτε	„	μήποτε.
„	1072	„	[illegible]	„	[illegible].
„	1078	„	[illegible]	„	[illegible].
„	1185	„	ὃ	„	ὅ.
„	1236	„	πρὸς	„	πρός.
„	1446	„	θοῦ	„	θοῦ.
„	1501	„	[illegible]	„	[illegible].

Damit vergleiche man, was Herr Gl. darüber äußert — und ziehe die Schlußfolgerung daraus! Nach dem bisher Gesagten muß ich Herrn Gl. die Befugniß absprechen, ein Urteil über meine Schulausgabe des „Oidipus Tyrannos" vor dem Publikum abzugeben.

H. B.